피노키오로 철학하기

PINOCCHIO
Le avventure di un burattino doppiamente commentate
e tre volte illustrate

© 2021 Giulio Einaudi editore s.p.a., Torino

First published in Italy in 2021 by Einaudi.

Korean translation rights arranged with Einaudi through Korea Copyright Center, KCC Seoul.

LE AVVENTURE DI PINOCCHIO
by C. Collodi

Color illustrations by A. Mussino, R. Bemporad e figlio editori, Firenze 1911:
Pages 23, 26, 35, 37, 43, 64, 77, 80, 83, 98, 110, 121, 129, 150, 159, 168-169, 213, 215.

© Giunti Editore S.p.A., Firenze-Milano

www.giunti.it

부록에 실린『피노키오의 모험. 어느 꼭두각시의 이야기(Le avventure di Pinocchio. La storia di un burattino)』는 1902년 피렌체 알 벰포라도 엔 필리오(R. Bemporad & figlio) 출판사에서 나온 판본을 기초로 만들어졌습니다.

일러스트 : 카를로 키오스트리(Carlo Chiostri)와, 알베르토 본지니(Alberto Bongini)

조르조 아감벤
피노키오로 철학하기

Pinocchio :
Le avventure di un burattino doppiamente commentate
e tre volte illustrate

박문정 옮김

효형출판

일러두기

1. 원작의 인용은 부록에 실린 『피노키오의 모험』(박문정 옮김)을 기준으로 삼았다.
2. 아감벤은 인용과 본인이 강조하는 부분을 같은 부호로 표기했다. 한국어판에서는
   직접 인용은 " ", 강조 및 간접 인용은 ' '로 정리했다.
3. 『피노키오의 모험』에서 직접 인용한 표현은 « »으로 구분했다.
4. 논문·기사·단편문학·시구는 「 」, 언론사·공연·연극은 〈 〉, 단행본·소설·장
   편문학은 『 』로 구분했다.

목차

신이시여,
나는 신비를 짊어진 당나귀,
하지만 더 이상
짊어질 생각이 없습니다!

— 아리스토파네스, 「개구리」에서

오늘 가장 기쁘게 웃는 자는
최후에도 웃을 것이다.

    – 니체, 『우상의 황혼』에서

꼭두각시는 결코
인간이 되지 않았다

나무 인형은 무엇을 충족해야 인간이 될 수 있을까? 우리는 피노키오를 그저 동화 속 캐릭터로 알고 있다. 거짓말을 하면 코가 길어지는 나무 인형. 그러나 동화 같은 서사를 한 꺼풀 벗겨 보면 놀라운 알레고리가 곳곳에 숨겨져 있다. '생명철학'으로 잘 알려진 이탈리아 사상가 조르조 아감벤은 작가 카를로 콜로디의 피노키오 이야기를 통해 근대(성)를 사유했다. 많은 이가 그저 어린이 동화로만 여기는 꼭두각시 이야기가 실은 인간 존재에 관한 놀라운 함의를 내포하고 있다는 것이다.

피노키오 서사는 사실 고대로부터 내려온 설화, 신화 그리고 수많은 교리와 은유 등을 기반으로 하고 있다. 여기서 한 발자국 나아가 아감벤은 풍부한 계보학, 인류학, 철학적 통찰을 통해 근대적 인간 즉 '현대 이탈리아인'이 되는 것에 콜로디가 회의감을 느꼈을지 모른다는 상당히 파격적인 견해를 드러낸다. 이는 그간 알려진 것 처럼 나무 인형이 인간이 되는 피노키오의 서사는 중세 신민에서 근대 시민으로 변할 것을 시사하는 작품이라는 해석과 상반된다. 실제 콜로디는 청년 시절 이탈리아 통일 운동에 적극 참여했고 통일 직후에도 조국을 위해 헌신했지만, 가난에 시달리는 이탈리아의 민중들과 안정화 되지 못한 이탈리아의 정치 상황을 보며 말년에는 상당히 부정적인 시각을 드러내기도 했다.

다시 아감벤 얘기로 돌아가면, 그의 책은 늘 철학과 종교, 온갖 지식과 사상이 혼재돼 있어 다소 난해하고, 복잡하다. 그러니 우선 그의 사유의 골격을 이해하고 글을 읽어간다면 분명 독자 여러분의 '피노키오로 철학하기'가 한층 수월해질 것이다.

아감벤은 처음부터 끝까지 인문학적으로 근대(성) 인간의 조건을 다룬다. 특히 원전『피노키오의 모험』에서 '꼭두각시 인형이 결코 사람이 된 적이 없다'는 사실을 주목한다. 실제 마지막 부분을 살펴보면 피노키오의 물성, 나무로 된 신체는 그대로 남은 채, 아이가 (혹은 피노키오였던 아이가) 등장한다.

그는 이 부분을 어떻게 해석했을까? 무엇보다 아감벤은 피노키오에게 꼭두각시, 동물, 인간이라는 세 가지 정체성이 함께 있다고 본다. 피노키오 서사를 인간이 스스로 인간과 인간이 아닌 것을 분리하는 '인류학적 기계'로 설명한다. 아감벤은 인간 스스로 인류학적 기계를 통해 끊임없이 야생과 다른 생명체와 구분 짓고 있다고 본다. 즉 인간이라는 '닫힌 존재'를 (정치)철학적, 생물학적으로 해석한다. 사실 인간은 이 과정을 통해 문명을 만들고 그 역사 끝에 근대를 형성해 왔다. 말하는 동물들, 꼭두각시에서 동물로 다시 사람으로 변하는 피노키오 서사는 독자의 머릿속에 인류학적 기계가 작동하는 것을 매번 방해한다. 아감벤은 꼭두각시 인형과 동물 그리고 인간이라는 세 정체성 사이에 연결고리가 없으며, 결합해 있지도 않고, 피노키오라는 존재 안에 각각 분리돼 있다고 본다.

결국, 아감벤은 꼭두각시 이야기가 '생명'과 '인간성'에 관한 심도 있는 담론이라 보고 있다. 이 책에서도 물론 그의 다른 저작처럼 '생명 그 자체로 정치'라는 아감벤식 사유가 담겨 있다. 그러나 분명 다른 점은 인류학적 장치가 근대에 어떤 식으로 작동했는지 피노키오를 통해 '문학적'으로 질문한다는 것이다.

아감벤은 인간 내면에 야생성, 동물성, 인간성이 있는데 섞여 있지 않고 접촉해 있을 뿐이라고 한다. 이 책에서 그는 인간이 야생으로부터 동물로, 그리고 현재 모습의 인간이 되었다고 생각하지만, 실제로는 피노키오가 그렇듯 변한 적이 없다고 역설한다.

그런 의미에서 꼭두각시가 인간이 된 적은 없는, 둘이 분리된 채 끝나는 피노키오 서사는, 인간을 정의하는 근대성이라는 장치가 작동하지 않았거나 혹은 오작동되었다는 것을 시사한다. 언제나 그렇듯 '생명철학자' 아감벤만이 전할 수 있는 놀랍고 충격적인 메시지다.

근대성이 성립하는 시기에 쓰여진 『피노키오의 모험』은 동시대인, 다시 말해 '우리'라는 존재의 서사를 알리는 시작이나 마찬가지다. 그래서 콜로디의 소설은 동화면서 동화가 아니고, 우화면서 우화가 아니며, 기독교와 이교도를 은유하면서도 종교적 해석을 배제하는 문학작품이다. 분명 인간의 조건과 그 경계를 묻는 『피노키오의 모험』은 인류 역사가 이어지는 한 끊임없이 비평과 해석을 낳을 것이다.

아감벤식 해석의 올바른 이해를 위해 2년간 콜로디와 피노키오 관련 문헌을 찾아가며 꼼꼼히 우리말로 옮겼지만, 부족한 점이 많다. 미진한 부분을 보완하기 위해 각주를 달고, 원전에 가까운 한국어판 『피노키오의 모험』도 새로 번역해 부록으로 실었다. 성큼 다가온 인공지능 시대에서, 인간성에 대한 근본적 성찰이 필요한 지금, 독자 여러분이 피노키오와 함께 사유의 숲을 거널기를 권한다.

　마지막으로 이번에도 책이 나올 수 있도록 한 문장 한 문장 꼼꼼히 다듬고 편집해 준 효형출판 식구들 그리고 언제나 믿어주는 가족들에게 감사의 마음을 전달하고 싶다.

2023년 11월

박문정

원제는 『피노키오. 두 번의 해설과 세 종류의 그림이 있는 어느 인형의 모험(Pinocchio. Le avventure di un burattino doppiamente commentate e tre volte illustrate)』이다. 즉 이 책은 1977년 이탈리아 비평가 조르조 만가넬리(Giorgio Manganelli)가 출간한 『피노키오. 평행 해설(Pinocchio: un libro parallelo)』에 덧붙여 주석을 단. '두 번의 해설'이 담긴 책이다. 그리고 1883년 펠리체 파기(Felice Paggi)에서 초판 출간한 엔리코 마잔티(Enrico Mazzanti)의 삽화, 1901년 벰포라도에서 출판한 카를로 키오스트리(Carlo Chiostri)의 삽화, 그리고 10년 후 역시 같은 출판사에서 출판한 아틸리오 무시노(Attilio Mussino)의 컬러 삽화를 담고 있어 '세 종류의 그림'이 담겨 있다.

천상(혹은 지옥)의 프롤로그

지금 눈앞에는 1911년 피렌체 벰포라도 출판사에서 출간된 『피노키오의 모험』이 있다. 카를로 키오스트리[1]의 삽화가 포함된 이 책의 여섯 번째 장은 다음과 같은 운명적인 단어로 시작한다.

«정말 지옥inferno같은 끔찍한 밤이었습니다.»

만가넬리[2]는 이에 대해 자신이 검토한 세 텍스트가 종이와 잉크 상태에 따라 다른데, 그중 둘이 «정말 겨울inverno의 끔찍한 밤이었습니다.»라고 쓰여 있다고 했다. 그리고 '지옥'을 의미하는 인페르노inferno는 겨울을 의미하는 인베르노inverno와 유사해 '금방 인지하기 어렵기에 그만큼 쉽게' 나올 수 있는 오타라고 결론 내린다. 만가넬리는 원본 텍스트가 오타를 유추할 수 있는 많은 정보가 담고 있을 뿐 아니라, 피노키오가 태어난 계절을 우리에게 알려준다고 단언한다.

---

1 카를로 키오스트리는 1901년 발간된 『피노키오의 모험』에 처음으로 삽화를 넣은 화가다.

2 만가넬리는 이탈리아 작가, 비평가, 번역가이자 철학자로 이탈리아에서 네오 아방가르드 이론을 이끈 인물 중 한 명이다.

경이로운 꼭두각시 이야기의 코덱스[3]에 관한 비평이 있는지 모르겠지만, 내가 가지고 있는 텍스트들을 빠르게 살펴보면 '지옥 같은'이라 쓰여 있는 게 확인된다. 꼭두각시 이야기가 처음으로 소개된 〈어린이 신문Giornale dei bambini〉의 오래된 제본에는 의심할 여지 없이 그렇게 나와 있다(1881년 8월 4일, 즉 한여름에 발간된 5호, 66쪽. 첫 번째 이야기는 그해 7월 7일에 공개되었다).

 «정말 지옥 같은 끔찍한 밤이었습니다.»

 물론 이 문장이 비교적 덜 정확하지만, 문헌학적으로는 '겨울'보다 우선순위다.

 이것이 원전이라면, 우리는 피노키오의 생년월일을 모르지만 어디서 만날 수 있는지는 알 수 있다. 피노키오는 바로 지옥에 있다. 피노키오가 있었던 시기는 확실하진 않지만 겨울일 것이다. 눈이 내리기 때문이다. «눈이 멈췄습니다.»라고 피노키오가 저학년 철자법 책을 겨드랑이에 끼고 집을 나설 때 그렇게 묘사한다. 그리고 그 계절은 분명 지옥과 관련 있다. 게다가 생년월일을 기록하고 싶은 마음에 문헌학을 고려하지 못하고 '겨울'이라고 했던 만가넬리는 바로 '지옥은 오타'라고 하며 이를 꼭두각시 인형을 위협하는 불과 연관된 것이라고 했다.

3 손으로 쓰여진 옛날 책을 낱장 형태로 묶어 새로 만든 책을 말한다. 표지로 둘둘 감싼 것이 특징이다.

"피노키오는 야생에서 왔기 때문에 다른 식물들과 마찬가지로 갑자기 일어날 수 있는 잠재된 위험, 화재에 대한 두려움을 지니고 있다."

만가넬리는 지옥을 암시하는 요소를 면밀하게 분석하면서, "피노키오에게 본질적이고 치명적인 일이 […] 어둠에서 벌어진다."고 표현한다. 그리고 8년 뒤 그는 지옥에 관해서는 비교할 데 없이 훌륭한 글을 발표하였는데, 거기서는 지옥과 하데스[4]를 연관 짓지 않았다.[5]

사실상 만가넬리가 '겨울'로 잘못 인쇄됐다는 걸 모를 리 없었다. 본인 역시 피노키오가 제페토에게 모험담을 얘기할 때도 그 오타로 추정되는 단어를 똑같이 썼다고 언급하기 때문이다.[6]

"«정말 지옥 같은 끔찍한 밤이었습니다.»라고 앞에 나온 오타를 설명하고, 오타 가능성을 교정하는 표현으로 서둘러 시작한다."고 설명한다. 비록 만가넬리가 문헌학에 불경했다 하더라도 (물론 그의 사고방식이 신성모독이라고 정의할 수는 없지만), 그는 확실한 증거를 잘못 해석해서는 안 되었다. 어쨌든 피노키오의 말은 오타로 여겨질 수 있는 부분을 '반복'함으로써 오타가 아니라는 것을 증명했다.

따라서 만가넬리가 『피노키오. 평행 해설』에서 이 오타에 관

---

4 하데스와 지옥은 혼용되기도 한다. 여기서 아감벤은 하데스를 죽음 이후의 세계, 지하 세계라고 칭했고, 지옥은 '형벌'과 관련된 죽음 이후의 세계를 표현할 때 썼다.

5 1985년 발간된 만가넬리의 책 『지옥에서(Dall'inferno)』를 말한다.

6 부록, 240쪽.

해 언급하며 '지옥'이라고 쓰여 있는 것을 '겨울'이라고 읽기 위해 지면을 할애하며 열중했던 이유가 있었을 것이다. 또 만가넬리가 꼭두각시 이야기의 난해한 모든 부분을 얼마나 조심스럽고 신중하게 피해가며 해석했는지 알 수 있다. '겨울'은 달력상 날짜고, '지옥'은 상징적인 의미와 다양한 알레고리로 가득 차 있는 표현이다.

『피노키오의 모험』이 얼마나 어려운 책인지를 알려준 대표적인 이가 바로 이탈리아의 작가이자 철학가였던 엘레미레 졸라 Elémire Zolla다. 졸라는 콜로디의 책이 '견디기 어려울 만큼 서양 밀교[7]의 심오함이 가득하다'라고 하면서, 피노키오의 기원은 '콜로디가 속한 프리메이슨 그룹의 문화'에서 찾을 수 있다고 보았다. 이 책은 입문자를 위해 쓰였으며, 파란머리 요정은 '동물계 전체를 대표하는 위대한 중재자, 또는 동물과 인간을 구분하지 않는 위대한 중재자 이시스Isis[8]'라고 했다.[9] 그리고 이렇게 덧붙였다.

"피노키오가 처음부터 끝까지 쉬운 토스카나어로 쓰여진 까닭은 콜로디가 난해한 진실을 전달하기 때문이다. 그는 어린이에게 말하는 방식으로 표현할 수밖에 없었기 때문이다. 아풀레이우스[10]가 그랬듯 콜로디가 이러한 문투를 쓸 수 있었던 비결은

7 신비하고 은밀하게 전수되는 종교적 사상을 의미한다. 불교에서 말하는 밀교와 구분된다.

8 고대 이집트, 그리스, 로마에서 숭배된 풍요의 여신.

9 콜로디가 이탈리아 프리메이슨 조직에 소속돼 있었다는 주장도 있다. 다니엘라 마르케스키(Daniela Marcheschi)와 같은 연구자들은 문서나 근거 자료가 없다는 이유로 그가 가입한 적이 없다고 결론 내렸다.

10 루키우스 아풀레이우스 (Lucius Apuleius)는 고대 로마 시대의 작가, 철학자, 수사학자다.

형용할 수 없는 것을 절제한 덕분이다."

책에 나오는 모든 고유명사와 마찬가지로 피노키오라는 이름 역시 밀교적 의미가 있다. 이에 대해 그는 다음같이 설명한다.

"라틴어로 피노콜루스pinocolus는 '작은 소나무 조각'이라는 뜻이다. 그리고 이교도에게 겨울의 죽음을 거부하는 상록수를 의미한다. 『피노키오의 모험』 30장에 등장하는, 양초 심지를 의미하는 루치뇰로는 불쌍한 루시퍼, 즉 '예비 입문자'라고 볼 수 있다. 그리고 고양이와 여우는 부두교[11]에서 등장하는 아프리카 신화의 주요한 존재, 레그바[12]와 에슈[13]에서 기인한다. 피노키오 이야기가 세상에 공개된 1800년대 후반, 미국에는 부두교에 관한 책이 넘쳐났고, 대서양을 건너온 일부 프리메이슨이 콜로디에게 이 정보를 주었을 수 있다. 당시 여관에서는 매우 기이하고 비밀스러운 만남이 수없이 이루어졌다."[14]

또 콜로디가 창조한 모든 에피소드, 캐릭터나 동물은 사실 고대의 상징이라고 한다.

"거의 모든 이야기에서 죽음과 재생의 원형, 그리고 항상 삼켜지는 형상이 나타난다. 고래상어 뱃속이나, 고통받는 당나귀 혹은 무섭게 생겼지만 재생의 비밀을 지닌 녹색뱀이 그렇다. 녹색뱀은 변신과 부활의 진정한 수호자이자 태고의 상징이다. 클

---

11 서아프리카와 서인도에서 믿는 종교로 '영혼'을 의미하는 '보둔(vodun)'에서 유래했다. 정령을 숭배하는 애니미즘 신앙이다.

12 부두교에서 말하는 인간과 최고신 사이의 중재자다. 정령과 인간의 중재자이기도 하며, 인간의 모든 언어를 구사하는 달변가로 묘사된다.

13 에슈(Eshu 혹은 Èṣù)는 아프리카 신화에 나오는 요루바족의 신이다. 자연법과 신법의 최고 집행자로, 법 집행과 질서를 담당한다.

14 실비아 론치(Silvia Ronchey)가 졸라와 인터뷰를 한 후, 2002년 2월 7일 이탈리아 저널 〈라 스탐파(La Stampa)〉 기자와 나눈 대화 내용이다.

'프리메이슨 꼭두각시(Il brattino framassone)'이라는 제하의 기사였다.

라우디노[15]의 작품에도 녹색뱀은 자연 동굴 속 영원의 상징으로 등장하며, 한계와 족쇄에서 벗어나고픈 사람들, 정확하게는 다시 태어나고 싶어 하는 이들이 품는 모든 공포를 의미한다. 이는 콜로디가 만들어낸 피노키오 이야기에서도 마찬가지다. 피노키오가 경비견이 될 때 '다시 태어날 수 있다면'이라고 말한다. 그러니까 피노키오는 난파선의 물, 어부의 불, 비둘기 등에 탔을 때와 영혼이 사라지는 그 순간 부는 바람 등 고전적인 시련 과정을 피할 수 없었다. 사실 나는 피노키오 에피소드 대부분은 연금술의 도상학 같은 신비한 세계와 관련 있다고 생각한다. 올빼미의 나라[16]는 무엇을 의미할까? 그곳은 영원한 지혜에 다다르기 위해서는 반드시 거쳐야 하는 곳으로, 하인리히 쿤라드[17]가 쓴 『영원지혜의 원형극장Amphitheatrum aeternae sapientiae』[18]의 첫 번째 삽화에 등장하는 곳이다. 고양이와 여우가 얘기하는 들판을, 콜로디가 '축복받은 들판' 혹은 '기적의 들판'이라고 부르는 까닭은 뭘까? 이는 프랑스 연금술 문학의 걸작 『침묵의 책Mutus liber』[19]에서 찾을 수 있다."[20]

아울러 고대로부터 있었던 은밀한 교리, 원형에 관한 모티프는 꼭두각시 이야기에 관한 해석에 바로 적용된다고도 했다.

"꼭두각시와 당나귀는 같은 원형으로, 동등한 위치다. 순전히

---

15 클라우디노(Claudius Claudianus)는 고대 로마의 시인이다.

16 졸라는 '올빼미의 나라'라고 했지만, 『피노키오의 모험』12장에 등장하는 '바르바지아니(barbagianni)'를 한국어로 '바보' 혹은 '얼뜨기'를 의미한다.

17 하인리히 쿤라드(Heinrich Khunrath)는 중세 말 독일의 의사이자 연금술사다.

18 쿤라드의 대표 저서로 기독교와 마술을 엮어낸 연금술의 고전으로 여겨진다. 1595년 함부르크에서 출간됐다.

19 1677년 라로셸에서 출판된 연금술에 관한 책이다. 책

표지에는 "전체 밀교 철학이 상형문자로 표현된 침묵의 책으로, 자비로운 신에게 세 번이나 봉헌되고, 이름이 알투스인 저자에 의해 예술의 유일한 후손들에게 헌정됐다."고 쓰여 있다.

20 졸라가 1992년에 출간한 『세상에서 나오다(Uscite dal mondo)』를 인용한다.

자연적이고 역학적인 조건에서 어려움을 딛고 쟁취한 승리의 원형이다. 꼭두각시는 마르쿠스 아우렐리우스[21], 당나귀는 아풀레이우스가 이 같은 관점으로 다뤘었고, 콜로디는 둘 다 취한 것이다. 고된 승리인 것이다! 콜로디는 승리를 이루기 위해서는 인간 제도에 관한 모든 믿음을 버려야 하며, 정의와 유토피아의 환상에서 완전히 벗어나야 한다는 것을 보여 준다."

여기서 나타나는 오류는, 졸라가 잘못 해석해 그런 게 아니라, 애초에 은밀히 내려온 교리의 입문 과정에 있는 것이다. '죽음과 부활의 원형'이 꼭두각시 이야기에서 '고래상어 뱃속에 삼켜지는 상징적인 형태'나 '피노키오가 당나귀로 변하는 과정'으로 분명히 표현된다. 오류는 바로 입문을 비밀로 간주하는 데에 있다. 이 교리는 일부 전수자들에게만 알려지고 일반인들에게는 비밀에 부친다. 비밀리에 전해지는 교리는 그 교리가 일상이고, 일상에 그 교리가 스며 있는 경우만 허용된다. 콜로디는 누군지 알 수 없는 입문자들에게 프리메이슨 교리를 적용하지 않는다. 대신 이를 문학적으로 창조해 낸다. 어쨌거나 엘레우시스 밀교[22]나 꼭두각시의 신비 모두 외부인에게 누설하는 것이 금지된 비밀이라 하더라도 결국 전달하는 건 큰 문제가 되지 않는다. 꼭두각시 인형으로 모험 다니면서, 피노키오는 철자법 책을 팔고, 꼭두각시 대극장

---

21 마르쿠스 아우렐리우스 안토니우스(Marcus Aurelius Antoninus)는 로마제국의 16대 황제다. 게르만족과의 전쟁에서 깨달은 바를 담은 『명상록』에는 스스로 노예라 생각하지 말고 꼭두각시처럼 살지 말 것을 주장하는 내용이 나온다.

22 엘레우시스 밀교는 하데스가 데메테르의 딸, 페르세포네를 납치하는 신화를 바탕으로 한다. 엘레시우스 밀교의 교리와 의식은 고대부터 비밀로 부쳐졌고, 비밀을 전수받는 자들은 그 보상을 사후세계에서 받을 수 있다고 믿었다. 입문자들에게 페르세포네의 귀환은 모든 생명체의 재탄생이자, 삶의

영속성을 상징했다. 밀의 또는 신비(mystery)라는 용어는 라틴어 미스테리움(mysterium)과 그리스어 미스테리온(mysterion)에서 유래됐다.

에 들어가고, 장난감 나라로 도망치고, 고양이와 여우를 만나고, 당나귀로 변신하고, 고래상어 뱃속 여행을 하며 꼭두각시로서 모험에 입문하는 것이지만, 사실 그가 입문한 것은 자신의 삶 그 자체다. 아풀레이우스의 소설 『황금 당나귀』의 주인공 루키우스[23]처럼 말이다. 이 지점에서는 밀교 전파자들이 원하는 어떤 식으로도 전수함과 전수받음이 모호해지고, 구분할 수 없게 된다. 전수의 유일한 내용은 더는 이해할 것이 없다는 것, 밑 빠진 독에 끊임없이 무언가를 붓고 있다는 것이다. 그리고 이것이 바로 엘레우시스 전수자들이 행하던 것이다. 이들은 팽이, 작은 거울, 성기, 옥수수 이삭과 같은 이질적인 대상을 숭배하고, 무의미한 운율에 맞춰 중얼거린 후에 아무 말도 하지 않았다고 한다. 피노키오가 자신이 입문이 끝난 후 했던 행동처럼 말이다.

«놀라운 일이 계속되자 피노키오는 더는 자신이 정말 깨어 있는지, 아니면 지금 백일몽을 꾸고 있는지 알 수 없었어요.»[24]

만가넬리는 앞서 이야기한 오타에 집중하느라 입문에 관한 것은 다루지 않았다. 그러나 우리는 이 주제를 만가넬리처럼 완전히 무시하지는 않겠지만, 거기 있는 밀교의 흔적은 심도 있게 고려하지 않을 것이다. 벤야민이 말했듯, 모든 은밀한 교리

---

23 고대 로마 시대 작가 아풀레이우스가 쓴 「황금 당나귀(Asinus aureus)」는 주인공 루키우스가 마법을 따라 하다 실수로 당나귀로 변하는 내용을 담은 피카레스크 소설이자 역사상 최초의 장편소설.

24 부록, 403쪽.

를 넘어 몸과 상상력이 상호 침투하는 '이미지 공간'으로 우리를 인도하는 '세속적 계몽'에 대해 '수수께끼의 수수께끼 같은 면'을 강조하는 것은 아무런 의미가 없다.[25] '일상을 뚫을 수 없는 것으로, 뚫을 수 없는 것을 일상'으로 인식할 줄 안다면, 피노키오 동화는 바로 그 원리에 따라 움직인다고 볼 수 있다. 상징과 원형이 끊임없이 되풀이되고 매번 새로운 인물에 새 옷이 입혀질 뿐이라면, 이는 교리 문제가 아니다. 이는 상징과 원형에 스며 있는 상상력 때문이다. 신성한 책 성서처럼, 또 어린이들을 위한 겸손한 우화처럼 마음껏 상징과 원형을 불러일으킬 수 있는 것이 바로 상상력이다. 세속적 계몽과 마찬가지로 상상력은 위계와 질서를 모르며, 그저 논란과 혼란만 불러일으키는 모든 성스러운 것과 세속적인 것의 구분을 가뿐히 무시한다. 그렇게 우리는 상상을 발휘하여 피노키오를 본질적으로 살펴볼 것이다.

«"옛날옛날에…."

"왕이 있었대요!"라고 나의 어린이 독자들은 바로 그렇게 말할 겁니다.

"아니에요, 여러분, 틀렸어요. 옛날옛날에 한 나무토막이 있었어요."

값비싼 나뭇조각이 아니라, 겨울에 불을 피우고 방을 데우기

---

25 발터 벤야민의 『초현실주의
(Surrealismus)』에 나온 구절을
인용하고 있다.

위해 난로나 벽난로에 넣는 장작더미에 있는 조그만 한 토막의 나무였죠.»[26]

만가넬리는 이 '파국적 시작'을 도발이라고 보았다. «옛날옛날에»가 동화 세계의 표어이자 표상이라고 보면, 피노키오 이야기의 이 표현들은 기만적이고, '거짓' 표상이자, 단어가 뒤틀린 것이다. 여기서 이야기꾼 그러니까 콜로디는 동화의 시작을 속임수로 접근했다. 더는 동화가 아닌 동화적 배경, 즉 황금으로 만들어진 원형 왕관으로 상징되는 왕실과 고대 동화 속 장치들과는 결코 공존할 수 없는 것이다. 어쩌면 이는 "동화를 죽이려는 시도"[27]일 수도 있다.

피노키오가 출간되기 몇 년 전 콜로디는 자신이 편집자로 있었던 신문 〈일 람피오네Il lampione〉에 기고한 단편소설에서 전형

26 부록, 219쪽.

27 만가넬리, 『피노키오. 평행해설』, 11쪽.

적인 동화의 시작을 다음과 같이 조롱한 바가 있다.

"사랑하는 독자 여러분, 무슨 하인처럼 '옛날옛날에 왕이 살았습니다' 같은 시작은 하지 않겠습니다. 왜냐면 옛날옛날에 왕이 없었고 지금보다 더 좋았는지 나빴는지는 모르겠으니, 알고 싶다면 이야기에서 찾아보세요."[28]

어쨌든 콜로디의 작품에서 '왕'이라는 존재는 구조적으로 빠진 것 같다. 대문자로 표기되는, 문학 속 왕에 관한 연구에서 만가넬리는 독특한 비존재 방식에 초점을 맞췄다. 1989년 발간된 책 『더 많은 신에게Agli dèi ulteriori』에서 만가넬리는 책 제목과 같은 이름의 챕터를 통해 이를 이미 다룬 바 있다.

콜로디는 의도적으로 왕이 동화에 있지 않도록 한 것이다. 왜냐면 왕은 '비존재'로 있는 것이 자신을 하나의 전형으로 남게 할 뿐 아니라 아무도 공격할 수 없는 형태가 된다는 것[29]을 알아챘기 때문이다. 그러나 우리가 이야기 시작 부분에서 직관한 꼭두각시 동화가 지닌 특수한 문학적 상태를 꾸준히 고찰해 본다면, 다소 만족스럽지 못한 결론에 도달할 것이다. 피노키오 이야기는 동화로 존재하는 것을 부정하면서 시작한

28 여기서 언급하는 콜로디의 단편소설은 1848년 10월 18일자 신문에 실렸다.

29 만가넬리, 같은 책, 12쪽.

다. '옛날옛날에 한 나무토막이 있었어요'는 동화의 시작 문장이
아니다. 심지어 고급스러운 나무 조각이 아니라 불을 피우고 방
을 데우기 위해 난로나 벽난로에 넣는 장작더미에 있는 조그만
한 토막[30]이다. 평범한 실내 소품을 등장시켜 동화에서 현실 영
역으로 이야기를 극적으로 전환시킨다. 또, 체리 할아버지로도
불리는 안토니오와 폴렌디나라는 별명의 제페토라는, 전혀 동
화답지 않은 두 인물이 때마침 등장한다. 시작부터 동화이길 거
부한 이 이야기는 더미에서 나온 나무토막이 지금까지 존재했던
모든 동화 속 캐릭터 중 가장 동화적이라는 것이 드러나자, 그
즉시 격렬히 부서진다.

　「자율적인 창조 형태로서의 민속학」이라는 훌륭한 논문에서
야콥슨[31]과 보가티레프[32]는 한편으로는 신화와 구전 문화, 다른
한편으로는 문학과 글쓰기 사이의 근본적인 차이점을 '랑그와
파롤langue e parole' 사이의 언어적 대립이라는 관점으로 해석했
다. 동화적인 내용을 함의한 민속 작품은 '랑그'의 산물로, 화자
가 매번 그것을 변형시키더라도 비인칭적 방식으로 이야기가 받
아들여지고 전수된다. 반면, 어떤 문학작품 작가에게는 구전으
로 내려오는 민속 작품이 매번 새롭게 발명되어야 하는 '파롤'의
구체화된 형태며, 이 경우 반드시 단순한 서술자가 아닌 작가가

30　부록, 219쪽.

31　로만 야콥슨(Román
Осипович Якобсón)은
러시아 출신의 미국 언어학자,
문학이론가다.

32　페트르 그리고리예비치
보가티레프(Петр Григорьевич
Богатырев)는 러시아—체코
출신의 작가, 민속학자,
번역가다.

상정된다.

　이를 알든 모르든 콜로디는 신화와 문학, 동화와 단편소설 혹은 소설 사이에서 자신의 능력을 발휘했다. 콜로디는 우화가 아닌 우화, 소설 아닌 소설을 독자들 손에 쥐여 주었지만, 알고 보면 그 어떤 동화보다도 동화적이다. 그리고 출간된 지 단 몇 년 만에 70만 부가 팔린 이 책의 성공 비결은 아마도 신화와 문학작품 사이의 명백한 대립에 의문을 제기하고, 둘이 별개가 아니라, 상상과 언어가 하나의 흐름에서 그저 다른 긴장 상태에 있는 것뿐이라는 걸 상기시켜주는 '대담함' 때문일 것이다. 또 주인공이 동물도 사람도 아닌 꼭두각시라는 점은 이 텍스트가 경계가 모호한 하이브리드 상태라는 것과 일맥상통한다.

　그렇다면 우화란 무엇인가? 그리스어로 동화는 '아이노스ainos' 또는 보편적으로 '미토스mythos'라고 불린다. 소크라테스는 죽기 직전에 쓴 『파이돈Φαίδων』에서 음악과 철학에 가까운 용어 미토mito, 즉 신화를 언급하며, 바로 이 특별한 장르의 창시자를 이솝[33]이라 칭한다. 소크라테스는 케베스[34]를 포함한 자신 친구들에게 이런저런 다른 형태였지만 언제나 완고한 하나의 목소리로 '소크라테스여, 시가詩歌를 지어라'[35]라는 목소리가 들렸던

33　흔히 우리에게 『이솝 우화』로 잘 알려진 아이소포스(혹은 이솝)다. 기원전 6세기의 고대 그리스 우화 작가다.

34　케베스(Κέβης Θηβαῖος)는 소크라테스의 제자로 테베 출신의 고대 그리스 철학자다.

35　아감벤의 글을 직역하면 "음악을 해라!"인데, 우리나라 번역본은 "소크라테스여, 시가를 짓고 시가를 부르는 일에 힘쓰라"로 번역했다.

꿈을 수차례 꾸었던 것을 이야기한다. 철학이 바로 최고의 음악이기에, 처음 이 목소리를 들은 소크라테스는 잠에 빠져 꿈꾸는 사람들이 응당 그렇듯 이미 자신이 하고 있는 일을 더 하도록 부추긴다고 생각했다. 그러나 곰곰 생각해 보니 꿈이 그에게 더 통속적인 음악을 작곡하라고 요구한 것이었고 이를 거역해서는 안 된다고 확신했다.

"그래서 먼저 축제의 신에게 바치는 찬가를 지었네. 그러나 시인이 되고자 한다면 우화mythous를 써야 하네. 연설logous이 아니라. 그런데 내가 신화 작가mythologikos가 아니라고 생각했기에, 내 수중에 있고, 내가 기억하는 이솝 우화 중 내게 일어난 사건을 먼저 시적인 형식으로 만들어야한다고 생각했지."[36]

우리는 이 우화들이 무엇이었는지 알 길이 없다. 이 대화 직전에 소크라테스는 자신의 아픈 다리를 문지르면서, 비록 우화에 대해 명확히 정의하지 않았지만, 그가 이전에 느꼈던 고통이 어떻게 그 반대인 쾌락으로 바뀌고 있는지 관찰하면서 우화의 본질이 무엇인지 우리에게 시사했다.

"친구들이여, 사람들이 쾌락이라고 부르는 것과 그 반대인 것처럼 보이는 고통이 본질적으로 얼마나 놀라운 관계를 맺고 있는지 아는가! 둘 다 동시에 함께 있길 원하지 않지만, 둘 중 하나

36 원서에는 『파이돈』의
60c라고 기록돼 있으나, 실제는
61c다.

를 쫓아가 잡으면 어째서인지 항상 다른 하나도 붙잡아야 하네. 마치 이 둘은 하나의 머리로 연결돼 있는 것 같네. 내 생각에 만약 이솝이 이를 깊이 생각했다면 분명 우화 소재로 썼을 것 같네. 신이 두 경쟁자를 결코 화해시킬 수 없다는 것을 알고 두 머리를 하나로 묶어 버려synepsen 하나가 잡히면, 즉시 다른 쪽도 잡혀버린다는 우화 말일세."

아리스토텔레스가 이 수수께끼, 그러니까 우화의 명사형 중 하나인 아이노스ainos와 관련된 용어인 아이니그마ainigma를 '실재하는 것을 말함으로써 불가능한 것을 함께 묶는 것synapsai, 소크라테스가 사용했던 그 동사'이라고 정의했을 때 『파이돈』의 내용을 떠올렸을 수도 있다. 그리고 『수사학』에서 아리스토텔레스는 우화를 전형典型과 비유로 구분한다. 다시 말해 비유를 기초한 담론에서, 공통분모가 전혀 없는 것처럼 보이는 것에서, 유사성을 발견한다. 어쨌든 소크라테스 말의 의미는 우화 구조가, 어떤 대상을 반대되는 것으로 전복시키는 것과 그 반대편 없이 한 가지만을 취하는 게 결코 불가능할 만큼, 모호함[37]에 기반을 두고 있다는 것이다. 플라톤이 지은 두 우화, 『파이드로스』의 「매미」와 『향연』의 「에로스의 기원」에서도 모호함과 전복이 똑같이 보인다. 매미 노래의 기쁨은 굶주림, 죽음으로 전복되고 에로스의 계보

---

37 아감벤은 여기서 콘수스탄지알레(consustanziale)라는 형용사를 썼다. 이 단어는 삼위일체의 세 위격 성부, 성자, 성신의 3위가 동질이라 걸 의미한다.

는 가난과 부자, 무지와 지식, 죽음과 불멸과 등 이해가 어려운 고리로 연결된다. 상반된 것들의 나열뿐이다. 마찬가지로 이솝이 쓴 우화는 긍정적인 것이 결국 부정적인 것으로 이어지고, 모든 행동은 의도한 것과 정반대의 결과를 낳는다. 여우를 겁주기 위해 당나귀는 사자 가죽을 뒤집어쓰고, 탈레스는 고집스럽게 계속 별만 바라보다 우물에 빠진다. 이슬을 먹고 싶어 매미 흉내를 내던 당나귀는 굶어 죽는다.

소크라테스가 생각했던 것처럼, 피노키오 우화가 처음부터 끝까지 예상치 못한 반전과 끊임없는 전복으로 전개된다는 것은 새삼 놀랍지 않다. 못된 장난으로 번지지 않는 선한 의도도 없고, 재난이나 불행은 모두 탈출과 구원으로 뒤바뀐다. 결국, 피노키오 이야기가 교훈을 남겨야 하는 이솝 우화식 결론으로 끝맺어져야 한다면, 유일한 교훈은 '무엇도 그대로 있는 것은 없고 끊임없이 변한다는 것'이다. 나무는 나무가 아니고, 친구는 친구가 아니고, 당나귀는 당나귀가 아니며, 요정은 요정이 아니고, 귀뚜라미는 귀뚜라미가 아니다. 모든 것이 계속해서 바뀌고 변화한다.

만가넬리의 해석이 타당하다고 하는 작가 크리스티나 캄포[38]는 동화에 관한 글에서 피노키오를 사례로 언급하지 않는다. 대

<hr />

38 크리스티나 캄포(Cristina Campo)는 이탈리아의 작가, 시인, 번역가다.

신 그녀는 선과 악이 '가면을 교환'하는 '시련과 해방 사이[39]'에 동화를 배치하고, 동화 속 영웅이 선과 악, 두 세계에 동시에 속한다고 정의할 때, 하나의 세계로 어떻게든 숨겨진 다른 세계를 읽을 수 있어야 한다고 말한다. 우리는 여기서 꼭두각시 인형을 떠올리지 않을 수 없다. 피노키오를 영웅이라고 하기엔 좀 과하고, 아무튼 주인공 피노키오가 두 세계 사이 어딘가에 있는 특정 상황은 동화를 이해하는 열쇠를 제공함과 동시에 입문과 연관 있다는 것을 알 수 있다. 입문 과정에서 벌어지는 일은 인간적이고 세속적이므로, 인간의 삶이 어떻게든 초인간적 혹은 신성한 사건의 매개가 된다. 그러나 그게 어떤 식이든 피노키오 이야기가 은밀한 교리의 전수와 입문과 연관 있다는 해석에 반대된다는 것을 또 한 번 언급할 필요가 있다. 즉 교훈이나 교리의 문제가 아니라 어원적 의미에서 어떤 생각이나 '열정' 같은 것이다. 아리스토텔레스는 그의 유실된 대화편 중 하나인 「철학에 관하여Sulla filosofia」에서 이렇게 적었다.

"입문자들은 무언가를 배우는 것이 아니라mathein ti, 고통pathein을 받아들이고 기꺼이 해내는 것부터 시작한다."

이는 우화 주인공에게도 해당한다. 주인공은 엄청난 고난을 겪고 수준 높은 교리나 지식을 습득하는 것이 아니라, 본능적으

---

39 캄포, 「용서할 수 없는 자들
(Gli imperdonabili)」, 33쪽.

로 도망가기 적절한 때를 깨닫고 이때 겪는 감정과 당혹함을 통해 지식과 경험을 얻는다. 사실 동화의 특징을 입문과 관련해 살펴보는 것이 가능하다면, 캄포가 말한 것처럼 주인공은 '자신의 선택과 거부의 숨겨진 법칙'을 따르면서, '행간에 숨겨진 세계'를 정확히 읽지 못한다. 오히려 주인공은 마치 일종의 마법처럼 입문 의식을 거침으로써 어떤 식으로든 그 의식에서 스스로 벗어난다. 이 마법 같은 과정은 주인공이 말을 잃게 하고 신비로운 상태에서 벗어나 몽롱한, 일종의 수면에 빠져 작은 속임수에도 순순히 자신의 의지를 꺾는다. 감히 말하건대 피노키오는 어떤 입문자가 아니다. 어린아이로 변했을 때도 말이다. 어린아이가 된 후 그는 꼭두각시로 살았던 경험을 고작 «꼭두각시였을 때 내 모습이 얼마나 우스꽝스러웠는지.»[40]라고 말할 뿐이다. 우스꽝스럽다는 건 그저 웃긴 것이다. 이해할 필요가 전혀 없는 광대극이나 실없는 농담처럼.

카롤리 케레니[41]와 그의 뒤를 이은 라인홀트 메르켈바흐[42]는 이교도의 신비와 고대 소설 사이에 계보학적 연관성이 있음을 주장했고, 결론에서 소설이 그런 의미에서 이교도의 신비로움에서 파생되었다고 했다. 마찬가지로 소설에서도 개인의 삶은 신성하거나 적어도 초인적인 요소와 연결돼 있으므로, 모든 평범

---

40 부록, 403쪽.

41 카롤리 케레니(Károly Kerényi)는 헝가리 출신의 고전문헌학자이자 종교역사가. 현대 그리스 신화 연구의 포문을 연 연구자다.

42 라인홀트 메르켈바흐 (Reinhold Merkelbach)는 독일의 고전문헌학자이자 금석학자다.

I.

Come andò che Maestro Ciliegia, falegname, trovò un pezzo di legno, che piangeva e rideva come un bambino.

Attilio

한 존재가 겪는 역경과 지나야 할 험로는 특별한 의미를 지니게 되고, 그 자체로도 신비롭다. 엘레프시나[43]에서 입문자들은 코레 kore[44]가 하데스에 납치됐다가 이듬해 봄 지상에 다시 나타내는 장면을 목격하고, 이런 식으로 자신들의 삶이 구원될 거라 믿었다. 이와 마찬가지로 독자는 램프의 희미한 불빛 아래에서 자신이 읽고 있는 소설 주인공을 둘러싼 음모를 따라가며 자신의 운명을 어떤 식으로든 대입시켜 자기 존재를 신비로 끌어들인다. 소설의 시작이 신성한 신비가 아니라는 것은 굳이 말할 필요도 없다. 오히려 엠마 보바리[45]처럼 신비를 완전히 잃어버린 삶에서 소설이 시작될 수 있다. 그러나 이 경우에도 어쨌든 입문은 있을 것이다. 비참한 것이든, 아니면 그저 곧 소진될 삶 그 자체든 말이다.

이러한 관점에서 피노키오 이야기를 어떻게 봐야 할까? 통찰력을 지닌 이탈로 칼비노[46]는 이 소설이 "방황과 굶주림, 인적이 드문 여인숙, 경찰과 사형대에 관한 책"으로, 사실상 피카레스크 소설이라고 했다.[47] 이 말이 사실이라

---

43 아테네에서 20킬로미터 떨어진 도시로, 고대 그리스 시대 종교의 중심지다. 기원전 1700년경부터 로마 시대까지 엘레우시스 밀교가 성행하던 곳이다.

44 코레(그리스어: κόρη)는 고대 그리스 시대 조각 사조의 한 유형으로, 어린 나이의 여성을 묘사한 게 특징이다.

코레는 고난을 초월한 이상향의 상징을 의미했다. 신이나 죽은 자에게 제물로 바쳐지기도 했다.

45 엠마 보바리는 귀스타브 플로베르의 소설 『보바리 부인』의 주인공이다. 결혼생활을 갑갑해하는 아름다운 여인으로, 화려하고 즐거운 삶을 꿈꾸지만 어느 것에도 만족하지 못하고 사치와 빚에 시달리다 스스로

생을 마감하는 인물로 그려진다.

46 이탈로 칼비노(Italo Calvino)는 신사실주의에서 출발하여 이탈리아 특유의 환상 문학의 철학을 완성한 작가로 평가받는다.

47 이탈리아 일간지 〈라 레푸블리카(La Repubblica)〉에 1981년 4월 19과 20일에 실린

면 꼭두각시 인형은 『라사리오 데 토르메스의 삶, 그의 행운과 불운』[48]과 『구스만 데 알파레체』[49], 『모험심이 강한 독일의 심플리치시무스』[50], 『질 블라스 이야기』[51]가 극단적으로 환생한 '피카로' 그러니까 '악당'이 될 것이다. 꼭두각시의 모험이 다른 피카로들, 즉 악당들의 모험과 마찬가지로 절망적인 고난의 연속이며 이해하기 어려운 악행의 연속이라는 점은 명백하다. 그러나 악당으로 보기에 피노키오는 좀 더 심오하면서도 친근하다.

아메리코 카스트로[52]는 피카로의 기원을 스페인에서 찾았다. 과거 스페인에서 있었던 유대인 추방령 이후 종교를 가톨릭으로 개종한 유대인들의 불안하고 모순적인 처지가 그 시작점이라고 보았다. 『구스만 데 알파레체』의 작가 마테오 알레만과 『라 셀레스티나』[53]의 작가 페르난도 데 로하스는 둘 다 개종한 유대인이

칼비노의 글 「콜로디는 존재하지 않는다(Ma Collodi non esiste)」를 인용한다.

48 1554년 출간된 『라사리요 데 토르메스의 삶, 그의 행운과 불운(La Vida de Lazarillo de Tormes y de sus fortunas y adversidades)』은 스페인 최초의 사실주의 소설이자 소위 '피카레스크 소설'이라는 새로운

장르를 연 작품이다.

49 『구스만 데 알파라체(Guzmán de Alfarache)』는 마테오 알레만(Mateo Alemán)의 작품으로 1599년 마드리드에서 처음 출판됐다. 거리의 아이 갤리선이 성장하는 과정을 1인칭 시점으로 이야기한다.

50 『모험심이 강한 독일의 심플리치시무스(Der abenteuerliche Simplicissimus Teutsch)』는 한스 그리멜스하우젠(Hans Jakob Christoffel von Grimmelshausen)의 소설이다. 1668년에 집필했으나 출간 년도는 1669년이다. 30년 전쟁에 생존한 양치기 소년의 험난한 인생을 묘사한다.

었다. 그리고 아메리코 카스트로는 이를 존재의 본질적인 특성 '비비르 데시비엔도스vivir desviviéndose', 즉 자신의 진짜 삶의 의미를 비워내며 사는 삶과 관련지었다. 다른 피카로들처럼 피노키오는 자신의 인생에서 도망치고, 완강하게 사라지고 또 살아가기를 포기해야만 살아갈 수 있다. 그렇다면 살아가는 것이 아닌, 살지 않은 삶으로 들어가는 입문이 있다는 것인가? 이 질문에 대한 답을 찾는 게 가능하다면, 꼭두각시 모험의 본질과 의미를 한 번에 꿰뚫을 수 있을 뿐 아니라, 어쩌면 지구상 모든 인간이 하는 모험의 본질과 의미마저도 정의 내릴 수 있을 것이다.

이 문학 장르를 "단순한 귀찮음이라기보다는 거부감에 가까운 감정"이라고 고백하는 만가넬리와 마찬가지로 콜로디는 소설, 특히 사회적 가식을 고스란히 담고 있는 동시대 작품들에 환멸을 느꼈고, 다시 '의사 세르반테스'가 등장하기를 원했다. 질병의 진짜 치료법을 알고 있는 사람 말이다. 안타깝게도 적절한 치료법을 알고 있는 세르반테스와 같은 영리한 의사는 전염이 급속도로 퍼질 때는 가만히 있고, 질병 전파가 완화될 때만 그 치료법을 제시한다.[54] 어쩌면 피노키오는 회복할 수 없을 정도로 노쇠해진 모습의 인간에게 새로운 생명을 불어넣으려는 '뚜렷

51 『질 블라스 이야기 (L'Histoire de Gil Blas de Santillane)』는 프랑스의 알랭 르네 르사주(Alain René Lesage)가 쓴 장편소설이다. 주인공 질 블라스의 파란만장한 모험을 그린다.

52 아메리코 카스트로 퀘사다(Américo Castro Quesada)는 스페인의 언어학자,

문화사회학자다.

53 『라 셀레스티나(La celestina)』는 스페인의 작가 페르난도 데 로하스(Fernando de Rojas)의 작품이다. 1499년 익명으로 처음 출판됐다. 주인공 칼리스토와 멜리베아의 비극적인 사랑 이야기로, 대화체 형식으로 피카레스크 소설의 기원이 되었다고 평가받는다.

54 콜로디의 산문 『자랑쟁이 (Gli smarigiassi)』에서 등장하는 내용이다.

한 의도로 만들어진 치료법'이었을 수도 있다. 소설이든 아니든 피노키오는 판크라치[55]가 주장했던 것처럼 우연히 만들어진 걸작이 아니다. 실제로 콜로디는 자신이 글쓰기를 진중하게 성찰할 줄 아는 작가임을 보여 줬다. 한 예로 콜로디는 철도 안내서와 소설이 혼합된 『증기 속의 소설Un romanzo in vapore』[56]에서 의도를 알아채기 힘든 '약초 시럽'[57]의 발명가가 아니었다면 '이탈리아 사회소설의 발명가'였을 것이라는, 팔리아노 교수의 입을 통해 소설 장르를 풍자하며 재치 있는 논리를 피력한다.

책 속 등장인물인 팔리아노 교수에 따르면 시럽과 현대소설 그리고 이 세상 모든 예술, 심지어 문학에도 '그들만의 비밀과 레시피'가 있기 때문에 시럽과 현대소설 사이에는 어떤 유사점이 있다. 소설가의 가장 큰 과업은 독자가 지루해져 하품하고 졸음에 빠지는 걸 막는 데에 있다. 물론 책을 읽다 잠들면 (제 말을 믿어주시길) 대부분이 그냥 잠드는 것보다 훨씬 깊은 잠에 빠지긴 한다. 아무튼 콜로디는 이외에도 호기심을 불러일으키는 방법, 그리고 상상의 마차에 매달린 수많은 노예처럼 독자들을 어떤 식으로든 책 속 이야기에 빠져들게 만드는지를 책에서 설명한다.

팔리아노 교수의 레시피에 따라 구성된 소설, 즉 콜로디가 쓴 『증기 속의 소설』에는 몇 가지 놀라운 점이 있다. 우선 첫 장의

---

55 피에트로 판크라치(Pietro Pancrazi)는 이탈리아 작가이자 비평가다.

56 1857년 피렌체에서 출간된 이 책에서 콜로디는 19세기 철도와 자동차의 보급으로 공간과 시간이 새롭게 인식되는 놀랍고 새로운 세상을 독자들에게 설명한다.

57 『증기 속의 소설(Un romanzo in vapore)』에서 팔리아노 교수는 자신이 '약초 시럽(Siroppo Depurativo)'을 만들었다고 주장한다. 약초 시럽은 식물 추출물로 만들어진 것으로, 이탈리아에서 간 및 소화 기능 개선에 유용한 식품 보충제로 알려져 널리 사용되고 있다.

서두는, 만가넬리가 "춥고 어둡고 비가 내리는 어느 겨울 저녁이었다."라고 오독하게 만든 『피노키오의 모험』 여섯 번째 장을 연상시킨다. 사실 팔리아노 교수가 말하는 것처럼 악천후에 집착하는 건 작가 관점에서는 괜찮은 방법이다! 또 소설 레시피는 다음과 같이 매우 간단하다. 놀라움을 드러낼 때 쓰는 감탄사 '아!'로 마무리하며, 다음 장에서 독자의 궁금함을 해소해주기 위해 합리적인 설명을 하는 게 아니라 예상치 못한 새로운 사건을 전개한다. 그리고 다시 새로운 감탄사 '어!'로 끝나게 되는데 이는 독자의 호기심을 자극한다. 이런 설명도 있다.

"마지막까지 항상 주제를 건너뛰며 […] 당황해서 각 장의 끝에서 '음!'이라고 외치는 것으로 만족할 불쌍한 독자들을 끌어당긴다."

다섯 종류의 감탄사를 써서 목차부터 마지막 페이지까지 독자들을 열정적으로 빠져들게 하는 사회소설을 만드는 이 레시피는 『피노키오 모험』의 전체 구성을 풍자한 것이라는 것을 쉽게 알 수 있다. 팔리아노 교수의 감탄사는 항상 예측하지 못한 사건을 알리고, 이야기한 상황에서 완전히 다른 상황으로 바뀌는 피노키오의 수많은 '그러나'를 의미한다. 이런 방식으로 콜로디는 독자들을 상상의 마차로 끌어당긴 것이다.

엘레우시스 밀교적 해석을 하자면 『피노키오의 모험』은 '천상의 프롤로그'로 시작하는데, 여기서 '영지주의적 관점에서 서술된 조물주 데미우르고스[58]와 천상의 아버지 하느님'의 대조가 드러난다. 실제 프롤로그의 첫 배경은 천상 세계가 아니라 이보다 훨씬 소박한 늙은 목수의 작업장이며, 다름 아닌 칠리에지아 할아버지로 불리는 붉은 체리색 코를 지닌 안토니오 선생이 먼저 나무토막을 발견한다. 그리고는 '층계 아래로 빛이 겨우 새어 들어오는 작은 지하 방'[59], 즉 제페토의 집으로 주 배경이 바뀐다.

사실 피노키오의 창조는 두 단계로 이뤄졌다. 아담의 창조와 같은 이중 창조인 것이다. 신학자들은 2천여 년 동안 서양 문화에서 창조가 두 번 일어나는 이유에 답을 찾고자 했다. 첫 번째 창조는 창세기 1장 27절에, 두 번째는 2장 7절에 나와 있다. 성서문헌학자들은 학술적으로 구분하기 위해 첫 번째 창조를 '엘로힘', 두 번째 창조를 '여호와'라고 부른다. 성서에 나온 내용을 요약하면 첫 번째 창조에서 하나님은 자신의 형상과 모양대로 사람을 창조하고 '남자와 여자를 창조하고', 그들에게 바다의 물고기와 공중의 새와 대지를 기어다니는 가축과 모든 들짐승을 다스리게 하는 내용은 나오는데, 엘로힘이 그 일을 어떻게 행했는지는 언급하지 않는다. 그런데 두 번째 창조에서는 아담의 창

---

58 조물주 데미우르고스 (δημιουργός)는 물질세계를 창조하는 신으로 그리스 신화 최고의 신이다. 무에서 유로, 세계를 창조했다는 기독교의 전능한 신과는 다른 존재다. 고대 그리스인들은 창조주가 따로 있으며 이미 존재했던 것들을 이용해 인간과 세계를 만들었다고 생각했다. 호메로스는 금속 세공사, 도공 등의 직공이나 의사를 나타내는 표현으로 이 용어를 쓰기도 했다.

59 부록, 219–228쪽.

조가 간결하지만 명확하게 기술돼 있다. 하나님은 흙으로 사람을 빚고 그 코에 생기를 불어넣고 에덴동산에 두었다.

이중 창조가 있었던 것에 대해 오리게네스[60]는 단순히 그럴 만한 이점이 있었기 때문이라고 설명한다. 하나님의 형상대로 만든 첫 번째 피조물은 영혼을 가리키고, 죄에서 파생된 두 번째 피조물은 흙, 그리고 흙으로 된 몸을 가리킨다고 보았다. 오리게네스에서 2백여 년이 흐른 후, 한 팔레스타인 신학자는 창세기에 주석을 달고 '사슬'이라고 불렀다. 모든 구절과 주석이, 말하자면 못처럼 각 페이지에 묶여 있기 때문이었다. 그리고 창세기 처음 두 구절에 세 번째 창조를 더한다. 이 세 번째 창조는 하나님이 아담과 이브를 지상낙원에서 추방하기 전 가죽 튜닉을 입힐 때 이뤄진다. 우화 학자인 프로코피오Procopio[61], 앞서 말한 팔레스타인 신학자로 끝없는 사슬의 '진보prokope'를 암시하는 이름을 지니고 있는 그는 이에 대해 이렇게 묘사했다.

"신의 형상대로 만들어진 사람은 영혼을 상징한다. 흙으로 빚어진 몸은 낙원에서 살 가치가 있는 섬세한 신체를 의미하며, 어떤 이는 빛이 난다고 한다. 가죽 튜닉은 뼈와 살로 된 형태를 뜻한다."[62]

피노키오 이야기에도 이 세 번째 창조의 흔적이 나타난다. 바

---

60 오리게네스(Ὠριγένες)는 알렉산드리아 학파를 대표하는 그리스도교의 교부이자 성경주석가이자 신학자다.

61 프로코피오스(Procopius)로도 불린다. 고대 로마 시대 철학자, 수사학자이자 장군이다. 현재 팔레스타인 지역 출신으로 가자 학파(The School of Gaza)의 일원이라고 알려져 있다.

62 『그리스 교부신학(Patrologia Graeca)』에 나온 구절이다. 헬레니즘 혹은 중세 그리스어로 된 교부들과 여러 고대 작가들의 글을 모은 161권의 책들로, 프랑스 대수도원장이었던 미뉴(Jacques Paul Migne)가 만들었다.

로 제페토가 피노키오를 학교에 보낼 때, 집 밖으로 내보내기 전에 머리부터 발끝까지 옷을 입히는 장면이다.

«꽃무늬 종이로 만든 작은 옷과 나무껍질로 만든 신발 한 켤레, 빵의 부드러운 부분으로 만든 작은 모자를 주었어요.»[63]

언뜻 보기에 엘로힘이든 여호와든 성서에 나온 창조는 피노키오의 이중 창조와는 아무 관련 없는 것 같다. 칠리에지아 할아버지 작업장에서는 실제 어떤 창조도 일어나지 않았고, 이런 까닭으로 만가넬리는 나무토막이 실수로 거기에 나타났다고 가정했다. 만가넬리에 따르면 데스티네이션과 데스티니, 그러니까 목적지와 운명이 충돌한다. 늙은 목수는 '잘못된 수령인'이며 그의 임무는 나무토막이 자신의 운명을 인식하도록 만드는 것이다. 그런 의미로 볼 때 칠리에지아 할아버지 작업장에 나무토막이 있는 것은 제페토의 집에서 일어나는 진짜 창조의 전주곡에 불과하다.

조금 더 주의 깊게 읽으면 첫 번째 장이 문학적으로뿐 아니라 철학적, 신학적으로, 그러니까 총체적으로 풍부한 함의를 담고 있다는 것을 알 수 있다. 먼저 '갑자기 나타났다'라는 부분이 그렇다.

«어느 화창한 날 나무토막이 늙은 목수의 작업장에 갑자기 나

---

63 부록, 244쪽.

타났어요.»

여기서 작가는 '고급 목재'가 아니라 단순한 '땔감용 나무'라고 설명한다.

"갑자기 이렇게 나타난 게 무슨 뜻일까?"

만가넬리는 질문하는데, 나무토막이 그 작업장에 가기로 스스로 결정한 것이라고 추측한다. 스스로 '변형, 탄생'을 의도했기 때문이라 본 것이다. 물론 갑작스런 등장은 만가넬리처럼 인류의 연속성을 다루는 계보학 연구자에게는 충분히 흥미로울 수 있지만, 기독교 교부에 이미 쓰여 있는 천지창조와 탄생 모델처럼, 땔감용 나무가 존재 의미와 상관없이 '세상에 던져졌다'와 같은 다른 해석도 가능하다. 다시 오리게네스의 말을 빌려보겠다.

"성서는 '새롭고 정확한'이라는 뜻의 카타볼레katabolé라는 용어와 연관 깊다. 그러나 카타볼레는 그리스어로 '아래로 던지다 deicere', '위에서 던지다deorsum iacere'를 의미하는데 라틴어 번역자들이 적절치 못하게 '창조creazione'로 번역했다.»[64]

그리고 20세기의 철학자가 인간의 조건을 '던져진'이라고 정의했을 때, 이 단어의 본래 의미를 떠올렸을 가능성이 있다.[65]

누군가(어쩌면 신)가 그 나무토막을 작업장, 즉 세상에 던져버렸다. 조물주 데미우르고스는 그것을 살아 있는 존재로 만들

---

64 오리게네스의 신학에 관한 글 『원리론(De Principiis)』을 인용하고 있다. 이는 기독교 신학에 대한 최초의 체계적인 글이라 평가받는다.

65 독일의 철학자 마르틴 하이데거(Martin Heidegger)가 인간을 내던져진 존재라고 한, 피투성(被投性)을 언급하고 있다.

었기 때문이다. 그리고 왜 눈치 없는 칠리에지아 선생은 그것으로 탁자 다리를 만들 생각만 했을까. 여기서 모든 것이 뒤집히고, 피노키오의 첫 번째 창조는 전복된 것으로 판명난다. '나무Legno'는 그리스어로 조물주 데미우르고스가 형태를 부여해야 하는 물질인 '하일레hyle'[66]다. 고대인들에 의하면 플라톤의 물질론이 담긴 『대화편』[67]의 주석은 유대인으로 추정되는 칼시디우스Calcidius[68]가 달았다고 한다. 거기서 칼시디우스는 그리스어 '하일레'를 '셀바silva' 즉 숲, 산림이라고 표현한다. 또 칼시디우스에 따르면 플라톤이 물질을 표현하기 위해 '하일레'라는 용어를 사용했다. 어느 나무에서 떨어져 나온 가지처럼, 훗날 피노키오가 될 나무토막은 만가넬리가 여러 번 말한 것처럼, 수목과 숲의 성격을 지니고 있고, 그런 의미에서 '물질'이다.

처음에 제대로 건드려보지도 못했던 이 늙은 목수는 당연히 목재 물질에 형태를 부여할 수 없었다. 오히려 나무, 즉 물질인 하일레가 이 늙은 목수의 모습을 자기가 원하는 대로 만든다. 목수는 분수대에 있는 조각상의 얼굴처럼 변하더니 입을 떡하니 벌려 혀를 늘어뜨리고 마지막에는 벼락 맞은 듯 쓰러지고 만다.

《가여운 칠리에지아 선생은 벼락을 맞은 듯 쓰러졌어요.》

《할아버지 얼굴이 완전히 바뀐 것 같았죠, 늘 빨간 체리색이

---

66 아리스토텔레스는 '질료, 물질'을 설명하기 위해 원래 '나무'라는 의미를 지닌 하일레라는 단어를 쓰곤 했다.

67 『대화편(Τίμαιος)』는 기원전 360년경에 플라톤이 쓴 저작이다.

68 칼시디우스(Calcidius)는 고대 로마의 철학자다. 321년에 플라톤의 『대화편(Τίμαιος)』의 일부를 그리스어에서 라틴어로 번역하고 주석을 달았다.

던 코끝도 겁에 질려 파란색이 돼 버렸거든요.»

그러니까 물질이 조물주 데미우르고스에게 형태를 부여하는, 이 거꾸로 된 창조는 성경에 언급된 신처럼, 나무토막의 목소리를 통해서만 이뤄졌다.[69] 나무토막은 진짜 아이처럼 '가느다란 작은 목소리'로 세 번 말한다. 처음에 목수가 도끼를 잡고 팔을 들자 «그렇게 저를 세게 때리지는 마세요!»라고 하고, 다시 도끼가 나무토막을 때리자 칭얼거리며 «아야! 아파요!»라고 하고, 마침내 목수가 나무토막을 위아래로 대패질하기 시작하자 중얼중얼하며 웃으며 «그만 해요! 제 몸을 너무 간지럽히잖아요!»[70]라고 한다.

무능한 조물주 데미우르고스와 물질이 내는 '가느다란 작은 목소리' 사이의 특이한 관계를 생각해 볼 필요가 있다. 어떤 까닭에서인지 칠리에지아 할아버지는 이 소리를 오직 울고 흐느끼는 목소리라고 계속 고집한다. «누가 봐도 아까 작은 목소리를 들은 건 내가 착각한 거지.»라고 두 번이나 반복한다. 또 «이 나무토막이 어린애처럼 울고 칭얼거리는 법을 배운 건가?»라고 한다. 나무토막은 울지도 흐느끼지 않고, 단지 말로만 권고하고 서운해했지만 잠시 후 목수는 '자비 없이' 즉 애정 없이 '우는 작은

69 영지주의에서는
데미우르고스가 물질을
창조하는 신으로 여겨진다.
그러나 데미우르고스는 완벽한
신으로 여겨지지 않기에
불완전한 존재라고 보는 견해도
있고, 악의 근원 즉 악마라고
보는 해석도 있다. 이 때문에
데미우르고스가 만든 물질은
부족하고 악덕하다고 여겨진다.

70 부록, 220쪽.

목소리가 있는지' 확인하기 위해 나무토막에 쾅쾅 두들겨 팬다. 그리고 나무토막이 세 번째로 웃으면서 말할 때 벼락 맞은 듯 쓰러질 수밖에 없었던 것은, 체리 할아버지는 나무토막에서 울음과 흐느낌만 찾고 있었기 때문이다. 『피노키오의 모험』에서 목소리를 듣고 놀라는 부분은 이렇게 묘사된다.

《아까 그 작은 목소리가 웃으면서 말하는 목소리가 다시 들리는 거예요.》

『로마인들에게 보내는 편지』[71] 8장 22절에서, 신음하고 산고를 겪는 피조물처럼 숲속 나무 물질인 '하일레'는 말할 수 없었고, 당연히 웃을 수 없었고 그저 흐느낄 수만 있었다.

에르네스토 데 마르티노[72]는 죽은 사람을 위해 울부짖은 의식에 대해 깊이 있는 연구를 했다. 다른 의식과 마찬가지로 애도는 친족의 죽음으로 인한 곧 맞닥뜨릴 위기를 대처하는 데 그 목적이 있다. 따라서 다음과 같이 두 번에 걸쳐 발생한다. 첫 번째는 '경련에 가까운 분출, 정신이 혼미한 상태, 폭발적인 분노'에 의한 것처럼 보이는 불분명한 울음인데, 이 애도를 두고 어떤 종교 자료에서는 '악마의 노래'라고 묘사하기도 한다. 먼저 발생하는 이 악마의 노래는 위기감에서 벗어나 '담화의 지평선'[73]이 회복되는 두 번째 애도로 넘어간다. 분명하지 않은 혼란스러웠던 외

---

71 『로마인들에게 보내는 편지(Lettera a romani)』는 사도 바울이 쓴 가장 중요한 편지로 여겨지며, 신약성서에 포함돼 있다.

72 에르네스토 데 마르티노 (Ernesto de Martino)는 이탈리아 나폴리 출신의 인류학자이자 종교학자, 철학자다.

73 2021년에 출간된 에르네스토 데 마르티노의 『죽음과 의식의 울음. 고대 장례식 애가에서 마리아의 울음까지(morte e pianto rituale. Dal lamento funebre antico al pianto di Maria)』를 인용하고 있다.

침은 이때 명료한 단어로 바뀌고, 진정한 애도 의식이 일어난다. 따라서 칠리에지아 선생이 나무토막을 조각할 수 없었다면 이것은 '악마의 노래'인 애도에 자신이 얽매여 물질이 자신에게 말을 걸 수 있다는 것을 생각하지 않고, 어떻게든 이미 살아 있다는 생각을 거부하기 때문이다. 조만간 꼭두각시가 될 나무토막이 하는 말을 부정하는 것은 창조자인 데미우르고스의 능력을 억제할 뿐만 아니라 그가 만들었어야 했던 물질에 지배받도록 자신의 능력을 축소하는 것이다. 텍스트에 나오는 모든 증거가 보여주는 것처럼, 분명한 점은 이 늙은 데미우르고스가 나무토막이 내는 소리를 흐느낌으로 고집스럽게 오해했기 때문에 창조가 역전된 것이다.

그 울음이 어떤 식으로든 장례식장의 흐느낌 같다면, 피노키오는 누구의 죽음을 애도하는 것일까? 책에 나오는 첫 번째 죽음의 대상은 말하는 귀뚜라미인데, 그는 망치에 맞았지만 벽에 붙은 채 그대로 죽어 있다.[74] 여기서 분명 죽었다 하더라도 나중에 우리는 말하는 귀뚜라미가 건강하게 살아 있다는 것을 알게 된다. '죽다'라는 표현은 그 후 몇 쪽 뒤에 꼭두각시를 괴롭히는 굶주림을 표현할 때 나온다.

«아빠가 계셨다면 지금 내가 지금 하품하며 죽어가진 않았을

---

74 부록. 233쪽.

텐데!»[75]

죽은 자의 마을은 제페토의 집에서 매우 가까운 곳으로, 배고 픈 피노키오가 백 걸음 만에 도착한다.

«상점은 문을 닫았고 집의 문도, 창문도 닫혀 있었고 거리에는 개 한 마리도 안 보였습니다. 죽은 자들의 마을처럼 말이에요.»[76]

그렇다면 지옥이 아닌가? 그리고 '죽다'라는 표현은 만자푸오 코가 꼭두각시를 고기 굽기에 좋을 땔감으로 사용하겠다고 위협 할 때 나오는데, 이때 피노키오는 제페토를 찾는다.

«"아빠, 살려주세요! 죽고 싶지 않아요, 죽고 싶지 않아…!" »[77]

그리고 불쌍한 피노키오를 대신해 아레키노가 '죽게' 하지 않 으려고 불에 몸을 던지겠다고 했을 때도 '죽다'라는 표현이 등장 한다. 또 나중에 강도들에게 목이 매달린 피노키오는 '죽음이 다 가오는 것을 느꼈고'[78]라는 내용에도 죽음이 등장한다. 결국, 죽 긴 하지만 진정으로 그렇지 않았다.

«눈을 감고 입을 벌리고 다리를 쭉 늘어트리고 크게 버둥거리 더니 굳어버린 듯 꼼짝하지 않았습니다.»

소설에서 화제가 되는 죽음의 장소는 단연 눈처럼 하얀 작은 집으로, 그곳에는 푸른색 머리에 밀랍처럼 하얀 얼굴의 아름다 운 소녀만 살고 있었다. 그리고 그 소녀는 그 집에는 «모두 죽었

75 부록, 235쪽.

76 부록, 237쪽.

77 부록, 251쪽.

78 부록, 272쪽.

어.»라고 하며 그녀 역시 죽었다는 절대적인 모순을 덧붙인다. 그런데 어린 소녀가 요정이 되어 피노키오의 부활을 목격하고 까마귀와 부엉이가 의사로 등장해 꼭두각시 인형의 죽음에 대한 의견을 밝히는 곳이 바로 그 죽음의 집이었다.

«죽은 사람이 운다는 것은 회복되고 있다는 징후입니다.»

«죽은 사람이 우는 것은 죽기 싫다는 징후입니다.»

그리고 피노키오는 두 번의 모험 끝에 당나귀가 되는데, 당나귀 상태로 물에 빠진 후 예기치 않게 꼭두각시 나무 인형으로 되돌아온다.

콜로디 소설에 나오는 죽음의 법칙은 모호하고 논란의 여지가 있다. 모든 등장인물은 살아 있는 동시에 죽어 있다. 이교도의 지옥, 하데스의 그림자처럼 혹은 기독교에서 말하는 지옥에서, 마치 산 자들처럼 고통받고 분노와 절망을 느끼는 저주받은 사람들처럼 말이다. 어쩌면 정말로 이 소설의 계절은 지옥일지도 모른다. 그리고 만가넬리는 1985년에 발표한 소설『지옥에서』[79]를 염두에 두고 이 표현을 썼을 수 있다. 1985년 만가넬리는 자신은 죽었다고 '가정'하지만 확신하지 못하는 주인공이 등장하는 소설을 집필한 적이 있다. 이 소설에서 주인공은 익명의 대담자에게 이렇게 자신의 가설을 전달한다.

---

79 이 작품에는 자신이 죽었다는 가정을 하며 존재와 죽음, 사후세계에 대해 고뇌하는 주인공이 등장한다.

"저는 제가 죽은 것으로 추측합니다. 이에 대해 어떻게 생각하세요?"

그러자 익명의 대담자는 "분명히 설득력 있는 가정이네요. 하지만 더는 말할 수 없습니다."라고 대답한다. 익명의 대담자는 그의 죽음에 대해 궁금해했지만, 어떤 것에도 알아내지 못했다. 그 장소에 있는 사람들에게는 그들이 죽었다는 증거는 없지만 "살아 있다고 말하는 것은 명백히 말도 안 됩니다."라고 한다. 그리고 그들이 있는 장소가 지옥일 수도 있고, 아니면 이것 역시 하나의 추측일 뿐, 그냥 문학적 장소일 수도 있다.

만가넬리가 특히 좋아하는 작가 페드로[80]는 우화의 계보를 잘 정리했는데, 이를 제대로 읽어 볼 필요가 있다. 작가의 삶에 대해 우리에게 전혀 알려진 바가 없는, 지적 통찰이 뛰어난 페드로에 의하면 우화, 그러니까 라틴어로 파벨라fabella는 처벌과 채찍질을 당할 때만 말할 수 있었던 노예들의 영리한 발명품이다.

"죄obnoxia에 종속된 노예는 자신이 말하고 싶은 것을 감히 말하지 못하기에 감정을 파벨라들favellae로 바꾸고, 고발calumnina하기를 피하고 농담하는 척fictis iocis한다."

오브녹시아obnoxia는 로마법에 등장하는 전문용어로 '녹사noxa

---

80 1세기에 활동했던 고대
로마의 우화 작가인 가이오
줄리오 페드로(Gaio Giulio
Fedro)를 말한다.

의 대상' 다시 말해 죽음nex에 이를 수 있는 가장 심각한 죄를 의미한다. 따라서 우화는 죄와 죽음을 피하기 위한 전략이다. 우화는 가짜 농담을 통해 모든 사람을 따라다니는, 거짓되고 치명적인 비난과 비방에서 벗어나게 한다. 이는 특히 피노키오처럼 자기 스스로를 비난하는, 약하고 불안정한 이에게 더욱 자주 나타난다. 죄책감에서 벗어나고자 이들은 죽은 척하거나, 산 자와 죽은 자의 구분이 모호해지는 곳에서 자신의 진짜 삶을 거짓으로 살아내는 우화fabella가 되어 죄를 씻으려 하고, 비로소 꼭두각시나 요정 같은, 죽지도 살아 있지도 않은 다른 존재가 있는 아케론강[81]에 스스로 향하게 된다.

나는 콜로디가 반드시 페드로를 읽었을 것이라고 확신한다. 피노키오가 경비견이 되어, 족제비의 제안을 거부한 에피소드는, 정확하게 「충실한 개」[82]의 내용을 따르고 있다. 그리고 당나귀로 변한 피노키오의 가죽으로 북을 만들려고 하는 남자는 우화 「당나귀와 갈리아인」[83]에 등장하는 늙은 당나귀 가죽으로 북을 만들었던sibi fecerunt tympana 켈트족을 떠오르게 만든다.

"죽은 후에는 평화가 있다고 믿었다.

이제 그는 죽었고, 항상 두들겨 맞는다".

---

81 아케론강은 그리스 이피로스 주에 있는 강으로, 신화에 슬픔과 비통함을 상징하는 강으로 자주 등장한다.

82 「충실한 개(Canis fidelis)」는 1세기에 페드로가 쓴 『파이드로스 아우구스투스에서 해방된 이솝 우화(Phaedri Augusti liberti Fabulae Aesopiae)』 첫 번째 책의

23번째 우화다. 이 우화는 개가 짖어 함정에 빠지지 않기 위해 개에게 빵조각을 던지는 도둑을 이야기하면서, 정직하지 못한 사람들이 유혹에 빠진다는 교훈을 준다.

83 「당나귀와 갈리아인(Asinus et Galli)」 역시 페드로의 같은 책에 실린 우화다.

목수 작업장의 피조물이 결코 피조물일 수 없다는 것 역시 다른 절대적인 이유와 연관 있다. 나무토막은 말하는 것 외에 적어도 다른 두 가지 감각을 지니고 있다. 눈은 아직 없지만, 도끼를 들어 올리는 목수의 몸짓을 즉각적으로 인지하기 때문에 시각 능력이 있다. 그리고 대패질을 하자 간지럽다고 반응하므로 촉각이 있다고 볼 수 있다. 중세 철학자들이 이미 말한 것처럼 물질은 살아 있거나, 물질 그 자체로 모든 형태를 포함하고 있으며 이를 인식하는 조물주 데미우르고스만이 물질이 자유로울 수 있게 도울 수 있다. 어쨌든 이제 더는 코가 체리색이 아니기에, 칠리에지아[84] 할아버지라고 부를 수 없는, 목수 안토니오는 조물주 역할을 할 수 없으며 이 이야기의 진짜 주인공인 나무토막의 웃음과 목소리를 어떻게 받아들여야 할지 모르고 있다. 그저 그의 코만 파랗게 되었을 뿐이다. 칠리에지아 할아버지 코가 파란색으로 변한 것은 꼭두각시의 코도 변화할 것이라는 징조이자, 우리가 놓칠 뻔한 요정 소녀의 머리카락 색에 대한 단서다.

어쨌든 제페토의 집에서 벌어진 두 번째 창조는, 나무토막이 목수의 작업장에서 기꺼이 발휘했던 언어 능력이 갑자기 사라진 것처럼 나온다. 제페토는 끊임없이 피노키오를 부르지만, 피노

84 칠리에지아(Ciliegia)는 이탈리아어로 버찌, 체리를 의미한다.

키오는 세 번째 장에서 고집스럽게 침묵한다. 즉시 머리카락과 이마, 눈을 만든 창조자는 눈알이 움직이며 자신을 쳐다보자 그에게 화난 목소리로 말을 걸지만 피노키오는 대답하지 않는다.

«아무 대답이 없었지요.»[85]

피노키오는 제페토를 조롱하고, 제페토가 피노키오에게 '웃지 마!'라고 소리칠 때 어쩌면 비웃거나 얼굴을 찡그렸을 수 있다. 그리고 혀를 날름 내밀지만, 말은 하지 않는다. 그리고 팔과 손이 생기자마자 폴렌디나 할아버지, 그러니까 제페토의 가발을 벗기고 자기 머리에 붙인다. 그러나 첫 번째 조물주 칠리에지아 할아버지를 겁먹게 만들었던 말을 하지 않는다.

아마도 꼭두각시의 이 뻔뻔한 침묵에는 그럴만한 사정이 있을 것이다. 어쩌면 제페토는 보이는 것처럼 좋은 사람이 아닐 수 있다. 물론 결국에는 피노키오의 신중한 침묵을, 둔감한 온유함으로 극복할 것이지만 말이다. 좀 더 정확히 말하면 우리가 크게 신뢰하지 않기로 한 밀교적 맥락에서 이 글을 다시 검토한다면, 제페토는 영지주의에서 말하는 사악한 데미우르고스이자 불길한 창조자다. 제페토가 '자신의 꼭두각시'에게 행한 첫 번째 폭력은 그에게 이름을 부여한 것이다.

«피노키오라고 불러야겠군. 이 이름은 얘에게 행운을 가져다

---

85 부록, 227쪽.

줄 거야. 나는 피노키오 가족을 알았었죠. 아빠 피노키오, 엄마 피노키오, 아이들 피노키오. 모두 잘살았답니다. 그중에서 가장 부자였던 피노키오가 구걸을 하고 다녔지만 말입니다.»[86]

이보다 사려 깊은 악의를 상상하기는 어렵다. 그는 나무토막에 이름을 붙임으로써 그것의 순수성을 빼앗았을 뿐 아니라 불행과 불운으로 나무토막을 교활하게 심판한다.

제페토의 온화함과 피노키오의 무례함은 너무나도 명백히 대비돼 처음으로 꼭두각시 인형에게 거칠게 '화난 목소리'로 말을 건넨 사람이 상냥한 옥수수죽 할아버지라는 사실을 눈치채기 어렵다. «이 못된 나무 눈, 왜 나를 쳐다보는 거야?»라고 하며 방금 입 모양을 만든 꼭두각시 인형이 웃기 시작하자 위협적인 목소리로 조용히 하라고 외친다. 그러나 그 의도가 가장 의심스러운, 제페토의 오만함이자 거만함이 스스로 만든 올가미는 바로 자신이 손수 도구를 써서 '조각하고 만든' 꼭두각시 인형에게 본인이 아버지라고 주장하며 구속한 것이다.

«이 말썽꾸러기 아들 녀석! 넌 다 만들어지지도 않았는데 이미 아버지에게 버릇없이 굴기 시작했구나!»[87]

피노키오는 자신을 아들이라고 부르는 소리를 듣자 제페토의 '코끝'을 발로 찬다(여기서도 코가 등장한다!). 그리고 다리를 펴자

---

86 부록, 226쪽.　　　　87 부록, 228쪽.

마자 집 밖으로 빠져나가 도망간다. 이는 고집스럽게 침묵을 지키고 무례하게 행동하다가 공포에 질려 자신의 조물주 데미우르고스로부터 도망치는 피조물의 당연한 반응이다.

밀교주의자들의 눈에는 피노키오 이야기의 두 번째 장에 나오는, 할퀴고 물고 때리며 치고받는 칠리에지아 할아버지와 제페토 사이 마구잡이의 싸움이 창조와 무관한 선한 신과 세상의 창조자이자 주인인 악한 조물주 데미우르고스 사이의 전투로 보일 수 있다. 그리고 이 모든 명백한 증거들에 의하면 어둠의 기운이 가득한 악역은 아버지의 이름을 찬탈한 자에게나 어울린다. 물론 이는 전통적인 해석을 뒤집는 것이다. 그리고 꼭두각시 내면에서 제페토의 지시에 완강하게 반항하는 심리는, 무의식적으로 콜로디의 마음에서 즐겁게 작동하는, 온갖 상상이 난무하는 영지주의 신화에서 말하는 빛의 꾸러미 혹은 빛의 조각이 나무 재료에 갇힌 채 남아 있다는 것을 뜻할 수 있다.[88]

88 영지주의 기독교에서는 사악한 신, 데미우르고스가 창조한 물질인 육신에 인간의 영혼이 갇혀 있다고 본다. 그리고 예수는 육신이라는 물질에서 벗어나 빛으로 인간을 인도하기 위해 인간의 모습으로 나타난 존재로 여긴다.

모험들

〈어린이 신문〉에 실린 이 이야기의 제목은 간단하다. 「어느 꼭두각시 이야기」. 이 신문은 로마에 의회가 생긴 지 정확히 10년 후인 1881년부터[89] 편집장 페르디난도 마르티니Ferdinando Martini에 의해 몬테치토리오 광장에서 불경스런 의도로 매주 목요일에 발간됐다.[90] 「어느 꼭두각시 이야기」라는 제목 바로 아래 있는 그림에는 이상하게도 고양이 한 마리가 시계 위에 앉아 정확히 5시 15분을 가리키고 있다. 그런데 시계에 '7'이 있어야 할 자리에 '5'가 쓰여 있다.

피렌체 프로콘솔로 길에 있는 서점 겸 출판사인 펠리체 파기가 1883년 출판한 판본의 초판에는 엔리코 마잔티의 삽화가 실려 있다. 그리고 이 책은 표지에 '피노키오의 모험'이라고 쓰여 있고, 원래 제목인 '어느 꼭두각시의 이야기'는 부제가 되어 더

---

89 1861년 통일을 완수한 이탈리아 왕국은 1865년까지 수도가 토리노였다. 그리고 1865년에서 1871년까지 피렌체가 수도가 되었다가, 1871년 로마로 수도를 이전한다.

90 〈어린이 신문〉의 편집장이던 마르티니는 친구 콜로디에게 창간호에 들어갈 이야기를 써달라고 부탁한다. 콜로디는 당시 도박 빚이 있었고, 이에 급하게 「어느 꼭두각시 이야기」를 써서 보낸다. 그리고 콜로디는 이 이야기가 좀 '유치하지만(una bambinata)' 신문에 실을 것이라면 자신이 원하는 만큼 원고료를 주길 마르티니에게 부탁한다. 그렇게 여덟 에피소드가 신문에 실렸고 독자들에게 큰 인기를 얻는다.

작은 글씨로 아래 명시돼 있다. 따라서 더는 이야기도 소설도 우화도 아니라, 모험이 된다. 오히려 '모험'이라는 단어는 초기 로망스어가 쓰였던 시절부터 사건과 그에 관한 에피소드 모두를 의미하는 표현으로 사용돼 왔다. '여기서 모험이 시작됩니다Ici commence l'aventure' 같은 구절로 시작하는 것은 현재 기준에서는 너무 뻔하다. 그러나 모험은 원래 '운명, 치명적인 운명'을 의미한다. 그리고 고대 프랑스어로 기록된 한 이야기에는 다음과 같은 문구가 있다.

"반드시 일어나야 할 모험은 일어날 수 없고,

반드시 일어나야만 하는 일은

아무 이유 없이 실패할 수 없다."

어떤 아름다운 소녀가 사건, 이야기, 운명이 어우러진 모험을 하며 겪은 놀라운 것들을von wunder sagen 독일 서정시인인 민네쟁어Minnesänger[91]에게 말하고, 그 모험 이야기가 시인 마음에 새겨져 『모험 부인』[92]이 집필됐다는 것은 새삼스럽지 않다. 그리고 어쩌면 파란머리 요정이 살아 있는 창조물이자 서사인 동시에 모험 이야기 속 마지막 여인일지 누가 알겠는가.

어쨌든 피노키오의 진정한 모험은 천상 혹은 지옥의 프롤로그

---

91 12-14세기에 독일에서 유행하던 서정시 및 연애 가곡 민네장(Minnesang)을 만들고 부르는 사람을 뜻한다.

92 전체 제목은 『모험 부인. 하인리히 폰 오프터 딩겐 시대의 노래(Frau Aventiure. Lieder aus Heinrich von Ofterdingens Zeit)』다. 독일의 시인이자 소설가였던 요제프 빅토르 폰 셰펠(Joseph Victor von Scheffel)의 작품이다.

이후, 제페토가 다리를 조각하자마자 그 즉시 꼭두각시가 집 밖으로 도망치면서 시작된다. 결정적인 인물은 가운데 한 명은 더 일이 커지기를 막고자, 용감하게 길 한 가운데에 다리를 넓게 벌리고 선 경찰관[93]이다. 이 경찰관은 바로 모험이라는 피노키오의 운명에 영향을 끼치는 첫 번째 등장인물이다. 만가넬리는 이를 두고 "사회화로 인해 수차례의 불행을 겪게 될 꼭두각시 앞에 질서의 수호자가 처음 등장한 것"이라고 보았다. 이 운명적인 만남에서 중요한 두 가지를 간과해서는 안 된다. 첫째, 그는 법질서를 대표하는 경찰관으로, 일이 더 커지기 전에 피노키오를 막고자 나섰다는 것이다. 즉 모험 과정에서 벌어지는 우발적인 상황에 반대되는 '원칙'을 상징한다. 더 중요한 두 번째 요점은, 피노키오의 코가 경찰관에게 일부러 잡히려는 듯 커다랬다는 것이다. 코는 프롤로그에서도 말했듯 내용 전개상 가장 기본적이며 중요한 소재 중 하나다. 꼭두각시가 제페토에 의해 두 번째 창조될 때 이미 코에 대한 언급한다.

«코는 만들자마자 자라기 시작했고, 자라고, 자라고 자라더니 몇 분 만에 끝도 없이 긴 코가 돼 버렸어요.»[94]

끝없이 커지는 코와 진실, 거짓의 구조적인 연관성 그리고 그 근거에 대해선 나중에 다시 제대로 논의하겠지만, 지금은 모험

---

93 부록, 229쪽.   94 부록, 227쪽.

X.

I burattini
riconoscono il loro
fratello Pinocchio, e gli
fanno una grandissima
festa; ma sul più bello, esce fuori
il burattinaio Mangiafoco, e Pinocchio
corre il pericolo di fare una brutta fine.

이 시작될 때 질서의 수호자들에게 마치 잡히기 위한 것인 양 만들어진 피노키오의 코를 짚고 싶다. 흥미로운 설정이다. 이탈리아어로 '코를 잡다prendere per il naso'라는 표현은 보통 '놀리다, 속이다'를 의미하지만, 어원학적으로는 '다른 사람이 자신이 원하는 대로 하도록 유도하는 것'을 뜻한다. 이 표현은 원하는 방향으로 소를 이끌 수 있도록 코에 고삐를 거는 것에서 유래했다. 즉 여기서 문제가 되는 것은 서양의 법률—정치 사전에 단골로 나오는 전문용어인 '행위'다. 법은 지금도 그렇듯, 사람들의 행동을 지도하고, 학교에서 말하는 것처럼, 선한 행위를 보장하기 위해 명확한 규범을 제시한다. 따라서 원칙이 비록 올바른 방향으로 이끌더라도, 누군가가 자신을 지도하고 이끌고 간다는 것에 적대적인, 무질서한 꼭두각시에게는 완전히 반대된다. 쉽게 말하면, 이 책에서 법은 항상 남용와 억압의 원칙으로 보여진다. 제페토를 부당하게 체포하거나 범죄의 피해자들을 감옥에 가두는 '바보잡기 마을'의 불합리한 사법 체계[95]에서 알 수 있듯 말이다.

피노키오가 도망가고, '불쌍한 제페토'가 경찰에 체포되는 에피소드 내내 꼭두각시 인형은 언제나 고집스레 침묵했다. 혐의를 받고 아버지를 체포한 사람은 경찰이 아니라, 경찰 주변에 모

---

95 부록. 291쪽.

인, 꼭두각시와 제페토에게 '빈둥거리며 호기심에 찬 구경꾼들'이었다. 제페토는 피노키오의 귀를 잡으려 했지만, «귀 만드는 것을 깜빡했다.»[96]는 걸 깨닫는다. 꼭두각시를 코로는 잡을 수 있지만 귀로는 잡을 수 없다는 표현의 의미는, 말로 모든 것을 설명하고 설득하려 해도 피노키오가 왜 침묵하고 있었는지 알려준다. 그러나 조물주 데미우르고스가 귀 만드는 것을 잊었다는 사실은, 그가 성경에서 하나님의 말씀으로 창조된 것과는 다른 방식으로 창조되었다는 점을 우리에게 상기시켜준다. 오히려 피노키오는 고대 로마의 발렌티니아누스 황제 시기에 관한 상상력이 풍부한 출처[97]에서 "심연에서 나온 모든 사람의"라고 언급되는, 본질적으로 '침묵의 의인화인 시제Sigé'[98], '침묵', '어머니'가 관련 있는 영지주의에서 말하는 조물주다. 여기서 말하는 침묵은 '말하지 못하는 것은 말할 수 없어서 침묵을 지켰고, 이해한 것은 이해할 수 없다고 선언하는' 아주 특별한 침묵이다. 이쯤이면 독자들이 알아챘겠지만, 여기서는 영지주의적 해석을 하려는 게 아니라, 콜로디의 상상력에서 제페토가 매번 완고하고 단호하게 보여 주는 자신의 '아들'과 관련한 문제에서 몰이해적 행동에 대해 질문하고 싶은 것이다.

---

96 부록. 229쪽.

97 이탈리아 고전문헌학자, 라틴어학자, 교부학자이자 고대 기독교 문학의 권위자인 만리오 시모네티(Manlio Simonetti)가 1970년 출간한 『기독교 영지주의 문헌(Testi gnostici cristiani)』을 인용하고 있다.

98 시제(Sigé)는 침묵을 의인화한 것이다. 오른손 혹은 오른 손가락을 입에 대고 있는 나체의 여인으로 형상화된다. 이 제스처는 신의 영광에 반하는 말이 입에서 나오는 것을 막는 것보다 불행과 액운을 막는다는 의미다.

마치 새끼 염소나 새끼 산토끼가 사냥꾼에게 쫓기는 것 같이 서둘러 집으로 돌아간 피노키오에게 두 번째 난처한 만남이 기다리고 있다. 바로 말하는 귀뚜라미와의 조우다. 귀뚜라미를 상대하기 위해 피노키오는 «누가 나를 부르는 거야?»[99]라며 인간의 말과 같은 언어를 찾는데, 사실 이때 들리는 건 '귀뚤─귀뚤─귀뚤' 같은 곤충의 소리다. 피노키오가 귀뚜라미에게 나가라고 하자, 귀뚜라미는 부모님 집을 떠나는 아이들은 나중에 매우 후회한다는 '중요한 진실'을 말하지 않는 한 집 밖으로 나갈 수 없다고 한다. 그러자 꼭두각시는 처음으로 자신의 인생 계획을 솔직하게, 그것도 짧은 코로 말한다. 이 상황의 의미는 아마 '진실'이라는 단어와 이어질 것이다.

«나는 공부하고 싶지 않고 나비나 쫓고 나무에 올라가 둥지에 있는 새끼 새를 꺼내는 게 훨씬 더 재밌어.»

그리고 말하는 귀뚜라미는, 여기서 불길한 예언이기는 하지만 어쨌든 자신이 예언자임을 드러낸다.

«불쌍하고 멍청한! 그렇게 하면 너는 보기 좋은 당나귀 같은 멍청이가 될 거고.»[100]

병아리, 찌르레기, 매, 거대한 비둘기, 돌고래, 달팽이, 닭을 훔치는 족제비, 앵무새, 수영할 줄 모르는 경비견, 잉크처럼 새

---

99 부록, 231쪽.

100 부록, 232쪽.

까만 토끼 네 마리, 귀여운 마멋, 철학자 참치, 의사 까마귀와 부엉이, 딱따구리, 물고기와 쥐, 당연히 언급해야 할 고양이와 여우 그리고 무서운 고래상어까지 책에 등장하는 수많은 동물 중 유독 당나귀만 특별한 지위를 지니고 있다. 아풀레이우스의 소설처럼 피노키오의 입문이 완료되는 것은 당나귀로 변한 일과 연관 있기 때문이다. 인간이 동물로 변하는 것이 다분히 동화적이고 동물과 인간 사이에 어떤 부분을 교환해야만 우화가 된다면, 문학 장르라는, 우주론적인 법칙이라는 측면에서 반드시 검증해야 하는 대상이 당나귀다. 피노키오는 당나귀가 되어야 본래 없었던 그의 귀가 엄청나게 커지는 것을 볼 수 있고 그래야만 비로소 자신의 모험을 온전히 실현할 수 있게 된다.

이어 나오는 피노키오가 귀뚜라미에게 망치를 던져 죽이는 장면은 처음이자 마지막이었던 범죄 행위를 보여 준다. 엄밀히 말하면 고의적인 범죄다.

《아마도 진짜로 귀뚜라미를 때릴 생각은 아니었을 겁니다. 그러나 불행히도 망치 손잡이가 머리에 정통으로 맞았기 때문에 불쌍한 귀뚜라미은 귀뚤−귀뚤−귀뚤 가쁜 숨을 내쉬다가 결국 벽에 붙은 채 그대로 죽고 말았어요.》[101]

이는 어떻게 보면 귀뚜라미가 곤충의 울음소리로 되돌아가게

---

101 부록, 233쪽.

하는 불행이다. 자연의 법칙에 따라 대화할 수 없는 두 피조물 사이의 짧은 대화는 두 번의 '귀뚤—귀뚤—귀뚤' 사이에 끼어 있다. 동화에 목소리와 언어의 교류가 있다면 마법에 걸린 인간이 침묵하면 자연과 요정이 대신 말하겠지만, 꼭두각시 이야기에서는 원초적인 동물의 목소리를 잊지 않았다.

만가넬리를 비롯한 비평가들의 해석은 피노키오와 귀뚜라미의 만남을 독자들의 관심으로부터 멀어지게 하려는 경향을 띤다. 만가넬리가 '교사'라고 부르는 귀뚜라미는 계속해서 꼭두각시를 사람처럼 대하며 말하고, 제페토의 가부장적인 지시를 받아들이게 유도한다.

«부모에게 반항하고 제멋대로 집을 부모의 집을 떠나는 아이들은 역경을 맞게 되지.»[102]

귀뚜라미가 벽에 눌리기 직전에 말한 걸 보면, 귀뚜라미는 피노키오가 꼭두각시라는 사실은 모르는 게 아니다. 그러나 귀뚜라미는 학교에 가거나 최소한 기술은 배워야 하는 게 당연한 것처럼 말한다. 꼭두각시 인형과 인간 사이의 이러한 '교환'은 사실 제페토가 자신의 창조물에 설명할 수 없는 변화가 있을 때 은근히 드러냈다. 제페토가 안토니오에게 솔직하게 말했듯, 처음 그

---

102 부록, 232쪽.

의 계획은 이랬다.

«춤도 추고 칼싸움도 하고 공중제비도 할 수 있는 신기한 꼭두각시 인형 말이지. 빵 한 조각이나 와인 한 잔 값이나 벌러, 이 꼭두각시 인형과 함께 전 세계를 돌아다니고 싶네, 어떻게 생각하나?»[103]

그렇다면 피노키오가 만들어지자 아들처럼 대하고, 아들이라고 부르며 외투를 팔아 철자법 책을 사주고 학교에 보내려고 하는 걸 어떻게 설명할 수 있을까? 이뿐이 아니다. 제페토는 빵 한 조각으로 바꿀 수 있는 배 세 알을 주저 없이 피노키오에게 아침식사로 주었다. 제페토는 분명 피노키오가 잘살아 갈 수 있게 해주겠다는 약속을 잊지 않았다. 마치 말하는 귀뚜라미의 행동처럼, 계속해서 피노키오를 어린 소년처럼 대하고, 나무토막에는 부적절한 너무 인간적인 행동을 요구한다.

꼭두각시와 인간, 둘 사이의 이러한 오해를 낳는 관계를 고찰할 필요가 있다. 왜냐면 이 문제는 속임수는 아니겠지만, 이야기에 보이지 않는 골격 중 하나일 수 있기 때문이다. 마치 인간성은 인간이 아닌 존재일 때만 진짜 드러날 수 있는 것 같다. 즉 살과 뼈로 이루어진 기독교인이 아니라 나무로 된 꼭두각시로 말이다. 그렇다면 비인간적인 것만이 진정한 인간이 되기 때문에,

---

103 부록, 223쪽.

모든 이가 이미 피노키오가 소년이 된 것처럼 대한다. 그러나 같은 까닭으로 꼭두각시는 자신의 불운한 운명과 기만적인 형이상학을 온 힘을 다해 반발한다. 피노키오는 소년이 되길 원하지 않으며, 본연의 나무와 숲의 본성이 그런 식으로 오도되길 원하지 않는다. 따라서 우리는 피노키오가 꼭두각시 인형극 대극장을 보게 됐을 때 호기심이 불타올라 참을성을 잃고 왜 헐값에 철자책을 팔아버리는지[104] 이해할 수 있다. 피노키오는 자신에게 적대적인 인간들의 마을에서 지옥 같은 불운을 겪고 마침내 집에 돌아와, 외면하고 있었던 자신의 정체를 확인하게 된다.

만가넬리는 독자들이 책에서 처음 만나는 말하는 동물이 귀뚜라미라고 한다. 우리는 말하는 동물이 등장하는 게 동화 법칙이라는 걸 알고 있다. 다시 말해 동물이 말하는 건 궁전이나 오두막, 숲, 연못이나 강 등 모든 비밀스러운 공간에 스며 있는 마법을 상징하는 첫 번째 표식이다. 이 책에서도 동물들은 언어 능력이 있다.

그러나 콜로디가 그의 걸작 피노키오를 쓰기 시작하기 6년 전 번역했던 샤를 페로[105]의 우화 속 동물들과 다르다. 여기에 등장하는 동물들은 이솝 우화처럼 완벽하고 자연스럽게 언어를 구사

---

104 부록, 248쪽.

105 샤를 페로(Charles Perrault)는 『잠자는 숲속의 공주』, 『신데렐라』, 『장화 신은 고양이』 등을 쓴, 동화 장르의 서막을 연 프랑스 작가다.

한다. 우리는 이를 아이들에게 들려주는 동화나 메르헨Märchen[106]과 구별하기 위해 '우화'라고 부른다. 반면, 꼭두각시 이야기에는 마법이 등장하지 않는다. 오우거[107]와 나쁜 요정들로부터 왕자와 공주를 구하기 위해 생각지도 못한 기적을 행하는 마법도, 요정 열매도, 실존하지 않는 작은 동물도 보이지 않는다. 피노키오가 당나귀로 변하는 건 동화처럼 주문이나 변신에 의한 게 아니다. 말하는 귀뚜라미가 예견한 것처럼, 그의 게으른 처신에 대한 논리적이고 운명적인 결과다. 피노키오를 도와주는 동물들은 마법을 부리는 게 아니라, 그 동물이 본래 지닌 천성으로 도와준다. 큰 비둘기는 피노키오를 등에 태워 제페토가 출항한 해변으로 데려다주고, 참치 철학자 역시 본연의 능력인, 헤엄을 쳐서 고래상어 뱃속에서 탈출한 피노키오와 제페토를 해안으로 이끈다. 사실 요정이 있기는 한데, 마법은 제한돼 있고, 주술을 걸 능력도 없다. 요정은 첫 등장 이후 《나도 죽었어.》[108]라며, 죽음과 삶 사이 모호한 상태로 이야기 속에 그려진다. 관계를 나타내며 거의 죽은 상태처럼 보여 주기 때문일 것이다.

이미 말했듯, 피노키오 이야기는 동화도 소설도, 우화도 아니다. 우화 같은 얼굴에, 소설 같은 몸에, 긴 동화의 꼬리를 단, 일종의 키메라처럼 세 장르가 독특하게 뒤엉켜 있다.

---

106 메르헨은 독일어로 '동화'를 뜻하는데, 민담과 전래동화, 아동소설을 의미하기도 한다.

107 오우거 혹은 오거(Ogre)는 서양의 전설 혹은 민담에서 전해 내려오는 괴물이다. 마치 아시아의 도깨비처럼, 문화와 민족에 따라 다른 형상과 특징을 보인다.

108 부록, 270쪽.

피노키오가 꼭두각시 인형극 대극장을 발견하기 바로 직전 장을 떠올려보자. 피노키오는 배가 너무 고파 냄비가 끓고 있는 난로에 재빨리 다가간다. 그러나 독자들이 알고 있는 것처럼, 그 냄비는 누군가가 그려 놓은 이미지라는 걸 깨닫는다. 하지만 콜로디는 어떤 식으로도 이를 언급하지 않는다. 이에 관해 만가넬리는 제페토가 그린 것이라고 추정했다. 가난한 오두막집에 프레스코화가 있다는 기이함은 콜로디가 번역한 샤를 페로의 동화에서 다음과 같이 묘사되는, 진부한 대상이 그려진 그림과 대조된다.

"모든 종류의 새, 물고기, 동물, 나무와 과일, 대지의 식물, 바위, 진귀한 것 그리고 바다의 조개, 태양, 달, 별, 그리고 세상을 지배한 왕과 군주의 초상화."[109]

제페토의 집은 만가넬리가 조심스레 추측하는 것처럼 아마도 '플라톤적'일 수 있지만, 여전히 '지하의 방'[110]이며, 배고픈 피노키오가 말라비틀어진 빵, 부스러기 빵, 개밥이 된 뼈, 곰팡이가 핀 옥수수죽, 생선 가시, 체리 씨 그러니까 쉽게 말해 씹을 수 있는 뭐라도 찾아 구석구석 뒤지는 궁색한 곳[111]이다. 피노키오가 쓰레기통에서 발견한 암탉의 알은 바흐오펜[112]이 수집한 밀교적 전통에서는 신성한 상징으로, '세계의 유사성mundi simulacrum'이

---

109 프랑스 동화 작가 마담 도누아(Madame d'Aulnoy)의 『하얀 고양이(La Chatte blanche)』를 인용하고 있다. 『하얀 고양이』는 프랑스에서 1697년 출판한 작품으로 1875년 콜로디가 프랑스어에서 이탈리아어로 번역했다.

110 부록, 226쪽.

111 부록, 234쪽.

112 바흐오펜(Johann Jakob Bachofen)은 스위스의 법학자, 역사가, 인류학자다. 고대사 연구를 통해 인류가 모계 사회에서 발전해왔음을 밝혀냈다.

자 '생성의 원리arché geneseos'로 여겨진다. 그러나 끓는 냄비는 눈속임이다. 피노키오가 달걀 껍데기를 벗기자마자, 명랑하고 상냥한 병아리[113]가 나온다. 피노키오는 이를 놓아준다. 병아리는 날아가기 전 피노키오에게 껍데기 깨는 수고를 덜어준 것에 대한 고마움을 깍듯하게 표한다. 꼭두각시가 만나는 두 번째 동물인 병아리는, 교사에 가까운 귀뚜라미와 정반대 캐릭터다. 병아리는 피노키오에게 인간적인 소통 방식인, '피노키오 씨'라고 부르며 예의 바르게 인사한다.

«껍데기를 깨는 수고를 덜어준 피노키오 씨, 정말 감사합니다. 안녕히 계세요. 잘 지내시고 가족에게도 안부 전해주세요!».

달걀이 진정으로 생성과 재생의 알레고리라면, 피노키오는 병아리를 위해 피노키오가 스스로 할 수 없고 원하지 않았던 일, 즉 태어나고 변형되는 일련의 과정을 대신해 준 것이다.

병아리 에피소드 이후 피노키오는 인근 마을, 죽은 자의 마을로 가는데, 여기서 어떤 할아버지에게 빵 한 조각을 부탁한다.[114] 그러나 할아버지는 마치 제라늄 화분에 물을 주듯, 피노키오에게 모자를 벗으라고 하고 물을 쏟아버린다. 이는 피노키오를 향한 인간의 적대감을 확인시켜줄 뿐이다. 문헌학에 관심이 있는

---

113   부록, 235쪽.

114   부록, 237쪽

독자들을 위해 설명하자면 〈어린이 신문〉과 만가넬리가 분석한, 파기 출판사에서 내놓은 판본에서 피노키오는 할아버지가 시키는 대로 '작은 모자'로 막는다. 그런데 이 작은 모자는 갑자기 어디서 구한 건지 알 수 없다. 원래대로라면 이 에피소드 뒤에 제페토가 빵으로 피노키오의 모자를 만들어 주기 때문이다.[115] 나중에 출간된 벰포라드 판본에는 '아직 모자가 없었던'[116] 피노키오가 창문에서 갑자기 비처럼 쏟아져 내리는 물세례를 맞았다고 수정됐다.

　『피노키오의 모험』을 책으로 출간했을 때, 콜로디의 나이는 57세로 결코 젊지 않았다. 1875년에 그린 캐리커처를 보면 흡사 대머리에 회색빛이 감도는 콧수염과 턱수염 그리고 긴 구레나룻이 있는, 영락없는 노인의 모습을

115　부록, 244쪽.

116　부록, 238쪽.

하고 있다. 콜로디는 『피노키오의 모험』이 출간된 지 7년 후, 누가 봐도 성공의 기쁨을 막 누리기 시작했을 때 눈을 감는다. 아마도 이것이 피노키오 이야기에 어떤 식으로든 딱히 등장할 이유가 없는데 노인들, 그러니까 할아버지, 할머니가 많이 나오는 까닭일 것이다. 전형적으로 나오는 패턴은 «할아버지가 나왔어요.», «할아버지에게 물었어요.», «할아버지가 말했어요.» 같은 것이다. 이런 관점에서 등장인물 정보는 해석을 돕는 데에 매우 유용하게 쓰인다. 완전한 노인은 아니지만, 처음 등장한 노인은 칠리에지아 할아버지와 제페토인데, 이들의 가발은 각각 회색과 옥수수죽에 가까운 색인 노란색이다. 그러나 마지막에 피노키오가 고래상어 뱃속에서 아버지를 발견했을 때 모습은 '눈이나 생크림으로 만든 것처럼 온통 하얀, 작은 노인'[117]이었다. 말하는 귀뚜라미 역시 늙은 상태였다. 누구냐는 질문에는 대답도 안 하고, 물어보지도 않았는데 귀뚜라미도 즉시 «이 방에서 백 년 넘게 살았어.»[118]라며 은연중에 나이를 드러낸다. 사실 노화와 백발은 콜로디가 했던 번역 작업과 연관 있다. 콜로디는 샤를 페로와 마담 도누아의 동화를 번역할 때 수많은 노파를 만났다. 하지만 여기선 고대 마녀와 우아한 요정을 구별할 수 없지만 말이다. 『하얀 고양이』에서 그토록 중요한 역할을 하는 '쇠약하고 죄인처럼 못

117 부록, 385쪽.

118 부록, 231쪽.

난 노부인'이 대표적인 예다.

꼭두각시 이야기에는 매우 많은 아이가 등장한다. 그러나 피노키오가 루치뇰로로 불리는 로메오[119]와 인형극 대극장에 대한 정보를 얻는, 그 마을에서 온 한 아이[120]를 제외하고는, 모두 혼자가 아닌 패거리로 등장하며 혼란을 일으키는 폭도들이거나 불량배다. 장난감 나라로 데려다주는 장에 등장하는, 어린아이들이 소금물에 절인 멸치처럼 포개져[121] 있는 것처럼 말이다. 예외도 있다. 나중에는 요정, 혹은 요정으로 밝혀지는 파란머리를 한 아름다운 어린 소녀[122]다. 우리가 잘 아는 것처럼 요정에게는 나이가 의미 없다. 독자들은 파란머리 소녀가 등장하자마자 이미 죽은 존재라는 것을 눈치챈다. 피노키오는 나이를 먹지 않으며 태어나기 전에 말을 하며, 그저 뛰고 도망치기 위해 다리를 뻗을 뿐이다. 피노키오의 신상 정보를 꼭 알고 싶다면, 한 번 계산해보자. 그렇게 해도 피노키오가 꼭두각시에서 아이로 변하는 마지막 순간에도 3살이 넘어선 안 된다.

젖은 병아리처럼 집으로 돌아온 피노키오는 숯불이 가득 지펴진 가마솥 위에 흠뻑 젖은 두 발을 올려놓고 잠이 든다.[123] 감옥에서 풀려난 제페토의 목소리가 피노키오를 깨웠을 때 피노키오는 자신의 발이 완전히 타버렸다는 사실을 모르고 문을 열기 위해

119 부록, 348쪽.

120 부록, 247쪽.

121 부록, 355쪽.

122 부록, 270쪽.

123 부록, 238쪽.

의자에서 내려오다 바닥에 완전히 떨어진다.[124] 만가넬리는 꼭두각시의 생명에 매우 치명적인 불의 등장에 대해서 상세히 설명한다. 꼭두각시와 식물은 공통점이 있는데 그것은 바로 "이따금 갑작스럽게 나타나는 위험, 즉 화재에 대한 두려움"이라고 설명한다. 만가넬리는 이 에피소드가 나올 때까지 계속해서 "난로, 벽난로, 끓는 냄비 등 피노키오를 쫓는 불에 관한 이야기들만 있었다."고 했다. 그러나 흠뻑 젖고 지친 피노키오가 처음으로 잠들었을 때 "조용히 다가온 불이 처음으로 그를 '아주 천천히' 상처입혔다."[125]고 설명한다.

어째서 꼭두각시는 자신의 발이 재가 될 때까지 알아채지 못했을까? 잠은 고대 그리스에서 입문자들이 '위대한 신비Grandi Misteri'에 가까워지기 전 자신을 정화하는 '작은 신비'라고 보았다. 그러나 불타는 몸을 느끼지 못할 만큼 그렇게 깊은 잠을 말하는 게 아니다.

사실 작가가 독자를 완전히 속이려고 한다면, 칠리에지아 선생의 작업실에서 대패질과 도끼질을 하는 것에 아프다고 느꼈던 피노키오가, 제페토가 도구를 사용하여 이마, 목, 그다음에는 어깨와 배, 팔과 손을 조금씩 조각할 때 왜 불평하지 않았을 뿐 아니라 심지어 농담과 웃음을 멈추지 않았는지를 설명해야 한다.

---

124 부록, 239쪽.

125 만가넬리, 같은 책, 42쪽.

축복이나 성령이라도 받은 몸처럼, 꼭두각시의 팔다리가 어떤 연유로 무감각해진 것인지에 관해 말이다. 항상 그랬듯 콜로디는 이 역시도 설명하지 않는다.

발을 되찾기 위해 꼭두각시 인형은 자신을 아이라고 부르는 아버지의 요구에 굴복한다.

«모든 아이는 뭔가를 얻고 싶을 때 그렇게 말하지.»[126]

또 다른 아이들과의 차이에 관해 넌지시 얘기하다가도 꼭두각시의 본성을 스스로 부정하기도 한다.

«저는 다른 아이들과 달라요! 다른 모든 아이보다 제가 더 착하고, 저는 항상 진실만을 말한단 말이에요.»

천재 예술가가 조각한 것처럼 단단하고 날렵해 보이는 두 발을 만드는 것[127]은 피노키오에게 옷을 입히는 것과 마찬가지이며, 첫 입문의 순간이다. 신학자들이 신이 최초의 피조물을 에덴동산에서 내쫓았을 때 '가죽 튜닉'을 입혀서 옷의 중요성을 상기시켜줬던 것처럼 말이다.[128] 그리고 피노키오는 다리를 고친 뒤 멋진 새 철자법 책을 겨드랑이에 끼고[129] 이런저런 생각을 하며 자신의 삶과 어긋나는 부지런함에 의미를 부여하기 위해 집을 떠나 학교에 간다.

그리고 대극장에서 이뤄진 다른 꼭두각시와의 만남은 피노키

---

126 부록, 243쪽.

127 부록, 244쪽.

128 『창세기』 3장 21절에는 아담과 이브가 금단의 열매를 먹고 죄를 지은 이후 신은 이들에게 가죽옷을 입혀준다는 표현이 있다.

129 부록, 245‧6쪽.

오가 인간 세계로부터 해방되었다는 것을 의미하며, 양심의 가책과 망설임을 넘어 나무로써 정체성을 진정으로 다시 찾을 가능성을 내포한다. 대극장 포스터를 읽자마자, 피노키오는 헐값에 철자법 책을 팔고 «지금 시작해.»[130]라는 말에 주저 없이 극장으로 들어간다.

피노키오가 인형극 대극장에서 맞게 되는 결정적인 사건은 아를레키노와 풀치넬라[131]를 우연히 만난 것이다. 이들은 피노키오를 '형제'라고 인식하는데 이는 꼭두각시로 인정한다는 것으로 이를테면 '절반의 혁명'이라 볼 수 있다. «이게 무슨 일이야!»라고 아를레키노가 소리치고 바로 풀치넬라가 «이게 꿈이야 생시야? 진짜 저기 피노키오가 있어!»라고 덧붙인다. «피노키오다! 우리 형제 피노키오야!»[132] 모든 꼭두각시가 합창하며 무대 양옆에서 뛰어내리며 외친다.

콜로디의 어떤 설명도 없이, 꼭두각시들이 무작정 우스꽝스럽게 외치는 이 말들은 제페토가 자신이 아들에게 이름을 지어줬다는 주장과 모순된다. 꼭두각시 인형들에게 제페토는 물론 그 누구도 알려주지 않았지만, 이들은 이미 피노키오의 이름을 알고 있다. 이는 피노키오가 아이도, 제페토의 아들도 아니라는 걸 의미한다. 피노키오는 이들의 '나무 형제'이고 이들 종족에 속

---

130 부록, 247쪽.

131 아를레키노(Arlecchino)와 풀치넬라(Pulcinella)는 14세기에서 16세기에 이탈리아에서 성행하였던 고전 연극 콤메디아 델라르테(Commedia dell'arte)와 연관 있다. 아를레키노는 교활하면서도 유쾌한 성격을 지닌 등장인물로,

베르가모(Bergamo) 출신의 하인 역할이다. 극단에서 가장 기량이 높은 배우가 이 역할을 맡는다. 할리퀸의 원형이다. 풀치넬라(Pulcinella)는 나폴리 출신의 등장인물로, 쾌활한 성격이지만 매부리코에 곱추며 목소리가 크다.

132 부록, 249쪽.

한 것이다. 꼭두각시들은 서로를 꼭 껴안고, 목을 조르기도 하며, 친구에게 하듯이 꼬집고, 형제들끼리나 하는 박치기 장난으로 즐겁게 환대했다. 아를레키노와 풀치넬라의 종족이 그렇듯 피노키오 역시 영원하다. 칠리에지아 선생의 작업장에서 피노키오가 만들어지기 전부터 꼭두각시들에게 언어 능력이 있다는 건, 피노키오가 이미 존재했다는 것과 창조는 가장된 것이라는 것을 명백히 말해준다.

그리고 만자푸오코 역시 다음과 같은 대사를 통해 피노키오를 꼭두각시 인형이라고 인지하는 장면이 나온다.

«저기 못에 걸려 있는 꼭두각시 인형을 데려오너라. 분명 아주 잘 마른 나무로 만든 꼭두각시 인형 같던데, 불씨에 던지면 고기 굽기에 좋은 불을 피울 수 있을 거야.»[133]

꼭두각시는 과연 무엇일까? 최근 연구자들의 주장과 달리 콜로디가 작품을 썼을 때는 꼭두각시와 마리오네트는 동일어였다. 톰마세오[134]는 꼭두각시라는 단어에 대해 이렇게 설명한다.

"헝겊이나 나무로 만든 인형을 줄로 움직이게 하고 말하게 하며 희극과 광대극을 표현하는 것."

인간을 마리오네트에 비유하는 것은 앞에 언급했던 플라톤적

---

133 부록, 251쪽.

134 니콜로 톰마세오(Niccolò Tommaseo)는 이탈리아 언어학자다.

인 주제다. 플라톤의 『대화편』 중 「법률」(644 d 7)[135]에는 이렇게 나와 있다.

"살아 있는 우리 각자를, 재미를 위해 또는 어떤 진지한 의도로 신들에 의해 만들어진 멋진 꼭두각시라고 생각해 보자. 이에 대해 알려진 것은 없지만, 우리가 오직 아는 건 우리의 열정이, 마치 내면에 끈과 실이 있는 것처럼 우리를 잡아끌기도 하고, 또 우리가 반대되는 행동을 하게 밀쳐낸다는 것이다."

여기서 '놀라운 꼭두각시burattino meraviglioso'라고 번역한 용어는 타우마thauma를 의미한다. 타우마는 어원적으로 '놀라다meravigliarsi'라는 뜻의 '타우마제인thaumazein'과 연관된다. 피노키오를 '놀라운 꼭두각시'라고 부르는 것은 플라톤의 말을 떠올리게 한다. 아마 콜로디도 읽었을 것으로 추정되는, 지금 내 눈앞에 있는 이탈리아어 번역서는 '타우마thauma'를 '놀라운 장치'라고 표기했다. 또 플라톤이 『국가』에서 설명한 「동굴의 우화」를 상기할 필요가 있다.

"우리를 꼭두각시로 묘사하는 우화에는 그 존재 이유가 있을 것이며 스스로에게 자신보다 더 우월하거나 평등하다는 것이 무엇을 의미하는지 더 분명하게 알려줄 것이다." – 같은 책, 645b

그렇다면 피노키오는 인간 조건에 대한 패러다임이 될 것이

---

135 이런 표기는 '스테파누스 판 표기법'이다. 출판업자 스테파누스(Stephanus)는 1578년 제네바에서 요안네스 셀라누스가 번역한 플라톤 전집을 발간했는데, 이때 판본의 쪽수는 아라비아 숫자로, 단락은 로마자로 표기했다. 이후 플라톤 연구자들은 고대 그리스어로 쓰인 플라톤 저작을 쉽게 분류하기 위해 스테파누스가 표기한 방식을 따르고 있다. 624a에서 650b는 플라톤의 『대화편』 중 「법률」의 첫 번째 부분이다.

다. 피노키오를 움직이게 하는 실을 누가 잡고 있는지, 그리고 실제 그 실이 존재하는지는 분명하지 않지만, 피노키오의 모험이 시종일관 설득력 있게 보여 주듯, 꼭두각시 인형은 언제나 확고한 정체성에 도달하지 못한 것처럼 보이기 때문이다.

그러나 마리오네트가 인간보다 우월할 수 있다는 사실을, 집필 당시 콜로디가 쉽게 접할 수 없어 알기 어려웠을, 또 다른 우화가 명확하게 알려준다. 「마리오네트에 관하여」라는 에세이에서 클라이스트[136]는 인형의 움직임에서 배울 점이 많다는 무용수들의 의견을 언급하면서 글을 시작한다. 사실 인형의 모든 부분이 마리오네트를 조정하는 사람에 의해 언제나 통제된다고 믿으면 안 된다. 클라이스트는 이렇게 설명한다.

"모든 움직임에는 자체 무게중심이 있다. 체형 내부의 중심을 지배하는 것으로 충분하다. 진자에 불과한 팔다리는 다른 도움 없이 기계적인 방식으로 따라간다."

그리고 마리오네트를 조종하는 사람은 인형의 무게중심을 옮기기 위해 어떻게든 자신도 춤춰야 하므로, 무게중심이 그려야 할 선은 다름 아닌 '무용수의 혼이 가는 길'이라고 말할 수 있다. 춤까지 가르칠 수 있는, 인형을 조종하는 사람이 자신의 지시에만 따르는 꼭두각시를 만들었더라면, 그는 그 시대에 가장 훌륭

---

136 베른트 하인리히 빌헬름 폰 클라이스트(Bernd Heinrich Wilhelm von Kleist)는 독일 극작가다.

한 무용수, 베스트리스[137]마저도 해낼 수 없는 춤을 출 수 있을 것이다. 마리오네트의 장점은 뼈와 살을 지닌 인간과 다르게 결코 미세한 움직임을 보이지 않는다는 점이다. 인간은 선악과를 맛보았기 때문에 낙원의 순수함과 은혜를 잊어버렸다. 그것을 다시 찾으려면 인간은 그들을 에덴으로 인도할 뒷문이 있는지 알아보기 위해 온 세상을 떠돌아야 할 것이다. 오로지 마리오네트처럼 인식이 존재하지 않아야만 실수가 없다. 그러나 인간에게는 불가능하다.

"오직 신만이 이 분야에서 물질과 겨룰 수 있다. 이것이 세계 고리의 두 끝이 만나는 지점이다."[138]

클라이스트의 『마리오네트 극』에서 스스로 확신하기 시작한 서술자는, 예전에 본 16세 정도의 어린 소년을 이야기한다. 그 소년은 의자 위에 발을 올리고 몸을 닦다가 매우 우아하게 거울을 바라보면서, 자신이 파리에서 본, 발에 있는 가시를 제거하는 조각상의 몸짓이 떠올랐다고 말한다. 서술자는 자신도 비슷하게 해보려고 여러 번 몸짓을 반복하다 보니 더는 따라 할 수 없었을 뿐 아니라 동작이 어색해 스스로 웃음을 참을 수가 없었다고 한다. 클라이스트 책에 이렇게 적었다.

"무용수가 이렇게 결론을 내린다. '자, 나의 훌륭한 친구, 당신

---

137 오귀스트 베스트리스 (Auguste Vestris)는 프랑스의 전설적인 무용수다.

138 클라이스트의 책 『마리오네트 극(Über das Marionettentheater)』을 인용하고 있다. 이 작품은 일인칭 서술자가 무용수와 나누는 대화로 구성돼 있다.

은 나를 이해하는데 필요한 모든 걸 지니고 있습니다. 우리는 유기적 세계에서 성찰이 희미해지고 어두워질수록 그곳에서 우미優美[139]가 점점 더 빛나고 위엄있게 나타난다는 것을 봅니다. 그러나 어떤 한 지점에서 보면 무한을 가로지르는 두 선의 교차점처럼, 갑자기 자신이 있는 지점의 반대편에서 또 다른 자신을 발견합니다. […] 이처럼 인식이 무한을 횡단한 후 우미를 다시 찾게 된다고 말할 수 있습니다. 그래서 이는 인식이 없는 무한한 신체, 즉 꼭두각시나 신에게서 가장 순수하게 형태로 나타납니다'.

이에 서술자가 두서없이 '그렇다면 우리가 다시 순수 상태로 떨어지기 위해서는 선악과를 맛봐야 합니까?'라고 묻자 무용수는 '그러면 그게 세상사의 마지막 장면일 겁니다'라고 한다."

클라이스트식의 패러다임이 현대 연극에 어떻게 적용되었을까? 고든 크레이그[140], 드크룩[141], 아르토[142]는 각자 방식으로 배우를 훌륭한 마리오네트로 끌어 올리고자 신체를 무자비하게 해체하여 무대 몸짓의 원형原型을 만들어냈다. 알프레드 자리의 작품 〈위뷔 왕Ubu Roi〉[143]의 주인공은 꼭두각시나 마리오네트로, 조종당하는 캐릭터다. 작가는 결국 자신이 창조한 캐릭터와 동일시되었고, 항상 아이로 변할 '위험'에 처한 피노키오와 반대로 어떻게든 자신이 꼭두각시가 되려 했다.

139 우아하고 아름답다는 의미.

140 에드워드 고든 크레이그(Edward Gordon Craig)는 영국의 모더니스트 연극이론가이자, 감독, 무대 디자이너, 배우다.

141 에티엔느 드크룩(Étienne Decroux)은 프랑스 배우로 마임으로 이름을 알렸다.

142 앙토냉 아르토(Antonin Artaud)는 프랑스 시인이자 연출가다.

143 알프레드 자리(Alfred Jarry)의 작품으로 고전극을 패러디한 이야기 흐름에 인형극 요소를 심고, 군데군데 속어를 써서 기존의 연극 관습과 규칙을 뒤집었다고 평가받는다.

그러나 클라이스트의 마리오네트 문법을 피노키오에 적용하는 건 결코 쉽지 않다. 적어도 선한 의도를 지닌 사람, 꼭두각시 인형은 아이보다 우월하지 않으며 피노키오는 자신의 지식을 늘리려고 하지 않는다. 그러나 클라이스트 문법의 핵심을 형성하는 우미와 지식 사이의 반비례는, 피노키오가 지닌 놀라운 민첩성 그리고 학교 가는 것을 완강히 거부하는 태도로 콜로디의 꼭두각시를 정의한다. 모든 선생이 다른 아이에 비해 부족하다고 끊임없이 비난하더라도, 피노키오는 어느 부분에서 자신의 우아함과 우월성을 확신한다. 클라이스트는 에세이에서 무용수의 신체적 한계를, 예를 들어 설명하는 과정에서 한 동물을 언급하며 패러다임을 환기시킨다. 검술이 출중한 사냥꾼의 모든 공격을 어떻게 막을지 생각하지도 않고 방어를 해내는 곰을 예로 든다.

꼭두각시 인형은 '생각이 더 희미해지고 어두워지는' 동물 쪽에 있는 것 같다. 아이들과 싸움이 났을 때 등장한 물고기들처럼 거만하고 우매한 동물에 가깝다. 아이들과 싸움이 났을 때 피노키오는 철자법 책 등 교과서를 바다에 던지는데 그때 이 책들을 먹으려다 뱉는 물고기들은 책장이나 표지를 먹어보더니 바로 뱉어내고 주둥이를 찡그리며 이렇게 말하는 것 같았다고 나온다.

«우리가 먹을 게 아니야. 우리는 훨씬 더 좋은 먹이를 먹는 데 익숙하지!»[144]

그러나 피노키오가 시작한 여정은 클라이스트가 말한 것과 정반대다. 무한한 지식의 신비로운 여정이 아니라 꼭두각시 인형이 두 번의 입문을 통해 낙원으로 돌아가려는 시도다. 이런 접근이 안 된다는 법은 없지 않은가? 돈이 필요 없고, 다시 말해 가기 쉬운 낙원인 장난감 나라는 우리가 곧 보게 될 것처럼, 흡사 에덴동산 같은 '매주 여섯 번의 목요일과 한 번의 일요일'로 구성되는 곳이다.[145] '세상사의 마지막 장'이 아니라면 적어도 여기서 시간 개념은 완전히 폐지된 것이다.

피노키오에게 대극장은 카프카의 작품 『실종자Der Verschollene』에서 주인공 칼 로스만의 오클라호마 극장과 같다.[146] 이 작품은 피노키오 이야기와 같은 일종의 동화로, 아마도 카프카는 20세기 초에 체코어 혹은 독일어 버전의 피노키오를 읽었을 것이다. 책 속 로스만 역시 피노키오가 극장 포스터를 보고 못 참았던 것처럼, 오클라호마 극장에서 마침내 자신의 자리를 찾았다고 크게 기뻐한다. 그리고 아를레키노와 풀치넬라가 그랬던 것처럼, 로스만은 친구들에게 "정말 좋은 일이다. 우리는 다시 함께할 거

144 부록, 327쪽.

145 부록, 349쪽.

146 이 소설은 카프카가 1911년에서 1914년 사이에 집필한 미완성 작품이다. 주인공 칼 로스만이 오클라호마 극장에 일자리를 구한 사람들과 함께 기차여행을 하는 도중 실종되고, 이와 관련된 사건을 다루고 있다.

야!"라고 악수와 함께 인정받는다.

콜로디는 인형 중 아를레키노와 풀치넬라를 골랐고, 오래된 이탈리아 전통 연극에 피노키오의 여정을 담아냈다. 물론 피노키오 이야기처럼 아를레키노와 풀치넬라가 등장하는 극의 형식은 원래 아동극이 아니다. 아이가 등장해 '지금 시작해'라고 알리는 극이 바로 '콤메디아 델라르테'[147]다. 분명히 콤메디아 델라르테에 쓰이는 가면과 꼭두각시 인형은 비인간이라는 공통점을 지니고 있어, 이들이 피노키오를 보자마자 형제로 인식하는 건 놀랍지 않다. 이들이 모두 민첩하고, '훈련된 어색함'이 있다는 점도 마찬가지다. 스카라무치아Scaramuccia[148]가 배우의 발, 손, 몸체의 몸짓이 얼굴보다 더 표현력이 뛰어나다고 말했던 것처럼 말이다.

그러나 공통점을 말할 수 있는 건 그게 끝이다. 아를레키노, 풀치넬라, 브리겔라, 판탈로네는 피노키오의 여정에 캐릭터로 등장하는 게 아니라 캐릭터의 유형으로 볼 수 있는 컬렉션이기 때문에 가면을 쓰고 있는 까닭이 있을 것이다. 에르미타주 박물관[149]에는 콤메디아 델라르테 배우였던 트리스타노 마르티넬리가 아를레키노 가면을 손에 들고, 자신의 정체성의 일부인 가면과 끊임없는 대화를 나누는 초상화[150]가 있다. 피노키오는 가면

147 이 연극 형태는 16–18세기 이탈리아에서 유행했다. 등장인물이 가면을 쓰고 대강의 줄거리에 맞춰 맡은 캐릭터를 즉흥 연기로 살리는 방식이다. 서구 문학에서 우리에게 잘 알려진 할리퀸과 피에로 등 전형적인 캐릭터의 원형이 만들어진 극 형식이다.

148 풀치넬라와 아를레키노와 같이 콤메디아 델라르테 캐릭터 중 하나다. 이 캐릭터는 이후 티베리오 피오릴리(Tiberio Fiorilli)가 연기해 매우 유명해지면서 프랑스에서 스카라무슈(Scaramouche)라는 캐릭터가 만들어졌다.

149 러시아 상트페테르부르크에 있는 세계 3대 박물관인 국립 에르미타주 박물관(Государственный Эрмитаж)이다.

150 트리스타노 마르티넬리 (Tristano Martinelli)는 이탈리아의 연극배우로, 콤메디아 델라르테의 캐릭터 아를레키노의 가면을 만들었다.

이 없고 가면을 가질 수도 없다. 코가 엄청나게 길어서 때문은 아니다. 『피노키오의 모험』이 큰 성공을 거둔 뒤 수많은 모조품과 아류 피노키오들을 콤메디아 델라르테의 캐릭터처럼 하나의 전형으로 줄이려고 노력했음에도 불구하고, 꼭두각시 인형은 끝까지 특별한 무언가로 남아 있다. 그러니 피노키오는 콤메디아 델라르테의 전형과 소설 캐릭터의 사이에 있는, 형언할 수 없는 하이브리드다. 콤메디아 델라르테의 가면은 이미 그들의 삶의 모든 신비를 한 번에 녹여냈기 때문에 입문이 필요하지 않다. 그러나 신성과의 모든 연결고리를 끊고 피카레스크하게 자신의 삶을 해체한 피노키오는 여전히 실타래를 풀어보려 시도하고 있으며 계속해서 변화를 추구한다.

만가넬리는 '불을 먹는 자' 만자푸오코와 특별한 인연이 있다. 이야기 속 캐릭터이기에 실제로는 불가능하지만, 만자푸오코를 인터뷰를 한 것이다.[151] 인터뷰에서 만가넬리는 땅바닥까지 내려올 정도로 길고 잉크가 묻은 것처럼 검고 구불구불한 수염을 지니고, 그를 바라보는 것만으로도 공포에 떨게 하는 이 무시무시한 꼭두각시 조종자를 '실패한 오우거'로 정의한다. 그러면서 콜로디가 이 인물이 오우거인지 아닌지 언급하지 않지만, 오싹한

---

151 1981년 이탈리아에서 만가넬리가 피노키오의 등장인물 '만자푸오코'를 인터뷰하는 이벤트가 있었다. 이탈리아 배우 및 영화감독이었던 비토리오 가스만(Vittorio Gassman)이 만자푸오코를 연기했고 만가넬리가 직접 대본을 쓰고 인터뷰를 진행했다.

목소리로 피노키오를 부른다고 적었다. 만자푸오코에 관한 묘사에서 입은 화덕만큼 크고 눈은 붉은 유리로 된 전구가 켜져 있는 것 같고, 손에는 뱀과 여우 꼬리를 꼬아서 만든 큰 채찍을 들고 있다[152]는 표현이 있다. 오우거의 전형에 가깝다.

만가넬리 책에서 말하는 '실패'라는 단어 역시 매우 중요하다. 또 우리가 확인한 것처럼 이 소설은 동화가 아니기에 같은 의미에서 '실패한 동화'인 피노키오 이야기의 기본 특성과 완벽하게 일치하는 이 '오우거의 실패'를 주의 깊게 살펴볼 필요가 있다. 우리는 만자푸오코가 결론적으로 무서운 턱수염을 지니고 있음에도 양고기를 굽기 위해 불에 던지려던 꼭두각시를 보았을 때 연민을 느껴 재채기[153]를 크게 하는 걸 보면 나쁜 심성을 가진 것은 아니라는 걸 알 수 있다. 콜로디는, 재채기는 만자푸오코의 마음이 얼마나 여린지 다른 사람들이 알아챌 수 있는 가장 좋은 방법이라고 설명한다. 착한 오우거는 분명 실패한 오우거이며, 제페토의 사정을 알게 된 만자푸오코가 피노키오에게 '운명을 바꿀' 금화 5개를 주면서, 그의 '실패'는 또 다시 이어진다.

나는 정말로 시칠리아의 한 마을에서 모두가 고양이와 여우라고 부르는 두 남자를 만난 적이 있다. '붉은 가재 여관'[154]에서 '장

152 부록, 250쪽.

153 부록, 252쪽.

154 『피노키오의 모험』 13장에 등장하는 여관으로 피노키오와 여우, 고양이가 함께 하룻밤 머무는 곳이다.

난감 나라'[155]까지, 피노키오 이야기의 모든 세세한 것이 그 마을의 전설이 되었는데, 특히 피노키오가 집에 돌아가는 길에서 만난 불행한 악당인 두 강도가 그랬다. 한쪽 다리를 저는 여우와 두 눈이 안 보이는 고양이[156] 말이다.

우리는 금세 이들이 아픈 척 위장한 것을 알 수 있다. 그러나 생각이 깊지 못한 피노키오는 그것을 알아채지 못한다. 심지어 피노키오에게 이들을 믿지 말라고 훈계하는 '불쌍한 흰 찌르레기' 새를 고양이가 삼켜 버릴 때도 마찬가지다. 그리고 이들이 '기적의 들판'을 자주 언급하는 건 콜로디가 당연히 읽었을 빅토르 위고 소설의 계보에 있는 두 악당과 연관돼 있을 것이다. 우리 모두 기억하듯 『파리의 노트르담Notre-Dame de Paris』에는 불구인 척하며 구걸하는 악당들이 모이는 '기적의 궁전'이 있다. 그러나 여기서 기적은 여우가 절름발이가 되고 고양이가 시력을 잃는 게 아니라, 기적의 들판에 물과 소금을 조금만 뿌리면 금화 5개가 하룻밤에 2000닢으로 변하는 걸 말한다. 악당 커플의 등장은 콜로디 아이디어가 아니다. 퐁텐[157]은 자신의 한 우화에서 고양이와 여우를 두 마리의 위선적인 '털 있는 발'이라고 묘사한다 deux vrais Tartufs, deux archipatelins, deux francs Patte-pelus. 퐁텐 우화에서 둘은 타르튀프[158]처럼 말솜씨 좋은 위선자로 순례자 행세를

---

155 『피노키오의 모험』 31장에 나오는 곳이다.

156 부록, 256쪽.

157 장 드 라 퐁텐(Jean de La Fontaine)은 프랑스 동화작가다.

158 퐁텐 우화집에 나온 「고양이와 여우(Le Chat et le Renard)」 이야기를 인용하고 있다. 타르튀프는 몰리에르 희극의 등장인물로, 전형적인 위선자를 뜻하는 대명사로 쓰인다.

하며 가금류와 치즈를 훔쳐먹고 여행 경비를 충당한다. 이 프랑스 우화에서는 백 가지 재주를 지닌 여우가 오직 재주 하나만 지닌 고양이에게 양보해야 했던 반면, 콜로디 책에서는 둘이 불운과 가장 비참한 가난에 빠졌을 때[159]도 끝까지 불가분의 관계로 결속돼 흡사 헌신에 가까운 작당을 이어간다.

만가넬리는 고양이와 여우에게 신학적, 종교적 소명을 부여한다. 고양이와 여우가 제안한, 땅에 금화를 심는 행위가 "아르카디아적[160]이고 신비로운 성격을 가진 것 같다."고 했다. 만가넬리는 금화가 마치 '땅을 진정으로 비옥하게 만드는 비옥한 씨앗'인 것처럼, 나무토막으로 태어난, 태생적으로 식물과 연결된 피노키오가 어머니인 대지에 '끔찍한 약탈'의 죄를 지었다고 봤다. 만가넬리는 "그러한 불경함을 무시할 수 없기에 후에 까닭 없이 처벌을 받게 될 것이다."라고 설명했다. 또 하나 확실한 건 피카로인 피노키오가 본능적으로 사기를 좋아한다는 것이다. '도둑에게 관대하며, 악당에게 거부감 없고, 위선자들을 도우며, 강도에게 친절함'을 보이고, 5개로 2000닢을 만드는 '흥정'이 피노키오에게 그다지 나쁘지 않게 보였다는 것이다. 그리고 피노키오는 악당 피카로로서, '벼락부자'가 될 기회를 포기하지 않고 자신의 '아름다운 금화 5개'를 두 명의 약탈자에게 무작정 내 보인다.[161]

---

159 부록, 395쪽.

160 아르카디아(Arcadia)는 그리스 펠로폰네소스 반도에 있는 지역 이름으로, 고대 그리스 역사가 헤로도토스(Herodotos)는 이곳의 목동들은 낙원 같은 자연에서 염소와 양을 치며 자연 그대로의 삶을 산다고 했다. 이후 아르카디아는 서구에서 대자연의 풍요로움이 가득한 목가적 유토피아의 상징처럼 쓰이고 있다.

161 부록, 257쪽.

붉은 가재 여관은 결정적인 장소다. 인간이 아닌 셋, 짐승 두 마리와 꼭두각시 인형이 저녁 무렵이 돼 죽을 만큼 지쳐서 즉흥적으로 머물기로 한 곳이다. 여기서 동화라는 장르에서 근사한 족보를 지닌 교활한 주인이 두 등장인물, 여우와 고양이에게 마치 무슨 뜻인지 눈치챘고, 무슨 말인지 알아들었다는 식으로 윙크한다. 이 여관 주인은 그림 형제가 재조명한 바실레의 안투오노 이야기 등장하는, 저녁과 술을 안투오노에게 대접하고 교활한 술수로 보석을 만드는 당나귀를 강탈한 여관 주인[162]과 같은 계열의 인물이다. 금화가 주렁주렁 열린 나무가 빼곡한 기적의 들판을 꿈꾸며 잠들었던 피노키오를 고양이와 여우가 떠난 지 두 시간 후에 깨워, 한밤중 암살자들과 만나게 하는 인물이 바로 여관 주인이다.

그 후 피노키오는 어둠 속을 더듬거리며 걷다가 말하는 귀뚜라미와 두 번째로 만난다. 저 너머 세계에서 온 듯, 낮고 희미한 목소리로 마치 그림자[163]처럼 나타나는 귀뚜라미를 너무 진지하게 받아들이지 않는다면, 귀뚜라미는 아직 명백히 죽은 상태는 아니다. 이 장면에 대해 만가넬리 역시 "피노키오가 죽음의 땅에 가까워지고 있다."라는 꽤나 설득력 있는 이야기를 한다. 지옥과의 연결을 보이는 귀뚜라미의 그림자는 '지옥 같은 최악의 밤'에

---

162 잠바티스타 바실레 (Giambattista Basile)의 『펜타메로네(Pentamerone)』에 첫째 날 첫 여흥인 「오그르 이야기」에 나오는 등장인물이다. 주인공 안투오노는 천치라는 이유로 어머니에게 쫓겨나고 괴물 오그르 밑에서 일하다 고향이 그리워 돌아가게 된다. 그리고 오그르에게 신비한 당나귀를 선물 받는데,

그 당나귀는 '나귀야, 똥을 누워라'라고 말하면 보석을 누는 영물이었다. 집으로 돌아가던 중 여인숙에 묵을 때, 주인이 당나귀의 비밀을 알고 자신의 당나귀와 바꿔버린다.

163 부록, 265쪽.

서 모험을 시작한 꼭두각시가 점점 더 저항할 수 없이 지옥으로 빠져드는[164] 걸 상징하는 첫 신호일 뿐이다.

귀뚜라미 그림자와 꼭두각시 사이의 대화는 귀환과 전진을 뜻한다. 귀뚜라미의 그림자는 «내 말 잘 들어! 돌아가.»[165]라고 훈계한다. «그래도 계속 앞으로 가고 싶어.»라고 네 번이나 답한 피노키오에게, 당나귀로 변하게 된다는 말에 이어 또 다시 귀뚜라미의 두 번째 불길한 예언이 나온다.

«짙은 이슬과 강도들로부터 지켜주길.»

'귀환과 전진'. 꼭두각시 인형의 행동을 이렇게 요약할 수 있다. '귀환'은 아버지, 요정, 말하는 귀뚜라미 그리고 선생님을 의미한다. 책 속에서 피노키오는 독백하면서 속내를 드러낸다.

«말하게 내버려 두면 자기들이 아버지나 스승이라도 되었다고 생각하지, 말하는 귀뚜라미를 포함해서 전부 다.»[166]

반면, '전진'은 고집스럽게, 자신의 존재 방식이 돼야 하는, 꼭두각시라는 존재의 소명을 정의한다. 진실하지 않은 것과 진실한 것의 충돌은 이야기 전체에서 끊임없이 이어진다. 이 충돌은 피노키오가 말하는 귀뚜라미와 아버지의 강압에 굴복해서가 아니라 별안간 헤엄치기 위해 바다로 뛰어듦[167]으로 피노키오가 귀환과 전진, 진실과 진실하지 않을 것을 구분할 가능성에서 영원

---

164 여기서 아감벤은 앞에서 사용하는 'Inferno'가 아닌 'Averno'라는 단어로 지옥을 표현한다. 'Averno'는 이탈리아 캄피 플레그레이(Campi Flegrei)에 있는 칼데라 호의 이름으로, 고대 그리스 로마인들은 그곳이 지하세계 입구라고 믿었다. 이탈리아의 시인들에게 'Averno'는 지하세계 혹은 지옥의 의미로 쓰인다.

165 부록, 265쪽.

166 부록, 266쪽.

167 부록, 380쪽.

히 해방되었기 때문에 이야기 안에서 반복되는 것이다.

원래 사기꾼이었던 고양이와 여우가 사기가 아닌 살인을 저지르기로 한 계기 역시 콜로디가 설명하지 않은 또 다른 한 가지다. 물론 나중에 이들은 다시 사기꾼으로 돌아오기는 한다. 추론할 만한 건, 자신의 예언이 거짓으로 판명날까 두려워하는 귀뚜라미에 의해 강제로 그렇게 됐을 수 있다. 어쨌든 '두 개의 석탄 주머니로 묶인 검은 형상'과의 만남, 피노키오가 입안에 숨겨둔 금화를 두고 벌이는 싸움, 키 작은 강도의 손인 줄 알고 물어뜯자 손이 아닌 고양이의 발이었던 것, 마지막으로 들판과 포도밭에서 이어지는 탈출과 추격전[168], 이는 피할 수 없는 또 다른 만남, 즉 '죽음의 집'에서의 만남[169]을 알리는 서곡에 불과하다.

암살자들에게 쫓기는 꼭두각시가 낙담하고 포기하려 할 때, 저 멀리 짙은 녹음이 가득한 숲 한가운데 눈처럼 하얀 작은 집을 보고 필사적으로 뛰어간다.

«피노키오는 필사적으로 문을 발로 차고 주먹으로 치기 시작했어요. 그랬더니 아름다운 어린 소녀가 집 창밖으로 얼굴을 내밀었어요. 파란머리에 양초처럼 하얀 얼굴인데 눈은 감겨 있었고 두 손을 가슴에 얹고 입술은 움직이지 않은 채, 다른 세상에

168   부록, 266~269쪽.

169   부록, 270쪽.

서 들려오는 듯한 작은 목소리로 말했어요.

"이 집엔 아무도 없어. 모두 죽었어."»[170]

말하는 귀뚜라미의 작은 목소리 역시 저세상에서 온 것 같았다[171]라는 것을 기억한다면, 곤충 선생은 요정의 화신이거나 저승 세계의 전령일 수 있다. 소녀 혹은 요정의 거처는 하얗고 조용한 집인데, 우리는 그 집에 대해 열리지 않는 문과 '소리 없이' 바로 닫히는 창문이 활짝 열려 있다는 것만 알고 있다. 피노키오가 «너라도 문을 좀 열어줘!»라고 울부짖으며 부탁하자 아름다운 요정 소녀는 «나도 죽었어.»라며 그녀를 데려갈 관을 기다리기 때문에 창가에 있다고 한다.

파란머리 소녀에 대해 만가넬리는 "죽음 상태가 그녀에게 자연스러우며, 그게 영원할 것 같은 인상을 받는다."고 하면서 그녀가 실제 '죽은 자들의 여인, 어둠 속 달의 여왕'이라는 근거 있는 분석을 내놓았다. 사실 왕이 언급되지 않는 책에 왕비가 있을 리 없다. 그러나 그 소녀는 마녀도 아니고, 만가넬리가 추측한 것처럼 '스스로 마녀에게 홀린' 존재도 아니다. 동화가 아닌 피노키오 이야기 속 모든 등장인물은 어떤 식으로든 동화적 요소의 비중이 줄어들고, 마법 능력을 잃어버렸다. 만자푸오코가 실패한 오우거라면, 이 소녀 역시 실패한 요정일 것이다. 아마

170 부록, 270쪽.   171 부록, 265쪽.

도 죽거나 죽은 척함으로써 그녀가 힘을 잃었기 때문이다. 소녀에게 유일하게 남은, 마법을 떠올리게 하는 파란 머리카락도, 칠리에지아 선생이 겁에 질려 파란 코가 된 것을 떠올려본다면 그저 생기와 원래 색감을 잃은 상태라는 걸 보여 주는 예시일뿐이다. 콜로디는 피노키오에 등장하는 파란머리 소녀의 '파란'을 표현할 때 짙은 물빛의 푸른색을 나타내는 '터키 블루turchino'라는 단어를 쓴다. 그러나 콜로디 집필 당시에는 터키 블루는 프랑스어 '파란bleu'과 같은 색을 칭했다. 또, 콜로디는 1875년 파기 출판사에서 마리 카트린 도느와의 동화 『파랑새L'oiseau bleu』를 요즘 터키 블루에 해당하는 '투르키노turchino'라고 바꿔, 『파랑새L'uccello turchino』라는 이탈리아 번역본을 출간한 바 있다. 즉 요정 소녀는 터키 블루가 아닌 오늘날 파란색이라고 불리는 색의 머리카락[172]을 지니고 있었다.

그리고 요정이 요정으로서 무능하며, 심지어 자비심조차 결여된 행동을 하는 것은, 피노키오가 두 암살자에 의해 목 조르기를 당하기 전에 《제발 문 좀 열어줘. 강도들에게 쫓기는 불쌍한 아이에게 자비를….》라고 마지막 간청을 하는데도 받아 주지 않는 점[173]에서 확인된다. 눈도 귀도 가질 수 없는 불쌍한 꼭두각시에게, 정말 자신이 죽었다고, 혹은 관을 기다리고 있다는 이유를

172　콜로디는 원작에서 파란머리 요정의 머리색을 'turchino(터키 블루)'라고 적었는데, 아감벤은 콜로디가 여기서 쓴 색깔이 현재의 터키 블루가 아닌 파란색이라 말하고 있다.

173　부록, 271쪽.

대며 매장을 앞둔 것처럼 죽은 연기를 하는데 심각할 정도로 진지하게 몰두하고 있는 거라 생각할 수밖에 없다.

그리하여 두 암살자에 의해 '커다란 참나무라고 불리는 큰 나무'에 피노키오는 목이 매달린다. 첫 번째 죽음이다.

«눈을 감고 입을 벌리고 다리를 쭉 늘어트리고 크게 버둥거리더니 굳어버린 듯 꼼짝하지 않았습니다.»[174]

1881년 10월 27일 발행된 〈어린이 신문〉 17호에 실린 이야기는 이렇게 끝난다. 열혈 독자들이 출판사에 연재해 달라고 끈질기게 요청하기 전까지 말이다.

'커다란 참나무'는 이탈리아의 남부 카판노리Capannori 그라냐노Gragnano에 있는 나무다. 수백 년을 살아온 오래된 나무로, 마녀의 참나무라고도 불리며 민간 구전에서는 나뭇가지 아래에 안식일을 기념하곤 했다고 한다. 이는 레오파르디의 시가 「레카나티」가 '무한의 언덕'을 만들어 낸 것처럼, 콜로디의 이야기가 관용적 표현과 전설, 심지어 지명과도 연관돼 있다는 하나의 증거[175]라고 볼 수 있다.

피노키오가 큰 참나무에 아무렇게나 매달려 있는 동안, 죽은 척했던 어린 소녀는 다시 창 밖을 내다보며 거센 바람에 춤추듯 흔들리고 있는 피노키오를 보고 처음으로 마법을 부린다. 그러

---

174 부록, 272쪽.

175 이탈리아 낭만주의를 대표하는 시인 레오파르디는 자신의 시에서 타보르(Tabor) 산에서 남쪽으로 내려오는 언덕을 '무한의 언덕'이라 표현했다. 이 시가 너무도 유명해, 현재 공식 지명이 '무한의 언덕'으로 바뀌었다.

나 생각해 보면 실제 마법을 거는 게 아니다. 잘 훈련된 새를 부르기 위해 손뼉을 세 번 치는 행동은 누구나 쉽게 할 수 있는 일이다. 어쨌든 우리는 이 '커다란 매'라는 새에게서 이 소녀의 진짜 정체를 알게 된다.

«무엇을 명령하시는지요, 나의 친절한 요정님?»[176]

요정이란 무엇일까? 스코틀랜드 마을, 아버포일Aberfoyle의 장로인 로버트 커크 목사는 몇 년 전 구약성서 중 하나인 『시편Psalter』을 게일어로 번역한 후 1691년에 쓰여진 「비밀 연방Secret commonwealth」에 관한 논문을 완성했다. 우리 작가 중 누구도 절대 마주하지 않은 주제지만, 커크는 우리 시대에 점점 커져가는 무신론을 압박하고, 우리 주변에 있으면서 이로운 존재들에 대한 호기심을 충족시키고자 모험을 감행했다. 이 '비밀 연방'이 무엇인지는, '엘프, 목신牧神, 요정Elves, Fauns and Fairies의 비밀 연방'이라는 주제와 부제를 분명히 이해한다면 정확히 알 수 있을 것이다. 책에는 이렇게 나와 있다.

"스코틀랜드 사람들 사이에서 엘프, 목신, 요정 등의 이름으로 불리는 보이지 않는 존재들과 지하 세계의, 본성과 행위에 대한 에세이다. 마치 투시력을 지닌 채 묘사하는 것처럼 설명할 것이

176 부록, 273쪽.

다. 새로운 연구를 위한 기회를 제공하기 위해 신중한 연구자에 의해 수집되고 비교됐다. 스코틀랜드에 거주하는 아일랜드계 스코틀랜드인 한 명이 진행했다."

이 책에는 일종의 '요정 연방의 형이상학'이 제시돼 있다. 그러나 저자의 신중함을 고려하면, 이 책은 첫 번째 장 '지하거주민들에 대해Of the subterranean Inhabitants'에서 알 수 있듯, 지하에 존재하는 어느 종족의 습관과 관습을 설명하는 민족지학[177] 소논문에 더 가깝다. 이 연구자의 정보원은 투시력, 즉 제2의 시력을 지니고 있는 사람들이다. 그렇기에 이들은 지하 세계에 사는 사람들과 밀접한 관계를 맺고 있다고 볼 수 있다. 우리는 이들에게서 다음을 배울 수 있다고 기술돼 있다.

"이 요정들fairies[178]은 '슬레그 마이스'[179] 즉 '선한 사람들'이라고 불린다. 아일랜드인들은 요정들이 자신들에게 해를 끼칠까 두려운 나머지, 요정들이 행했던 악행을 축복이었다고 하며 요정의 이미지를 바꾸려 했던 것으로 보인다. 즉 요정들이 인간과 신 사이 중간자적 존재라고 한다. 고대에는 악마 혹은 천사라고 여겼던 것처럼 말이다. 이들은 영체靈體와 같이 총명하고 성실한 정신, 가볍고 변하기 쉬운 몸을 지니고 있으며, 이는 황혼에 가장 잘 보이는 응결된 구름과 비슷하다. 그들의 육체는 영혼처럼 가

---

177 민속지학은 민족지학 혹은 문화기술지(ethnography)라고 불리우기도 하는데, 이는 그리스어 '사람들(ἔθνος)'과 '기록(γράφειν)'에 어원을 두고 있다. 민족인류학 분야의 한 방법론이다. 1767년 독일의 역사가 요한 프리드리히 쉰페플린(Johann Friedrich Schöpperlin)의 저서에 처음 등장한 개념이다. 민속지학이 여러 민족에 대한 정보를 관찰하고 인터뷰하여 일련의 데이터를 수집, 해석하고 기록하는 것이라면 민족학은 이 기록에서 일관된 체계를 구축하는 것을 의미한다.

178 여기서는 아일랜드와 스코틀랜드 신화에 등장하는 요정 이스시(aos sí)를 이야기한다. 이스시는 무덤 속 지하, 혹은 바다 너머 인간의 눈에 보이지 않는 어딘가에 사는 존재로, 켈트족들은 고대 신들이 몰락하여 요정으로 퇴화한 것이라고 생각했다.

179 '슬레그 마이스(Sleag Maith)'는 '선한 사람들'을 의미하는 웨일스어다.

늘고 가볍기 때문에 자유자재로 나타나고 사라질 수 있다. 오직 액체 상태의 무언가로부터 영양을 공급받으며, 그를 통해 자신들의 존재를 유지한다."

이 글을 읽은 우리는, 지하에 거주하는 존재 중 일부 특별한 경우를 제외하고는 세속적인 시각으로는 볼 수 없으며, 그들이 어떤 연료도 없이 피어오르는 불빛과 램프를 쓰고, 크고 아름다운 집에 살고 있다는 것을 알게 된다. 이들의 의복과 언어는 마치 필연적으로 떠돌며 살아가는 민족들처럼, 정주해 사는 사람들 즉 스코틀랜드인들이 입는 격자무늬와는 다른 색 옷을 입고 있는 것을 알 수 있다.

"[…] 이들은 거의 말을 하지 않고 휘파람 따위를 부는데, 이들의 휘파람은 정확하고, 귀에 거슬리지 않는다. 그럼에도 특정 지역에 가면, 그 지역 방언으로 대답한다. 스코틀랜드 종파 커크Kirk는 노움gnome[180]이나 스프라이트sprite[181]의 일종인 '브라우니brownie'[182]에 대해 특별한 동정심을 품는 것 같다."

"브라우니는 종종 빵을 굽거나 망치질과 같은 일을 도와주며, 복음이 퍼진 후부터 오늘날까지 이교도로 남아 있는 많은 지역에서 모두가 잠든 밤 집에 들어가 부엌을 정리하고 설거지를 한다."

---

180 노움은 스위스의 의사이자 연금술사였던 파라켈수스(Paracelsus)에 의해 16세기 유럽에 처음 소개된 이후 여러 문학작품에서 등장하였다. 주로 지하에서 생활하는 뾰족한 모자를 쓴 작은 꼬마의 모습을 하고 있다.

181 스프라이트는 영국 민담에 등장하는 작은 요정이다.

182 브라우니는 스코틀랜드 전설에 등장하는 작은 요정이다. 작고 부지런하며 농가일을 돕는다.

앞서 말한 지하 세계에 거주하는 존재의 주요한 특징은 절대적으로 신봉하는 종교가 없다는 것, 즉 무신론자들이라는 점이다. 이들은 귀족정과 그에 관한 법체계가 있지만, 눈에 띄는 종교도, 창조주인 신에 대한 사랑이나 헌신도 없다. 이들은 신이나 예수의 이름이 언급되는 즉시 사라지고, 그 이름이 언급되는 걸 들으면 더는 아무것도 할 수 없게 된다. 이들은 한결같이 책과 거리가 멀다. 이들은 성경을 읽지 않을 뿐 아니라 마법 주문서, 적을 무찌르는 방법을 담은 비기만 지니고 있다. 그리고 어떤 사람들은 이들이 들고 있다는 놀이에 관한 재밌는 책들이, 이들보다 더 즐겁고 가벼운 영혼을 지닌 존재들이 영역을 침범할 때만 읽을 수 있는 것 같다고 말한다. 이들은 질병에 걸리지 않지만 어떤 시점, 특정 나이가 되면, 늙고 쇠약해진다. 어쨌든 이들은 인간보다 훨씬 오래 살지만, 결국에는 죽거나, 적어도 자신의 형태가 사라진다. 이들의 가장 확고한 신념 중 하나는 태양이 떠오르고 새로운 해가 돌아오듯, 어느 것도 소멸하지 않고 모든 게 순환하듯 원을 그리며 움직이고 회전할 때마다 따라 새로워진다는 것이다. 그래서 커크가 지적했듯 얼어붙은 공기로 만들어진 그들의 몸은 허공으로 떠오르며 때로는 다른 모양으로 변해 공기가 다니는 모든 구멍과 틈으로 들어간다. 분기마다 그들은 거처를 옮기는데 그때

카멜레온같이 모습을 바꾸는 이들의 몸이 가방과 짐을 들고 공중에서 헤엄치는 모습이 종종 목격된다.

지하의 존재들, 즉 요정들이 끊임없이 슬퍼하는 것은 '매달린 상태pendoulos state'이기 때문이다. 클라이스트에 따르면 꼭두각시 인형의 팔다리 역시 같은 상태이며, 마지막 회전 이후 어떻게 될지 불확실하다. 플라톤과 콜로디는 요정은 변화하기 쉽고 실체가 없는 생명체로 마치 꼭두각시와 같다고 봤다.

아마도 이들은 고대에는 지금 우리처럼 땅 위에서 살았던 오래된 문명의 마지막 증인일 것이다. 이들이 거주한 흔적은 여전히 가장 높은 언덕 꼭대기에서 볼 수 있다.

로버트 루이스 스티븐슨[183]에게 헌정된 『비밀의 왕국』 1893년 판본을 편집한 민속학자 앤드류 랭[184]은, 커크가 언급한 '요정의 왕국'이 '기독교 이전 하데스에 대한 명백한 기억'이라고 주목했다. 커크는 "아일랜드에서는 조상들의 영혼이 요정 언덕에 살고 있다는 믿음이 있으며, 이러한 이유로 교회마다 무덤이나 언덕에 봉헌하는데, 이는 조상의 몸이 부활하고 의식을 행한 곳이 요정 언덕처럼 될 때까지 영혼을 보관하기 위함이다."라고 했다. 랭은 『비밀의 왕국』이 크토니아[185]의 창조물과 선조들을 향한 마

---

183 로버트 루이스 스티븐슨 (Robert Louis Stevenson)은 에든버러 출신의 작가다. 『보물섬』과 『지킬박사와 하이드』을 썼다.

184 앤드류 랭(Andrew Lang)은 스코틀랜드 출신의 민속학자, 문학연구자다.

185 크토니아(Ctonia)는 그리스 신화에 나오는 아테네의 왕 에레크테우스의 딸로 알려져 있지만, 여기에서는 지하세계, 땅밑 영역을 뜻한다. 고대 그리스에서 가이아(Gaia)가 지표면, 대지를 가리킨다면 크톤(Chthon)은 지하의 신, 정령 즉 지하, 땅 밑 세계를 의미했다.

음에서 우러나온 진정한 추모라고 했다. 아울러 그에 따르면 요정들이 장례식에 참석하고 연회에서 배를 채우고, 죽은 자의 관을 운구하는 사람들과 함께하기를 좋아하는 까닭은, 요정들 자체가 죽은 자의 영역과 가깝기 때문이다.

피노키오가 파란머리 요정을 만난 마을은 요정 소녀나 말하는 귀뚜라미같이, 죽은 자의 그림자가 존재하는 일종의 '이교도 지옥'이라고 볼 수 있다. 그러나 이 흥미로운 가설은 어느 정도 수정이 필요할 것이다. 여기서 말하는 지옥은 기독교 이전 하데스도 아니고 기독교에서 말하는 지옥도 아니다. 죽은 자 외에 아무도, 아무것도 없는 하얀 집은 '일종의' 하데스 또는 에레보스[186]다. 이는 인간이 아닌 엘프, 노움, 요정들이 마지막 타락과 순환으로 인해 '매달린 상태'에 빠져 머무는 곳인 셈이다. 피노키오 이야기가 '지옥 같은 끔찍한 밤'으로 예고됐던 것처럼 처음부터 끝까지 '지옥'이 운명처럼 펼쳐진다. 그러나 어느 순간 지옥 속 지옥, 즉 우리가 알고 있는 신학과 라틴 신화에서 지옥의 입구라 불리는, 아베르노Averno와는 전혀 닮은 점이 없는 동화 나라의 지옥에서 끝난다.

그러므로 콜로디의 책이 '하나님'이라는 단어가 한 번도 등장

---

186 에레보스("Ερεβος)는
그리스 신화에서 암흑, 저승,
어둠을 상징하는 신이다.

하지 않아 게니자[187]에 들어가지 않는 희귀한 책 중 하나라는 사실에 놀라지 말아야 한다. 게니자는 '회당서고'라고 불리는 음침한 회당으로 히브리어로 작성된 책이 제본이 풀리고 낡았는데도 하나님의 이름이 들어있을지 모르기에 모아져 보존되는 곳이다. 이게 어찌 보면 수많은 추기경과 집사가 피노키오 이야기를 기독교적 시각으로 해석한 걸 무시해도 된다는 충분한 근거다. 우화 시작 부분에 '왕'이라는 단어가 나오는 건 빌라도에 의해 십자가에 새겨진 '유대인의 왕'을 언급한 것이다. 제페토라는 이름은 예수의 아버지로 추정되는 사람의 이름을 축약[188]한 게 분명하다. 피노키오가 만자푸오코로부터 아를레키노를 구하기 위해 개입하는 장면은 아브라함이 소돔을 대신에 중보[189]한 것에 대한 명백한 언급이다. 말하는 귀뚜라미의 조언을 대하는 꼭두각시의 완고한 태도는 베드로가 예수를 부인한 것에 대한 은유다. 교수형에 처해질 피노키오의 절망적인 절규 «아 나의 아빠! 아빠가 여기 계셨더라면!…"»[190]은 십자가에 달린 예수님의 외침 «나의 하나님, 나의 하나님, 왜 나를 버리셨습니까?»를 되풀이하는 것 같다.

　문헌학적 근거가 다소 부족한 이런 나열은 여기서 멈추고자 한다. 예를 들어 성서에 있는 요나가 뱃속에 있었다는 구절에 콜

187　게니자(Genizah)라고도 불리는 회당서고는 보지 않는 책이나 이단서를 넣어두는 방이다.

188　마리아의 남편이자 예수의 양부 요셉을 이탈리아어로 주세페(Giuseppe)라고 한다. 이탈리아어로 주세페와 제페토 이름의 유사성을 말하고 있다.

189　중보(仲保/中保)는 예수 그리스도가 한 일, 다시 말해 사람과 신의 관계를 화평하게 한 것을 말한다. 적대 관계나 대치 상황에서 화해와 일치를 도모할 때도 쓰인다.

190　부록, 272쪽.

로디의 상상력이 버무려졌을 수도 있지만, 이는 정말 불경스럽다. 또 재미없는 신학과 아무 연관이 없으며, 특히 피노키오학 pinocchiologia으로 해석한다면 더욱 그렇다.

콜로디는 신학을 썩 좋아하지 않았다. 그는 창세기 원전에 대해 '아내, 남편 그리고… 뱀!'이 나오는 유명한 단막극'이라고 정의한 적이 있다. 그러나 콜로디는 여기서 역사적 사실조차 찾을 생각이 없다. 그는 『명랑한 노트Note Gaie』라는 책에서 "역사라고 불리는 거짓말의 연속이 결국에는 무엇을 의미하는가? 내게 묻는다면, 역사는 지루한 신화에 불과하다. 역사에는 사실이라고 하는 날짜를 제외하고는 진실한 것을 찾을 수 없다!"라고 했다. 그러나 이 진실이라는 단어는, 콜로디 마음 깊숙이 새겨진 것으로 보이며, 그가 이를 시의 영역으로 고려했다는 점은 놀랍지 않다. 〈나치오네Nazione〉이라는 잡지에 실린 글에 콜로디는 이같이 적었다.

"모든 각성제 중에서, 쓰라린 진실만큼 강력하고 효과적인 것은 없다. 진실은 신경을 자극하고, 짜증이 나고, 기분 나쁘고, 어지럽게 만들고, 꿈을 괴롭힌다 […] 시인들이 말했듯 진실이 그 이름을 지닐 자격이 있으려면 힘들어야 하기 때문이다."

시인들이 생각하는 진실이 '진짜 진실'인 것처럼 콜로디는 꼭두각시의 모험을 통해 독자들을 자극하고 어지럽게 만들지만, 궁극적으로 '힘들고' '쓰라린' 무언가를 떠올리게 한다.

삶보다 죽음에 가까운 상태인 꼭두각시 인형은 하늘색 카나리아 깃털로 뒤덮여 있는 커다란 매가 매듭을 부리로 잘라줘서 풀려난다. 그리고 백 마리의 흰쥐가 끄는, 휘핑크림과 레이디핑거 크림이 감싸진, 푸들 메도로가 운전하는 마차를 타고 '지옥 같은' 요정의 집으로 간다.[191] 페로 동화에서 볼 법한 마차는 요정의 마법으로 등장한 것처럼 보인다. 그러나 파란머리 요정이 말하듯, 이 마차는 다른 마법사가 만들었거나 노련한 마법사에게서 구했을 법한, 그저 파란머리 요정의 마구간에서 끌고 온 가장 아름다운 마차일 뿐이다.

여기서 꼭두각시가 동화 속 하데스에 머무는 게 시작되는데, 흥미롭게도 마법이 아닌, 진료와 테라피라는 의학적인 장치가 등장한다. 피노키오를 진찰하는 세 의사 까마귀, 부엉이, 말하는 귀뚜라미는 우리가 이미 알고 있는 사실, 즉 꼭두각시는 죽지도 살지도 않았다는 점을 확인시켜준다. 까마귀는 《제 생각에는 꼭두각시는 죽은 거나 마찬가지예요. 불행히도 죽지 않았다면, 아직은 그저 살아 있다는 확실한 징후일 정도죠.》라고 한다. 부

---

191 부록, 275쪽.

엉이는 곧바로 의견을 뒤집는다. «제 생각에 꼭두각시는 여전히 살아 있습니다. 불행히도 죽지 않았다면, 아직은 그저 살아 있다는 확실한 징후일 정도죠.»라면서. 왜 그런지는 알 수 없지만, 요정은 세 번째 의사인 말하는 귀뚜라미에게 «당신은 왜 아무 말씀도 하지 않으시죠?»라고 존칭 표현으로 묻는데, 이에 귀뚜라미는 화를 내지는 않지만 좀 불쾌해하며 «저 꼭두각시 인형은 소문난 말썽꾸러기입니다.»라고 진단한다.[192]

말하는 귀뚜라미는 예언자의 본성을 버리고, 의사 행세를 한 탓인지 여기서 한 차례 틀린 견해를 낸다. 요정은 피노키오의 이마를 만져보고 고열에 시달리고 있다는 것을 알아챈다. 이제는 마법 부리는 시늉을 포기한 착한 의사인 파란머리 요정은 나무 환자에게 물 반 컵에 녹인 하얀 가루를 건네지만, 악당 피카로의 본성을 다시 찾은 무례한 피노키오는 마시기 싫다며 고집을 부린다. 의사 역할을 했던 요정은 몇 시간 있으면 고열이 너를 저 세상으로 데려갈 것이라고 경고하고 죽음이 두렵지 않은지 집요하게 묻는다.[193] 꼭두각시가 «하나도 안 무서워요!»라며 거만한 태도를 보이자, 방문이 활짝 열리더니 잉크처럼 새까만 토끼 네 마리가 걸어들어오는데 어깨에는 죽은 사람을 넣는 작은 관을

192 부록, 276쪽

193 부록, 279쪽.

메고 있었다. 만가넬리는 요정이 도망치는 피노키오에게 자신을 데려갈 관을 기다린다고 말하는 장면을 두고 "'관'이라는 단어가 이미 등장했는데 얼마 지나지 않아 다시 나왔다."라는 부분을 짚어낸다. 피노키오 이야기 속 하데스에서 '교통체증을 일으킬 만큼 엄청난 수의 어린이 관'이 있다는 것은 분명 놀라운 일은 아니다. 커크의 주장에 따르면 성실하고 말이 없는 장의사인 검은 토끼는 죽은 자의 관을 운반하는 것을 좋아하는 요정들fairies과 같은 부류다. 단숨에 약을 삼킨 피노키오는 요정이 며칠 안에 나을 것이라고 말한 것과는 달리 즉시 회복되는데, 이는 커크가 증명했듯 이따금 갑자기 죽을 수 있지만 '질병에 걸리지 않는' 엘프와 피노키오가 같은 존재라는 게 밝혀진 것이다.

《나무 인형들은 잘 아프지도 않고 또 매우 빨리 회복할 수 있는 특별한 능력을 지니고 있었답니다.》[194]

어쨌든 회복 현상은 마법 효과도, 콜로디가 무시하는 듯한 의학의 결과도 아니다.

이후 피노키오는 요정에게 자신이 지금까지 겪은 고난에 대해 짧게 얘기하는데, 거짓말할 때마다 코가 길어지는 그 유명한 에피소드가 나온다. 만가넬리는 지옥에 대한 그의 글에서 코가 변하게 되는 특정 시점에 대해 언급하지 않는다. 우리는 코가 길어

194 부록, 279쪽.

지는 게 반드시 거짓말의 증상은 아니라는 사실을 기억할 필요가 있다. 조물주 데미우로고스가 그에게 '나무 눈'을 준 후 코를 만들었을 때, 곧바로 자라기 시작했고, 자라고, 자라고 자라더니 몇 분 만에 끝도 없이 길어졌다.[195] 제페토가 그것을 자르고 짧게 만들려고 할수록 그 건방진 코는 더 길어졌다.

코는 피노키오의 본성, 결코 바뀌지 않는 피카로적인 오만함의 표현이자 그에 못지않은 행동을 상징한다. 끝없이 길어지는 코가 문제가 되는 건 꼭두각시 본성에 대해 정의내리지 못하는 것과 같다. 『비밀왕국』에 있는 사람들처럼 끊임없이 '매달려' 끊임없이 순환하는 것처럼. 거짓말은 말하자면 무언가를 결정할 수 없는 특성으로 생리학적이며, 완전할 수 없는 존재의 모호함과 관련 있다. 더는 침실 문을 통과하지 못하고, 요정의 눈을 찌를 듯 커진 피노키오의 코는, 요정이 피노키오를 정의하고자 할 때 나타나는 행동이자, 거짓과 모순을 믿는 피노키오의 진실된 모습이다. '거짓말은 짧은 다리를 지니고 있지만'[196] 긴 코도 지니고 있다.

진실은 한 번에 결정되는 원칙이 아니다. 맹목적으로 고수하는 사람에게 진실은 더 큰 장벽이 될 수가 있다. 또, 피노키오의 코처럼 삶과 함께 눈에 띄게 커졌다 작아졌다 반복하며 곤란한

195 부록, 227쪽.

196 '거짓말은 짧은 다리를 지니고 있다(Le bugie hanno le gambe corte)'는 '거짓말은 금세 들통날 수 밖에 없다'는 의미의 이탈리아 속담이다. 17장에서 요정은 피노키오에게 거짓말에는 다리가 짧아지는 거짓말과 코가 길어지는 거짓말 등 두 종류가 있다고 말한다.

C Chiostri
Firenze.

상황을 불러일으킬 수 있다.

지나치게 큰 코에 연민을 느낀 요정은 죽음의 집에 달린 많은 창문에 수많은 딱따구리 떼[197]가 들어와 피노키오의 코가 자연스럽게 줄어들 때까지 쪼아대게 놔둔다. 다시 말하지만, 이는 마법이 아니다. 이 새가 지닌 본능적이고 습관적인 행동에 불과하다. 그리고 이때, 전에 꼭두각시에게 '엄마의 인내심'[198]으로 말했던 요정이 피노키오에게 오누이로 살 것을 제안하면서, 본인 스스로 전에 의도했던 가족의 의미를 전복한다. 중요한 것은 피노키오가 이 제안을 받아들이면서 «저도 기꺼이 그러고 싶어요… 그런데 불쌍한 제 아빠는요?»라며 부자 관계라고 명확히 볼 수 없는 제페토를 언급하며 자기 뜻을 에둘러 드러낸다는 것이다. 그러나 요정이 피노키오에게 «네 아빠는 벌써 소식을 받으셨어. 해지기 전에 이리로 오실 거야.»라고 알려줄 때 피노키오의 말이 그저 핑계였다는 게 분명히 드러난다. 피노키오는 가식적인 요정을 피해 즉각 집을 나서며 아빠를 만나러 가고 싶다고 적극적으로 말한다. 그러나 피노키오는 아빠가 아닌, 피노키오가 한 번도 언급한 적 없지만 사실 자신이 가장 좋아하는 여행 동반자인 고양이와 여우를 만나게 된다. 둘이 자신을 목매달았던 참나무 앞에 다 와서 마주친다. 그리고 여우가 기적의 들판에 금화를

197 부록, 283쪽.

198 부록, 281쪽.

묻으면 내일이면 2000닢이 된다고 말한 것을 떠올리자, 꼭두각시는 요정, 제페토, 말하는 귀뚜라미의 경고를 «가자, 내가 같이 갈게.»라며 금세 잊어버린다. 물론 «내일 1000개, 아니 2000가 된다.»고 말한 게 고양이인지 여우인지 콜로디는 정확히 밝히지 않았지만, 정황상 여우일 수밖에 없다.

전체 이야기를 피노키오의 엇나간 모험이라는 관점으로 본다면, 콜로디는 프리메이슨보다 아나키스트에 가깝다. 고양이와 여우는 우리를 지배하는 권력이 불가분하게 지닌 두 측면, '잔인한 폭력성과 기만' 그리고 경찰의 곤봉, 국가원수와 의회제도가 지닌 '허례허식'을 상징한다. 이러한 이유로 콜로디가 이 둘을 대문자로 표기했을 것이다. 만가넬리는 이 둘을 "순수한 잔인함"과 "아이러니한 야만", "살인자의 영혼"이란 단어로 표현했다.

인간 세계의 도시에 대한 풍자는 '거꾸로 된 유토피아'인 바보잡기 마을 이야기에서 드러난다. 이곳은 '교육적이고 환각적인' 도시다. 두 악당이 피노키오를 이곳으로 이끄는 까닭은 '최대로 유익한 여행'을 미끼로 피노키오가 볼 수 없는 것을 보여 주기 위한 것 말고는 다른 게 없다. 배고파서 하품하는 듬성듬성 털이 난 개들과, 털이 모두 깎여 추위에 떠는 양들, 벼슬 없는 닭

들, 날개를 팔아야만 했던 나비들이 한쪽에 있고 다른 쪽에는 거지 무리 한가운데 여우와 맹금류들이 탄 마차가 등장한다. 콜로디가 «다른 모든 들판과 다를 바 없는»이라고 한 것 외에 한 마디도 덧붙이지 않은 이 '기적의 들판'은 이야기 속 현실 세계에도 속임수가 벌어지는 성벽 바로 바깥에 있다. 이곳은 악당과 부랑자들의 빈약한 재산조차 영리한 부자들이 빼앗는 곳이다. 그리고 불쌍하고 어리석은 이들 중 하나인 피노키오가 구멍을 파고 금화를 넣고 흙으로 덮은 후 신발에 물을 떠 와 뿌린다.[199]

20분 뒤 피노키오가 금화를 거두기 위해 도시에서 돌아왔을 때, 또 한 번 너무나도 어리석은 말을 믿고, 교활한 사기꾼한테 속아 넘어갔다는 것을 이번에는 곤충이 아닌 앵무새가 깨닫게 해준다. 콩과 호박을 뿌려서 수확하듯 금화도 밭에 뿌리고 거둬들일 수 있다고 믿었던 피노키오를 조롱하는 존재가 앵무새다. 앵무새의 말은 피노키오가 지금까지 한번도 겪지 못한 깊은 슬픔, 절망에 빠지게 만든다.

'절망disperazione'은 어원에 의하면 '선善의 길로 나아갈 발이 없는 상태'다. 다시 말해 선한 방향으로 갈 의지를 상실한 것을 의미한다. 그리고 피노키오는 절망에 빠져 바보잡기 나라에 있는

---

199 부록, 287쪽.

법정에 가서 자신에게 강도짓을 한 두 악당을 고발하는 최악의 실수를 저지른다. 뒤에 나오는 판사들의 이상한 판결은 아마도 아나키스트 콜로디의 가장 기발한 발상일 것이다. 콜로디는 원숭이 판사에 대해 이렇게 묘사한다.

«나이 든 그 원숭이는 존경받을 법해 보였습니다. 그의 나이도 그랬고, 흰 수염도 있었거든요. 특히 알이 없는 금테 안경을 써서 더 그렇게 보였어요. 몇 년 동안 눈이 충혈되어 힘들었기에 계속 안경을 쓸 수밖에 없었습니다.»

이 원숭이 판사는 법정에서 행해지는 정의만큼, 맹목적인 판단이 얼마나 잔인할 수 있는지 풍자하고 있다. 판사는 꼭두각시가 어떻게 피해자가 되었는지, 악랄한 사기에 대한 사연을 친절하고 공감하며 들어주고 나서는 병정 옷을 입은 헌병들, 두 마리의 사냥개들에게 피노키오를 넘겨주며 이렇게 말한다.

«저 불쌍한 악마는 금화 4닢을 도둑맞았으니, 저자를 데려가서 즉시 감옥에 가둬라!»[200]

아마도 피노키오가 했던 다른 모든 모험을 합친 것보다도 더 긴 시간일지도 모르는, 감옥에서 보낸 매우 긴 4개월에 대해 우리는 아무것도 알 수 없다. 현실에도 이런 비슷한 사례가 많듯, 바보잡기 나라의 왕이 적국을 상대로 승리하고 이를 축하하고자

---

200 부록, 291쪽.

조명을 밝히고 불꽃놀이와 경마, 경주차 시합을 명하고, 더 큰 축하의 의미로 감옥을 열고 모든 죄인을 풀어준 것[201] 덕분에 피노키오의 옥살이가 끝난다. 바보잡기 마을에서 벌어진 일들은 피노키오 동화에 속하지 않고, 진정으로 인간 도시의 이미지를 재현한, 뒤집힌 거울 같은 풍자적 막간극을 이야기 중간에 삽입한 것이다. 이러한 이유로 매우 긴 넉 달, 어쩌면 4년이 될 수 있는 이 기간에 피노키오는 자신의 삶을 산 것도, 살지도 않은 것도 아니다.

감옥에서 풀려난 피노키오는 한 마리의 사냥개처럼 요정의 오두막을 향해 달려간다. 그리고 피노키오는 아마도 자신을 감옥으로 몰고 갔을 때와 같은 '절망' 때문에 비로소 아버지의 충고와 지시를 떠올리며 자신의 야생적이고 동화적인 본성에서 벗어나 스스로를 비난하기 시작한다.

«나보다 더 배은망덕하고 양심 없는 아이가 또 있을까?… »

이 시점에 피노키오의 길을 막는 녹색뱀은 피노키오의 이중적인 자기모순이 환각으로 구체화된 것이다. 배은망덕은 눈감을 수 있는데, '아이'라고 부르는 것은 정말 지나치다. 녹색 가죽에 불같은 눈, 뾰족한 꼬리에서는 벽난로 굴뚝처럼 연기[202]가 나오는 파충류 이야기를 밀교적 해석의 잣대로 본다면 구성이 상

201 부록, 292쪽.

202 부록, 294쪽.

당히 엉성해 보인다. 녹색뱀은 가장 반피노키오적인 작가인 볼프강 괴테의 책『독일 이민자들의 대화』에 수록한 동명의 동화 속 녹색뱀을 인용한 것으로 추정된다. 그러나 괴테의 뱀은 아치형으로 된 다리로 강을 건널 수 있게 하지만, 콜로디의 뱀은 꼭두각시가 «제가 지나갈 수 있도록 몸을 한쪽으로 조금만 비켜주시겠습니까?»라고 부탁하는 수준의 장애물이다. 이는 결국 둘이 비교할 가치조차 없다는 것을 보여 준다. 주석학자들은 분명 둘을 비교하는 게 어렵다고 할 것이다. 그리고 꼭두각시가 발을 헛디디고 크게 넘어져 두 다리가 공중에 뜬 신세로 진흙에 갇힌 건 장애물을 뛰어넘으려는 시도가 부질없다는 것을 의미한다. 꼭두각시가 땅바닥에 머리를 혹은 코를 박은 채, 두 다리를 허둥거리는 모습은 문자 그대로 뱀을 웃다가 죽게 만든다.

«웃고, 웃고 또 웃다가 결국에는 너무 많이 웃어서 가슴 정맥이 찢어져 이번에는 정말로 죽어 버렸답니다.»

이는 피노키오가 익살스러운 본성을 회복해야만 피노키오가 자신을 괴롭히는 환각에서 벗어날 수 있음을 보여 준다.

그러나 해방은 잠시뿐이다. 자기 과시와 죄책감으로 인한 환각은 말하는 귀뚜라미의 사촌 혹은 처남 격인 반딧불이에게서 구체화되기 때문이다. 반딧불이는 무스카토 포도 두 송이를 훔

치는 게 아니라, 얻으려고 밭을 쳐다보기만 한 피노키오를 비난한다. 피노키오가 농부들이 닭들을 모두 잡아먹는 커다란 족제비를 잡으려고 쳐 놓은 덫[203]에 빠진 것은 바로 이 순수한 욕구 때문이다.

이후 시작되는 모험을 만가넬리는 이렇게 정의한다.

"피노키오의 가장 어두운 모험 중 하나로 […] 피노키오 존재에 대한 도덕적이고 환상적인 주제가 미묘하게 절망적인 상황과 얽혀 서로 모순을 일으킨다."

여기서부터의 모험은 꼭두각시가 당나귀로 변한다는 것을 암시한다. 농부는 피노키오 목에 황동 스파이크가 박힌 큰 개목걸이를 걸고, 족제비로부터 닭장을 지키다가 그날 죽은 개 멜람포 대신 닭장을 지키게 한다. 족제비들이 《안녕 멜람포?》[204]라고 인사하는 부분에서 알 수 있듯, 피노키오는 이제 모든 면에서 개가 된 것이다. 그러나 멜람포와 달리 피노키오는 족제비 네 마리가 한 아무도 손해를 보지 않을 제안을 수락하는 시늉만 한다.

《암탉 일곱 마리는 우리가 먹을 거고 한 마리는 네게 줄게. 자는 척해서 농부를 깨우지 않는 조건으로 말이야.》

그리고 피노키오는 족제비가 무슨 짓을 벌이고 있다는 확신이 생기자, 짖기 시작한다.

---

203 부록, 197쪽.

204 부록, 299쪽.

«경비견처럼 멍멍멍멍 소리를 내 짖기 시작했어요.»

경비견으로 변한 피노키오는 왜 그랬는지 모를 정도로 갑작스럽게 정직해지고, 농부를 배신하지 않는다. 피노키오는 농부에게 «저는 이 세상의 모든 결점을 지녔을 꼭두각시 인형이지만, 정직하지 못한 사람들과 한패가 되어 꿍꿍이를 벌이지는 않는다는 것을 아셔야 해요!»라고 말한다. '아셔야 해요'가 보여 주듯, 문제가 되는 것은 오히려 피카레스크 정체성의 재발견과 그걸 깨닫게 하는 죽은 개의 은밀한 연대, 악과의 동조다. 피노키오는 결코 멜람포와 족제비 사이의 부당한 약속을 비난하지 않는다.

«개가 이미 죽었다는 것을 기억하면서, 바로 이렇게 혼자 중얼거렸어요.

"죽은 자를 비난하는 것이 무슨 소용이 있담? 죽은 자는 죽은 거고 가장 좋은 방법은 그냥 그렇게 내버려 두는 거지!…"»

그리고 이때 피노키오를 기다리는 건 죽은 파란머리 소녀와의 만남이다. 피노키오가 농부로부터 풀려나자마자, 익히 알고 있듯 역마살이 있는, 그래서 누군가는 '순회 다니는 인형'이라고 부르기도 한 꼭두각시는 엄청난 속도로 요정의 집을 향해 들판을 달려간다. 그러나 작은집 대신에 피노키오는 다음과 같은 가슴 아픈 말이 쓰여 있는 것을 발견한다.

«남동생 피노키오에게 버림받아

그 고통으로 죽은 파란머리 소녀가

여기 잠들어 있다.»

이 비문이 틀린 건 아니지만 기만적이고 오해의 소지가 있다. 어린 소녀가 더는 존재하지 않는다는 건 사실이더라도, 피노키오에게 요정이 죽었다고 믿게 하기 때문이다. 우리가 나중에 알게 되듯 요정은 결코 죽지 않는다. 피노키오는 «아, 나의 요정님, 왜 죽었나요?» 물어보는 것에 그치지 않고 그렇게 단정짓는다. 그리고 요정이 부활하기를 바란다.

«다시 살아나세요… 예전처럼 다시 살아 돌아오세요!.»

생사 구분을 할 수 없는 상황인데 영원을 주장하는 묘비가 있다는 게 선뜻 이해되지 않는다. 그리고 어린 소녀는 책에서 이제 다시 나타나지 않는다. 이 예상치 못한, 죽음의 출현으로, 피노키오는 스스로를 남동생이라고 정의하며 «아빠는 어디 계실까.»라며, 또 다시 너무나도 인간적인 감정에 몰두한다. 그리고 여기서 우리는 피노키오가 실제로 머리카락이 없다는 것을 알 수 있다.

«피노키오는 절망하여 머리카락을 쥐어뜯고 싶었지만, 머리카락이 나무여서 손가락을 집어넣고 쥐어뜯는 손맛을 즐길 수 없었답니다.»[205]

205   부록, 305쪽

한편으로 우리는 나무로 만든 그의 작은 눈이 눈물을 흘리며 외투 소매로 닦을 수 있다는 것을 여기서 알 수 있다.

피노키오를 제페토에게 데려다주겠다고 약속하는 칠면조보다 큰 비둘기는 '데우스 엑스 마키나'[206]로, 피노키오가 금세 그 존재를 잊어버렸을 요정에게 다시 데려다주는 역할을 한다. 그러나 비둘기의 진짜 임무는 피노키오를 책의 두 번째 파트인 바다에 바래다주는 것이다.

꼭두각시의 모험이 두 부분으로 나누어질 수 있다는 건 책에 명확히 드러나지는 않는다. 만가넬리 역시 이를 주목하지 않았다. 그런데 파기 출판사의 판본을 보면 118쪽으로 두 부분이 같은 분량으로 나누어진다. 앞부분에는 땅 위에서 모든 사건이 벌어지며 바다라는 단어는 결코 등장하지 않는다. 뒷부분은 '절벽 꼭대기에서'[207] 뛰어내리며 시작되는데, 이어지는 에피소드로 피노키오를 비밀리에 이끄는 게 바로 비둘기다.

육지와 바다는 법적으로 볼 때 상반된 효력을 지니고 있다는 걸 알고 있다. 육지의 분배, 할당, 명령 규범은 바다에서는 적용되지 않는다. 말하자면 바다는 '법의 테두리 밖에' 있다. 이것이 아마도 피카로 인형이 주저함이 없이 바다에 뛰어든 까닭이다.

«피노키오는 전부 나무로 만들어져서 쉽게 물에 떠올랐고, 물

---

206 데우스 엑스 마키나(deus   207 부록. 308쪽.
ex machina)는 라틴어로
'기계로 내려온 신'이라는
뜻이다. 이야기의 끝을 내거나
갈등을 해결하기 위해 갑자기
등장하는 사건을 말한다.

고기처럼 헤엄쳤습니다.»[208]

그리고 피노키오는 폭우와 우박, 천둥에도 불구하고 밤새도록 헤엄치다 새벽이 돼서야 육지를 발견한다.

«커다란 파도가 빠르게 밀려와 피노키오를 모래사장에 내던졌습니다.»[209]

제 갈 길을 유유히 지나가는 물고기로부터 제페토가 끔찍하게 삼켜졌다는 사실을 듣게 되었을 때, 피노키오는 그의 죽음을 알아보거나 슬퍼하는 대신 불현듯 이런 질문을 던진다.

«그 고래상어는 얼마나 큰가요?»

그리고 그 호기심이 충족되자마자 피노키오는 아빠에 대해 모든 걸 잊어버린다.

«서둘러 옷을 입고 돌고래를 돌아보며 말했습니다.

"안녕히 가세요, 물고기님. 성가시게 해드려 죄송했고, 친절하게 대해주셔서 감사드립니다."»

그리고 30분간 걸어서 모두가 할 일이 있고, 일하는 부지런한 '꿀벌 마을'에 도착한 피노키오는 재빨리 그곳이 자신을 위한 마을이 아니라고 외친다.

«나는 일하려고 태어난 게 아니야!»

배고픔에 시달리면서도 땀범벅이 될 정도로, 숨을 힘겹게 내

---

208 부록, 308쪽.

209 부록, 309쪽.

쉬며 석탄 수레 두 대를 끄는 남자가 피노키오에게 수레를 자신의 집까지 끌어달라고 하자 «나는 수레를 끌어본 적이 없어요!»라며 거절하고, 석회 덩어리를 나르는 벽돌공의 말도 무시한다.[210] 여기서 앞서 고백한 피노키오의 신념이 얼마나 진실한지 증명된다.

어쩌면 가장 정직한 감정 상태인 게으름도 나약해지는 순간이 있다. 피노키오는 결국 마음씨 착한 아가씨가 물동이 이는 것을 도와주고 그 대가로 콜리플라워 한 접시와 로졸리오[211]를 채운 설탕을 입힌 아몬드를 받는다. 한순간의 나약함은 먹었다기보다 거의 뱃속에 쏟아부은 후에 그 대가를 받는다. 두 번의 죽음 이후 '작은 아가씨'로 성장해 꽃양배추와 설탕에 절인 아몬드를 선물하는 파란머리 요정을 이제야 알아본 게 바로 보상이자 처벌이다.

«피노키오는 바닥에 무릎을 꿇고 신비로운 아가씨 무릎을 껴안은 채 엉엉 울었답니다.»

만가넬리는 이에 대해 피노키오와 요정이 인간의 양면에서 서로를 마주하고 있는 장면이라고 하며 둘 다 "반대편에서 인간성을 그리워하고 있다."고 했다. 둘은 분명 인간이라고 부를 수 없다. 그러나 둘 모두 매 순간 반쯤은 살아 있을 비인간적인 본성을 배제하고, 어이없게도 경계가 희미해지며 너무나도 인간적인

---

210 부록. 313쪽.

211 로졸리오(rosolio)는
알콜과 설탕, 물을 넣어 만든
이탈리아 주류의 일종이다.

모습을 보인다.

작은 아가씨는 거만하게도 자신을 엄마라고 한다.

«너는 내가 아이일 때 떠났는데 이제는 여인이 되었어. 너의 엄마 노릇을 할 수 있을 정도의 여인이 되었어.»

그러자 변절한 꼭두각시 인형은 «저도 다른 아이들처럼 엄마를 갖고 싶었어요.»라고 거짓말을 하지만 코가 길어지지 않는다. 피노키오의 무의식에서 나온 말이었기 때문이다.

그리고 피노키오는 사립이 아닌 '시립학교'에 다니게 된다. 이질적인 존재인 피노키오를 가장 먼저 인식한 건 같은 반 친구들이었다.

«학교에 꼭두각시 인형이 들어오는 걸 본 장난꾸러기 아이들이 어땠을지 상상해 보세요! 아이들은 끝도 없이 웃어댔습니다. 한 아이가 장난을 시작하자 다른 아이들도 장난치기 시작했어요. 어떤 아이는 피노키오의 모자를 뺏었고 어떤 아이는 피노키오의 외투를 뒤에서 잡아당겼고 어떤 아이는 피노키오 코 아래에 커다란 콧수염을 그리려고 했습니다.»

아이들이 다름을 이유로 피노키오를 놀리는 건 꼭두각시를 '내 아들'이라고 부르는 요정의 거짓말을 방증하는 것이다. 그리고 누군가가 진정으로 피노키오의 비인간적인 본성을 증명하기 위해 마치 마리오네트처럼 피노키오의 손과 발에 끈을 묶어 춤추게 했다는 게 그 확실한 증거다. 아마도 피노키오가 '학교 모든 아이의 존경과 동정'을 받은 건, 차별을 극복하려는 일종의 진보적이고 인본주의적인 행동을 한 것처럼 보였기 때문이다. 심지어 피노키오는 교사로부터도 칭찬받는다.

«선생님도 피노키오를 칭찬했어요. 피노키오가 집중도 잘하고, 공부를 열심히 하고 똑똑하고, 항상 학교에 가면 가장 먼저 와 있다가 학교가 끝나면 가장 늦게 일어났기 때문이죠.»[212]

끊임없이 스스로를 열등하거나 혹은 우월하다고 단정 짓는 사람의 가식적 행동은 오래 이어질 수 없다. 학교 친구의 꾐에 빠진 피노키오는 수업에 가지 않고 친구들과 함께 해변을 향해 다시 바다로, 산만큼 커다란 고래상어를 보기 위해 달려간다.[213] 그리고 아이들끼리 맞춤법책, 문법책,『지안네티노』,『미누졸로』을 던지는 다툼이 벌어지는데 여기서 콜로디는『피노키오의 모험』보다 10여 년 전에 출판한『지안네티노』와『미누졸로』[214]를, 다시 말하자면 아이러니하게도 자신의 책을 언급한다.『지안네티노』는 1880년에 콜로디가 쓴『지안네티노의 이탈리아 여행 Viaggio per l'Italia di Giannettino』를 재출간한 것이다. 이 책은 여행안내서로 아이들에게는 새로우면서도 영광스러운 조국이지만, 결

---

212 부록, 321쪽.

213 부록, 322쪽.

214 『지안네티노(Giannettino)』는 1876년에서 1890년까지 콜로디가 쓴 아동 동화 시리즈고, 『미누졸로(Minuzzolo)』는 1877년에 콜로디가 쓴 꼭두각시 이야기이다. 이 두 작품은 이후 출간될『피노키오의 모험』을 예고하는 작품이다.

과적으로는 누구도 모르는, 이탈리아의 알려지지 않은 면모를 알려주고자 '겸손하게'[215] 만들어진 책이다. 『미누졸로』는 주인공이 자신에게 미덕을 가르치고 싶어 하는 사람들을 조롱하고 결국 당나귀와 함께 도피하는 내용을 담은 책으로, 피노키오와 관련 있다. 이러한 작가의 자기 인용은 매우 조심스럽게 이뤄져 만가넬리가 눈치채지 못했다. 그러나 만가넬리는 피노키오를 시궁창에 뛰어들게 만드는 건 스스로를 해방하려는 '광란의 의지'라고 분석한다. 여기서 벌어진 난투극의 희생자, 전혀 죽지는 않았지만 《죽은 아이》라고 묘사되는, 피노키오 대신 희생된 아이는 산수책에 머리를 맞았다. 친구들이 겁에 질려 도망가는 동안에도 꼭두각시이기에 죽음을 받아들일 수 없는 피노키오는, 프롤로그에서 언급한 죽은 이를 향한 울부짖음을 연구한 인류학자 데 마르티노의 이론을 따르는, 불명확한 노랫말이 아니라 죽음을 반박하는 애도를 내뱉는다.

《에우제이노!… 불쌍한 에우제니오!… 눈 좀 뜨고 나 좀 봐봐!》[216]

우리가 알고 있는 경찰은 항상 둘이다. 이들은 《죽은 아이》라고 언급된 아이를 다치게 한 게 피노키오라고 비난하기 위해 등장한다. 무고한 꼭두각시가 모자를 입에 물고 도망치자, 경찰들

---

215 콜로디가 친구 귀도 비아지(Guido Biagi)에게 1882년 11월 4일 보낸 편지에 있는 내용이다.

216 부록, 328쪽.

은 '알리도로'라는 이름의 맹견을 뒤쫓게 하고, 이 추격전은 자연스레 바다에서 끝난다.

«마치 개구리가 뛰어오르듯 멋지게 뛰어올라 물속에 뛰어들었습니다.»[217]

알리도로는 이 책에서 세 번째 등장하는 개로, 메도로와 멜람포에 이은 '질서의 수호자'다. 피노키오는 바다에서 잘 버텼지만, 불쌍한 알리도로는 헤엄칠 수 없었다.

«눈은 겁에 질리고 당황해서 멍멍 짖으며 소리쳤어요.

"나 물에 빠져 죽어! 물에 빠져 죽어!"»

죽음에 대한 적대감에 충실한 피노키오는 아를레키노에 이어 두 번째 구출을 행하고, 알리도로에게 감사의 인사를 받는다. 하지만 계속 헤엄치던 피노키오는 결국 어느 녹색 어부의 그물에 걸려 온갖 모양과 크기의 물고기 떼에 휘말려 갇히게 된다.[218] 이 어부는 중세 영국 문학과 로마네스크 교회의 기둥과 문에 그려져 있는 '녹색 인간'이 구체화된 것이다. 무섭도록 거대한 이 녹색 인간의 전형은 이탈리아 라치오 지방 투스카니아Tuscania에 있는 산 피에트로 교회의 입면 장식에서 볼 수 있다. 『가원경과 녹색의 기사Sir Gawain and the Green Knight』에서 가원경[219]에게 도전하는 녹색 기사처럼 묘사한다.

---

217 부록, 332쪽.

218 부록, 334쪽.

219 가웨인(Gawain)은 아서왕의 조카이자 원탁의 기사 중 한 명이다.

«머리에는 머리카락 대신 녹색 풀이 무성했죠. 온몸의 피부, 눈, 길게 아래까지 내려오는 수염까지 모두 녹색이었어요. 그는 마치 뒷다리로 서 있는 커다란 도마뱀 같았습니다.»[220]

밀가루를 뿌린 대구, 숭어, 넙치, 농어 그리고 멸치가 있는 어부의 프라이팬에서 피노키오를 구해준 건 알리도로였다. 피노키오는 알리도로를 보고 구해달라고 소리친다.

«날 구해줘, 알리도로! 날 안 구해주면 튀겨질 거야!»

코를 찌르는 군침이 도는 튀김 냄새에 매료되었던 알리도로는 밀가루 뭉치를 낚아채서 살짝 물고는 동굴을 빠져나와 눈 깜짝할 새 도망친다.[221]

이때 피노키오는 햇살에 몸을 녹이고 있던 노인을 만나고, 그는 피노키오의 코가 세 번째로, 거짓말로 인한 것은 두 번째로, 길어지는 것을 목격한다. 피노키오는 노인에게 '공부하려는 의지도 강하고 말도 잘 듣고, 아빠와 가족도 많이 사랑하는 아들'이라며 갑자기 '가족'을 만들어낸다. 이는 피노키오가 자신에 대해 오해하지 말라고 노인에게 알려주는 것이자, 누명을 벗고자 자기방어 하는 것이다. 이야기 속에서는, 독자들은 이미 죽지 않았다고 생각하겠지만, 이미 다 나아서 집에 돌아온 에우제니오에게 책을 던져 다치게 한 것이 여기저기 쏘다니고 문제만 일으키

---

220 부록, 334쪽.

221 부록, 339쪽.

는 '못된 피노키오'라고 알려져 있다. 가족을 만들어내고 착한 아이라고 한 피노키오의 자기방어, 이 합리적인 거짓말은 코를 한 뼘 더 길어지게 만들었지만, 옷이 벗겨진 채 밀가루가 묻은 모습을 설명하려고 «저도 모르게 하얗게 칠해진 벽에 제 몸을 문질렀어요.»라고 하는 거짓말에는 코가 커지지 않고 그대로 있다.

만가넬리는 요정이 말한 거짓말의 일반 이론인 '다리가 짧은 거짓말과 코가 긴 거짓말이 있다'에 따르면 피노키오가 «저도 모르게 하얗게 칠해진 벽에 제 몸을 문질렀어요 […] 도둑을 만나서 몽땅 뺏겼어요.»라는 두 번째 거짓말이 첫 번째 범주에 속할 수 있다고 분석했다. 현재로선 만가넬리의 가설은 그대로 놔 두자. 피노키오는 만가넬리의 가설을 부정하고 마을을 향해 빠른 속도로 출발한다.

이 '마을'은 어디에서 유래한 것일까? 꼭두각시가 처음 꼬마요정의 집을 엿봤을 때, 녹음이 가득한 숲 가운데 눈처럼 하얀 작은 집[222]을 본다. 마을이 아닌 숲속에 있는 집이었다.

책에 나오는 많은 모순 중 하나가 바로 '시립학교'다. 즉 마을 혹은 시민들과 시장이 있는 마을이 있어야 한다. 그리고 그곳은 나중에 '착한 아이'가 된 꼭두각시가, 앞으로 벌어질 '좋은 소식'

222 부록, 270쪽.

을 축하하기 위해 요정이 준비한 아침 식사에 초대할, 초대장을 만들어 돌아다닐 마을 말이다.

어쨌든 그 마을은 존재한다. 피노키오가 '이미 어두운 밤'에 그곳에 도착하여 문을 두드리면 요정이 바로 문을 열어줄 것 같다고 생각하고 갔기 때문이다.[223] 30분 후 도착한 어느 집 꼭대기에 달린 창문과 머리에 작은 양초를 얹은 달팽이를 통해, 그 집이 마을에 있을 뿐 아니라 5층이라는 것을 알 수 있다. 그리고 또 30분 뒤에 나타난 달팽이의 모습은 '느림'에 대해 곱씹게 해준다. 이는 꼭두각시의 성급함과 분명히 관련이 있다. 달팽이는 5층에서 출입문까지 내려오는 데 9시간이 걸리고, 피노키오가 «서둘러줘 제발.»이라고 끈질기게 간청해도 달팽이는 «나는 달팽이야. 달팽이는 절대 서두르는 법이 없지.»라고 대답할 뿐이다.

책 전체 내용을 통틀어 피노키오는 다리가 짧지 않고, 수렵 강아지levriero나 토끼처럼 재빠르게 점프하여 어디든 갈 수 있는 존재로 그려진다. 들판을 걷지 않고 달리며, 친구들과 함께 고래상어를 보러 갈 때도 마찬가지다.

«피노키오는 무리의 가장 앞에 서 있었고, 발에 날개라도 달린 것 같았어요.»[224]

피노키오는 뭐가 그렇게 급했을까? 당연히 아이가 되고 싶어

223 부록, 342쪽.

224 부록, 323쪽.

서는 아니다. 오히려 성급함은, 정의할 수 없는 그의 본성과 생명체가 아니라는 그의 근본, 달팽이처럼 언제든 그 근본을 바꿀 수 없다는 것을 보여 주는 것이다. 다시 말해 이는 존재론적인 문제로, 특징이 아니라 '초월적 속성'과 관련 있다. 물론 성격과 초월적 속성이 분명히 구분될 때 해당하는 말이다. 앞에서 말한 달팽이의 문법을 따르면 피노키오는 '나는 내가 아니기 때문에 항상 서두른다'고 볼 수 있다.

만가넬리는 요정[225]이 배고픈 피노키오에게 주는 음식과 그걸 가져다주는 웨이터, 식사 장소를 제공하는 주방 사이에 매우 특별한 연결고리가 있다고 지적한다. 요정은 배고픈 피노키오에게 석고 빵, 골판지 닭고기, 석고로 만들어진 살구 네 알을 은쟁반에 담아 준다. 만가넬리 직전 내용과 비교하면서 "흰색 그리고 음식의 기능의 반전"이라고 부연했다.

"기름에 던져지기 위해 밀가루를 입었고, 밀가루를 입어서 석고 인형이 된 것 같았다고 한다. 이제 우리는 석고로 만든 빵을 쥐게 되었다. 피노키오가 받는 반사적 형벌 때문에 밀가루로 만들어져야 할 빵과 부드럽고 영양가 있는 밀가루가 꼭두각시를 더럽힌다. 음식처럼 준비한 석고는 결국 조롱이다."[226]

225 만가넬리는 여기서 파란머리 요정을 마녀(stregofata)라고 표현했지만, 한국 독자의 이해를 돕기 위해 '요정'으로 적었다.

226 만가넬리, 같은 책, 154쪽.

어쨌든 상심이 너무 커서인지 허기져서인지 피노키오는 이때 기절하고 만다. 다시 정신을 차리자 피노키오는 자신의 옆에 누워 있는 잔인한 요정을 발견한다. 요정은 «이번에도 너를 용서해 주마, 하지만 한 번 더 말썽을 피우면 큰 화를 당할 거야.»라고 익숙한 훈계를 한다. 이는 피노키오가 피카레스크적 본성을 일시적으로 멈출 것을 암시한다. 피노키오는 열심히 공부하겠다고 약속하고, 얼마나 남았는지는 알 수 없지만 '그해 남은 동안'이라고 자신의 말을 지켰다. 피노키오의 태도가 매우 훌륭하고 만족스럽다라고 판단한 요정은 «내일 드디어 네 소원이 이루질 것이야!»라고 알린다. 이때 피노키오가 «그게 무슨 말씀이세요?»라고 조심스럽게 물어본다. 이는 피노키오가 아버지와 어머니의 세계를 깨닫고 이 세계에서는 성급함보다 과묵함이 의미 있음을 이해하기 시작한 것을 뜻한다. 그리고 요정이 의심을 풀고 나무 꼭두각시가 아닌 '진짜 아이'가 될 것이라고 말하자, 콜로디는 즉시 '그러나'라는 표현을 빌려 피노키오가 즉각 그 반대의 계획을 실행하게 한다.

꼭두각시의 삶에는 항상 '그러나'가 붙는다. 이는 만가넬리가 언급한 것처럼 피노키오의 순종과 지혜가 그의 이야기와 모험과 양립할 수 없기 때문일 것이다. 피노키오가 착해지면 피노키오는 살지 않는 것이고, 이야기도 없고 아무 일도 일어나지 않는다. 콜로디가 '그러나'를 만들어내고, 아낌없이 등장토록 하는 것은 피노키오에게 삶과 죽음의 문제인 것이다. 그리고 성대한 축하 행사를 위해 근사한 아침 식사를 제공하면서도 피노키오의 곤경과 항상 은밀하게 연루돼서 그를 위해 길을 만드는 건 바로 요정이다.

이 시점에서 게임은 끝났다. 피노키오는 요정에게, 이제는 설명할 수 없는 곳인 마을을 돌아다니며 친구들을 초대할 수 있게 해달라고 허락을 구하면 된다. 초대할 친구 중에는 다행히 루치뇰로가 있었다.

«피노키오가 학교 친구 중에 유독 좋아하고 아끼는 친구가 있었는데 그 아이의 이름은 로메오였어요. 그러나 친구들은 모두 '루치뇰로'라는 별명으로 불렀는데, 그건 밤에 불을 켜는 새로 산 양초 심지처럼 빼빼 마른 모습 때문이었죠.»[227]

피노키오가 가장 좋아하는 친구의 별명이 '양초 심지'를 뜻하는 '루치뇰로'인 것은, 달팽이 머리에 연상시킴과 동시에 피노키오가 야행성 본능을 지니고 있다는 것을 뒷받침한다. 우리가 금방 알게 되듯, 루치뇰로는 학교 전체에서 가장 게으르고 장난을 많이 치는 소년인데 이런 까닭으로 피노키오가 그를 좋아했을

---

227 부록, 348쪽.

것이다. 예전 비잔틴인들은 스스로를 '로메이romei', 즉 로마인들이라고 불렀는데, 루치뇰로의 본명은 로메이의 단수형인 로메오Romeo이다. 그리고 이제부터 로메오는 비잔틴식으로 불리는 대신 별명으로 불리게 된다. 피노키오가 얼마나 루치뇰료를 좋아했는지는 알베트로 치오초Alberto Cioci가 쓴 『피노키오의 친구, 루치뇰로Lucignolo, l'amico di Pinocchio』에 잘 설명돼 있다.

루치뇰로가 등장한다는 건, 피노키오가 당나귀로 변신하는 장난감 나라로 가게 되고, 이야기 속 가장 놀랍고 유명한 모험인 고래상어 뱃속 에피소드가 시작된다는 걸 의미한다. 사실 루치뇰로는 '축복받은 나라'로 데려다줄 수레를 기다리고 있었다.[228] 루치뇰로는 이곳을 이렇게 설명한다.

«목요일에는 학교에 안 가지. 그런데 일주일은 목요일 여섯 번과 일요일 한 번으로 되어 있는 곳이야. 그리고 가을 방학은 1월 1일에 시작해서 12월 말에 끝나.»

마음이 점점 약해지는 꼭두각시를 설득하는 데에 그리 오래 걸리지 않았다. 그러나 앞에서 늘 그랬듯 콜로디는 몇 가지 장치를 이야기 속에 심어서 신중하지 못한 꼭두각시가 제시간에 탈출할 수 있도록 돕는다.

피노키오는 «모기 소리처럼 작고 희미하게 방울 소리와 나팔

228 부록, 348쪽.

소리가 들려왔어요!»[229]라고 알리며, 어둠 속에서 조금의 소음도 나지 않고 멀리서 움직이는 작은 불빛을 보게 되는데 그게 바로 '헝겊과 넝마'로 싸인 바퀴 달린 마차라는 것을 알게 된다.

«열두 쌍의 당나귀 행렬이 마차를 끌고 있었는데 [⋯] 어떤 당나귀는 덩치가 크고 어떤 당나귀는 회색, 또 다른 당나귀는 흰색, 그리고 후추와 소금을 섞은 것 같은 회색 그 외에도 노란색과 파란색 커다란 줄무늬가 있는 당나귀가 있었어요.»[230]

회색, 노란색과 파란색은 체리 할아버지의 가발과 옥수수죽 할아버지의 가발 그리고 요정의 머리 색을 연상시킨다. 만가넬리는 이를 짚어냈지만, 피노키오는 알아채지 못했다. 꼭두각시 인형은 심지어 당나귀가 사람이 신는 흰 소가죽 부츠[231]를 신고 있었다는 것도 인식하지 못했다. 헝겊을 감은 한밤의 고요함 속에는 밀교적이고 미묘한 운명이 피노키오를 기다린다. 하지만 무엇보다도 불길한 건 마차를 끄는 마부의 모습이다.

«키가 크기보다는 버터 덩어리처럼 넓은 어깨의 사나이로, 로즈 애플처럼 작은 얼굴에, 항상 웃는 작은 입으로 집주인의 마음을 사려는 고양이처럼 애교 섞인 목소리를 내는 덩치가 작은 남자였지요.»

유대 신비주의에서 마차, 즉 '메르카바merkabah'는 가장 고귀

---

229 부록, 352쪽.

230 부록, 354쪽.

231 이탈리아어로 '짐승의 발'과 '사람의 발'은 다른 단어로 쓰는데, 콜로디는 여기서 '당나귀의 발'을 '사람의 발'로 표기하였고, 아감벤은 이를 언급하고 있다.

하고 황홀한 계시이며, 그 신비는 '세 사람도, 두 사람도, 한 사람도' 알 수 없어야 하는 은밀한 것이다. 그러나 피노키오는 루치뇰로가 '진짜 낙원'이라 말하는 유토피아적이고 행복한 왕국에 간다고 착각했으며, 이 둘은 그들이 알아채야 하는 불길한 단서에 주의를 기울이지 않는다. 그리고 피노키오가 당나귀 등에 올라타려고 하자, 당나귀는 피노키오를 발로 찬다.

«당나귀가 몸을 휙 돌려서 주둥이로 배를 차서 공중으로 날려 버렸어요.»[232]

당나귀가 피노키오를 내팽개치는 장면은 이후에도 수차례 나오는데, 그때마다 이 작은 버터 마부는 괴물, 오우거의 본성을 드러내며 당나귀 귀의 절반을 한입에 물어뜯어 버린다. 피노키오가 겨우 등에 올라타자, 말하는 귀뚜라미의 훈계를 반복하듯 '잘 알아듣기 어려운 목소리'가 이렇게 말한다.

«가엾은 녀석! 너는 네 마음대로 하고 싶었겠지만, 곧 후회하게 될 거야!»

그러나 얼마 지나지 않아 파트로클라스의 죽음을 애도하는 신성한 아킬레스[233]처럼, 당나귀는 '진짜 아이처럼' 울고 슬퍼하기 시작한다.

운명의 마차가 동이 트는 새벽이 되어서야 도착한 장난감 나

232 부록, 356쪽.

233 파트로클로스 (Patroklos)와 아킬레우스는 트로이 전쟁 신화에 나오는 인물들로 둘은 절친한 친구 사이다.

라는 말 그대로 놀거리만 가득한 나라다.

《이곳은 세상 어떤 나라와도 달랐습니다. 전부 아이들뿐이었죠. 가장 나이가 많은 아이가 14살, 가장 어린아이는 8살이었지요. 거리는 정신이 하나도 없을 만큼 떠들썩하고 활기가 넘치고, 고함이 가득했고, 아이들 천지였어요. 아이들은 누구는 호두를, 누구는 딱지를, 누구는 공을, 누구는 자전거를, 누군가는 나무말을 타고 놀았지요. 어떤 아이들은 술래잡기했고, 광대처럼 옷을 입고 불붙는 헝겊을 먹는 아이도 있었습니다. 연극 놀이하는 아이, 노래 부르는 아이, 공중제비 도는 아이, 손을 땅에 대고 다리를 공중에 띄우는 아이, 물구나무 서는 아이, 굴렁쇠 던지는 아이, 호일로 만든 투구를 쓴 장군 복장을 한 아이, 종이로 만든 기병대 옷을 입은 아이도 있었습니다. 아이들은 웃고, 소리를 지르고, 친구를 부르고, 휘파람을 불었지요. 암탉이 알을 낳는 모습을 흉내 내는 아이도 있었어요. 귀가 먹지 않으려면 귀에 솜을 넣어야 할 정도로 시끄럽고 소란스러운 광란의 아수라장이었습니다. 모든 광장에 아침부터 저녁까지 천막 극장이 있었고, 아이들로 북적거렸죠. 집의 모든 벽에는 다음과 같이 숯으로 쓰여진 멋진 글귀가 있었어요. '장난깜 만세!'(장난감이 아니라) '우리는 더 이상 핵교를 원하지 않는다'(학교가 아니라) '우리는 신수를 내려

났다'(산수가 아니라) 등 이런 종류의 글들이었습니다.»[234]

구석구석, 매 순간에 이렇게 유희가 스며든 건 시간의 흐름을 느끼지 못하게 만들었고 어떤 변화를 가져왔다.

«끊임없이 놀고 오락을 즐기는 가운데 몇 시간, 며칠, 몇 주가 쏜살같이 지나갔어요.»[235]

놀이에 푹 빠지니 시간은 빨리 흘렀고 달력은 눈 깜짝할 새 넘어간다. 루치뇰로 말처럼 당시 학교가 쉬는 날이었던 목요일이 여섯 번, 일요일이 한 번으로 한 주가 바뀐 것이다. 휴일과 평일의 구분은 피노키오가 즐거울수록 점점 희석돼, 더는 요일과 시간을 구분할 수 없는 무한한 휴일로 바뀐다.

루치뇰로의 말을 진지하게 살펴볼 필요가 있다. 우리는 달력이, 민족학자들과 종교역사가들이 '새해 의식'이라고 부르는 복잡한, 일련의 관례적 행사의 결과물이라 걸 알고 있다. 이 새해 의식은 콜로디가 말하는 난리통 혹은 난장판처럼, 바카스적인 무질서, 모든 부류의 방종, 사회 위계질서의 전복을 특징으로 한다. 그러나 장난감 나라에서 벌어진 '광란의 아수라장'과는 달리 시간을 재정비하고 달력의 넘기는 것을 목적으로 한다. 이러한 의식과 달력은 기능적 관계가 매우 밀접한데, 이에 대해 레비스트라우스Lévi-Strauss는 "의식은 여행 순서를 고정하는 것처럼 달

---

234 부록, 359쪽.

235 부록, 360쪽.

력의 한 바퀴를 고정한다. 한 바퀴가 반복되면 의식은 그 기간을 다시 불러온다."고 하며 "의식의 적절한 기능은 […] 경험의 연속성을 보존하는 것이다."[236]라고 덧붙였다.

이제 우리는 루치뇰로가 의미하는, 놀이와 의식 사이의, 그리고 장난감 나라와 경험의 연대기적 순서 사이의 역학관계를 가설로 세울 수 있다. 둘 다 달력, 시간과 밀접하지만, 의식이 달력의 특정 날짜에 벌어지도록 구조화해 버리면, 놀이는 오히려 달력 본연의 기능을 파괴하고 혼란하게 한다. 그리고 '고정된 달력'이 신성함의 구현과 관련 있다면, 정반대로 놀이는 해체, 비움과 연결고리가 있을 것이다.

우리가 알고 있는 놀이 대부분은 고대의 관습, 이를테면 의례와 춤, 종교적 의식에서 파생된 것으로 어떤 식으로든 신성한 영역과 연결되어 있다. 공놀이는 신들이 태양을 차지하기 위해 싸웠던 신성한 행동을 재현한 것이고, 회전목마는 고대에 행해진 혼례 의식이었으며, 도박은 신탁神託의 관행에서 파생되었고, 팽이와 체스판은 원래 신성한 도구였다. 놀이에 속하는 모든 것, 피노키오와 루치뇰로를 즐겁게 하는 모든 장난을 포함한 모든 놀이는 한때 신성한 영역에 속했다. 그러나 놀이의 특별한 기능과 그와 연관된 주술은, 의식과 신성화된 대상이 종교적 색채를

236 레비 스트로스(Levi Strauss)의 『신화와 망각(mythe et oubli)』에 나온 내용을 인용하고 있다.

잃으면서, 불경스럽게도 즐거움의 대상으로 전복된 것이다. 뱅베니스트[237]가 말했듯, 역사를 논의하는 신화와 그것을 재현하는 의식의 결합을 통해 '신성함'의 의미가 정의된다면, 놀이는 이러한 결합을 깨고 우리에게 '신성함'의 본질을 곱씹게 해준다. 꼭두각시 이야기처럼 의식의 효능에 대한 모든 가식을 버린 것, 한편으로는 권위를 강조하지 않는 것이다. 그래서 만가넬리가 알고 있듯, 피노키오 이야기에 숨겨진 의미를 찾거나 입문자에게 공개해서는 안 되는 교리와 가르침을 찾아서는 안 된다. 장난감 나라는 사람들이 아침부터 저녁까지 의식을 행하고, 물건을 만지고, 신성한 규범을 완수하는데 바빠, 그 의미와 목적을 기쁜 마음으로 잊어버린 곳이다. 그리고 이 '행복한 망각'으로 인해 이들은 달력의 숫자와 연결된 신성함에서 벗어나 시간, 하루, 한 주가 '쏜살같이'[238] 흐르는 다른 차원의 시간으로 들어간다. 어느 시점에 콜로디가 이 거대한 아수라장이 5개월이나 이어졌다고 말한 것은, 그가 망각에서 벗어났기 때문이다. 피노키오나 루시뇰로는 그러지 못했지만.

콜로디는 장난감 나라를 언급할 때 두 차례나 낙원을 의미하는 '쿠카냐cuccagna'라고 말했다. 이곳을 환락의 경지를 의미하는

237 에밀 뱅베니스트(Émile Benveniste)는 프랑스 언어학자다.

238 원작에는 '고래같이(come baleni)'라고 쓰여 있다.

코카인cockaigne, 게으름뱅이의 천국 쉴랄라펜란트schlaraffenland, 베고디bengodi[239]라고 부르든, 피렌체나 빈과 프라하 사이에 있든, 구체적인 장소가 아예 없는 곳이든, 어쨌든 모든 유토피아와 마찬가지로 정치적인 함의를 내포한다. 포도나무에 소시지가 열리고, 우유 강이 흐르고 나무에 마졸리니, 모르타델라 치즈가 있고, 비가 오면 고기육수가 쏟아지는 곳 말이다. 사람들은 닭 스프에 마카로니를 먹는 것 외에는 아무것도 하지 않고, 하늘에서는 사탕 우박이 쏟아진다.

그림형제의 동화 『쉴랄라펜란트』처럼, 피노키오가 '쿠카냐'에 있던 시절, 로마에는 가느란 비단실에 매달려 있는 라테란궁에 교각을 둘로 쪼갤 수 있을 정도로 날카로운 칼이 있었다.[240] 다른 유토피아들과 비교할 때 이 꿈나라가 유독 문제가 되는 까닭은, 통제하기 어렵기에 무제한적인 자유가 주어진다는 점과 장난을 즐기고 달력을 무시할수록 무조건적 행복에 더욱 가까워진다는 점 때문이다.

아이들이 끊임없이 파괴하고 해체하는, 친숙하면서도 불안의 대상인 장난감은 다른 세상과 다른 시간대를 증언한다. 한때 그랬지만 이제는 아닌, 신성하거나 혹은 경제적으로 유용한 영역

239 『데카메론』에 등장하는 낙원을 말한다.

240 그림형제의 158번째 동화 「Das Märchen vom Schlaraffenland」는 "상상의 나라가 있던 시절에 나는 로마에 가서 가느다란 비단실에 매달려 있는 라테란궁을 보았다. 빠른 말보다 발 없이 더 빨리 달리는 사람도 있었고, 커다란 다리를 둘로 쪼개는 날카로운 칼도 있었다."로 시작한다.

에 속했던 것을 증명한다. 동화의 '옛날옛날에'라는 표현은 질투심이 불타오르는 장난감이 홀로 간직하고 있는 특별한 시간 경험을 여는, '열려라 참깨' 같은 주문이다. 여기서 장난감은 사용 대상도, 상품도, 기록 문서도, 기념비도, 골동품도 아니다. 연대기에서 벗어나 있다. 성스러운 행사뿐 아니라 의례적이지 않은 경제적인 영역까지, 모든 부분에서. 단, '한때'와 '이제는 아닌'이 동시에 존재한다는 것에 주목한다면, 두 시간대의 놀이 순간은 완벽히 일치한다. 따라서 피노키오에게는 지치지 않고 반복할 수 있다는 장점이 있다. 피노키오는 «정말 멋진 나라다! 멋진 나라야… 정말 멋진 나라…!»[241] 라고 하고 루치뇰로에게 «너 마음이 참 넓다.»[242]라며 애정을 담아 포옹한다. 장난감은 아주 작은 것일지 모르지만, 그 장난감을 손에 쥐고 있는 사람에게는 장난감을 쥐기 전과 후, 과거와 미래 등 시간 개념을 넘어 어디서나 영원히 확장되는 '지금'이 존재하는 것처럼.

달력 규칙도 무너지고, 이성적이지 않은 세상에서도 피노키오는 자신만의 '그러나'를 만들어내야 한다. 그게 목요일이든 일요일이든. 아무튼 어느 날 아침, 피노키오는 상쾌한 기분을 망치는 '불쾌하고 놀라는 일'에 마주하게 된다. 쿠카냐의 땅에서 보

241. 부록, 353쪽.

242. 부록, 360쪽.

낸 5개월은 꼭두각시 우화(다른 토스카나 작가가 말한 것처럼 '삶이 아니라 삶의 우화')의 중심축인 당나귀 변신 에피소드로 이야기 전개가 절정에 다다른다. 그날 아침, 이제 더는 어느 날 아침이 아닌 '그날 아침', 머리를 긁적거리던 피노키오는 '놀랍게도 귀가 한 뼘 이상 자랐다.'[243]고 한다. 여기서 콜로디는 꼭두각시 인형은 아주 어릴 때부터 귀가 작았다고 언급하지만 우리는 제페토가 귀 만드는 걸 잊어버렸다는 사실을 알고 있으므로, 여기서 작가의 주장은 모순에 빠진다. 따라서 이미 시작할 때부터 길었던 코가 자라는 것과 달리, 귀가 커지는 건 존재하지 않았던 것을 늘리는 것이기에 두 배로 황당할 수밖에 없다. 어쨌든 피노키오는 즉시 거울을 찾으러 가는데, 여기서 우리는 거울, 등기사무소, 주민등록증도 없는 이 멋진 나라의 사람들이 자기 모습을 보기 위한 거울 하나조차 없다는 것을 알게 된다. 그래서 피노키오는 자신을 보기 위해 물 한 그릇을 채운 다음에야 거대한 당나귀 귀가 달린 자신의 모습을 보게 된다.

꼭두각시는 절망에 빠져 위층에 사는 멋진 마멋을 소환하고, 그를 이웃사촌이라 부른다. 여기서 만가넬리는 장난감 나라에 아이들만 사는 게 아니라 마치 삶조차도 놀이의 한 부분인 것처럼, 다른 동물들이 살고 있다는 제법 타당한 이야기를 한다. 그

243   부록, 361쪽.

리고 예전에 의사였는지, 아니면 말하는 귀뚜라미가 보낸 스파이나 심부름꾼인지 모를 마멋이 오른발로 맥박을 잰 다음 피노키오에게 불행히도 심한 열이 있다며, 이는 '당나귀 열병'이라고 진단한다. 그리고 두세 시간 후면 수레를 끌고 양배추와 채소를 시장에 나르는 짐승들 같은 진짜 당나귀로 변한다고 말해준다. 이로써 이 멋진 나라에도 시간과 연대기 개념이 확립된 것이다. 달력과 함께 경제 관념도 다시 생겨나고 옳고 그름의 개념도 역시 되돌아오는 것 같다. 이때 피노키오는 죄를 지은 아담처럼, 루치뇰로의 넓은 아량을 핑계로 잘못을 빌려고 한다.

《근데 내 잘못이 아니야. 잘못은, 내 말 믿어줘, 마멋아. 전부 루치뇰로 탓이야.》[244]

절망이 진짜든 가짜든, '그러나'는 그리 오래가지 못한다. 귀를 가리기 위해 면으로 짜여진 모자를 쓴 꼭두각시가 즉시 루치뇰로 집을 찾아가자 그 역시 커다란 면 모자를 집어 머리에서 코끝까지 내렸다. 키오스트리와 마잔티의 삽화에서 이 장면은 콤메디아 델라르테 속 풀치넬라처럼 그려졌다. 피노키오가 루치뇰로와 함께 모자를 벗을 때 당나귀로 변하고 있는 것을 확인하게 해 준 둘의 모습은 결국, '살아 있지 않음'의 진정한 의미를 이해하는 열쇠다. 콜로디 역시 다음과 같이 설명하며 기이함을 강조한다.

244 부록. 363쪽.

«그리고 믿을 수 없는 장면이 펼쳐졌어요. 피노키오와 루치뇰로는 같은 불행에 시달리고 있는 서로를 보자 불행하거나 슬퍼하는 대신 커다래진 두 귀를 쫑긋거리기 시작했고, 수없이 귀를 움직이다 결국엔 웃음을 터트렸습니다. 웃고 또 웃었지요. 이들은 웃고 웃었고 몸을 지탱하기 어려울 정도로 웃어댔어요.»[245]

이 장면에 대해 만가넬리는 "변화의 비극, 그 자체가 조롱으로 변질되는 것"이라고 했다. 불행과 절망은 여기서 잠시 행운과 희망으로 바뀐다. 적어도 피노키오에게는 그럴 것이다. 꼭두각시가 아닌 인간 소년인 루치뇰로의 운명은 다를 것이지만.

이후 둘은 바닥에 몸을 굽히고 네 발로 걸으며 방을 돌아다니기 시작한다. 팔이 발이 되고 등은 검은색이 드문드문 섞인 밝은 회색 털로 뒤덮이는 장면을 상상하면 읽는 이는 주체할 수 없이 웃음을 뿜을 수밖에 없다. 콜로디는 '가장 추악하고 굴욕적인 순간이 뒤에서 꼬리가 돋았다는 것을 느꼈을 때'라고 하며 이를 설명하는 장면에서 수치심과 굴욕감을 암시하려고 최선을 다해 시도해 보지만, 실상은 이 때문에 더 우스꽝스럽다. 통곡하는 소리 대신 둘은 당나귀 소리를 냈고, 크게 울어댄다. 이는 비극적이고 엄숙하고 단호한 부정을 의미하는 합창이 아니다. 희극이나 풍자극처럼 조심스럽게 고개를 끄덕이며 공감하고, 유쾌함이 피어

---

245 부록, 366쪽.

BONGINI
Firenze

C. Chiostri

오르는 합창이다.

　당나귀로 변한 아이들을 시장에 팔아 '백만장자'가 된, 나쁜 괴물로 변한, 우유와 꿀만 먹는 버터 마부는 이제 경제적 주체로 등장한다. 앞에서 설명한 신성함과 경제적 존재의 연관성을 대입해 보면, 이 마부는 두 번째 모험에서 꼭두각시를 이끄는 밀교 전수자mystagogue이기도 하다. 마부는 루치뇰로를 농부에게 팔아 넘기고 어떻게든 피노키오를, 본래 소명에 맞게끔 다른 동물들과 함께 뛰고 춤추게 하고, 광대 공연과 줄타기 묘기를 시키기 위해 서커스단장에게 넘긴다. 콜로디가 분명히 염두에 두었을 아풀레이우스가 쓴 파불라 밀레시아[246]류의 소설에서도 루키우스는, 포티스가 실수하여 새가 아닌 당나귀로 변하게 된다. 그리고 갑자기 피노키오처럼 당나귀로 변했을 때, 그는 귀가 헤아릴 수 없이 커지고 털이 많아지는 걸 느꼈다. 루키우스는 결국 상인에게 팔려 극장으로 보내진다. 이후 도둑 일당에게 납치된 루키우스는 절도와 사기를 일삼는 중국인 갱단에 되팔린다. 이들은 자신을 시리아 여신의 사제라고 속이고 루키우스가 신의 인형을 등에 지고 다니도록 강요하는데, 이는 모험을 마무리짓는 이시스[247]의 입문을 알리는 일종의 복선이다.

　물론 콜로디가 『황금 당나귀』에 관심을 보이는 또 다른 중요한

246　파불라 밀레시아(fabula milesia)는 고대 그리스와 로마 소설, 우화, 민담 등에서 에로틱하고 자극적인 사랑과 모험 이야기를 그린 장르를 의미한다. 스페인으로 파불라 밀레시아는 '음담패설' 혹은 '부도덕한 이야기'를 뜻한다.

247　고대 이집트 신화에 나오는 여신으로 아홉 주신 중 하나다. 『황금당나귀』에도 등장한다. 실수로 당나귀로 변한 주인공 루키우스가 이시스 사제가 가져온 장미꽃을 먹고 원래대로 돌아오고, 이집트 종교 사제로 삶을 살아가면서 끝난다.

이유가 있을 수 있다. 아풀레이우스는 별 다른 이유 없이 어떤 면에서는 모든 동화의 원형이자 상징이라고 볼 수 있는 큐피드와 프시케의 우화를 소설에 심었다.

"옛날옛날에 왕이 있었어요."[248]를 처음 쓴 사람이 바로 아풀레이우스다. 질투심 많은 자매와 누구인지 알 수 없는 남편을 숨기는 호화로운 궁전의 모티브를 조율하는 인물의 등장과, 여인이 요정과 동물의 도움으로 세 가지 불가능한 시련을 통과하는 플롯을 고안한 것 역시 아풀레이우스이다.

"그래서 프시케는 큐피드와 정식으로 결혼했고, 시간이 지나자 큐피드와 프쉬케 사이에 '볼룹타스Voluptas, 쾌락과 희열의 여신'이라고 부르는 딸이 태어났다."[249]

즉 주인공들의 '정식' 결혼으로 끝나는 동화는, 이런 이야기 전개를 차용한 피노키오 이야기와 미약하게나마 관련 있을 수 있다. 그게 우화 또는 밀레시아든, 어쨌든 신비를 다룬다는 측면에서 말이다. 우리가 아는 모든 우화는 신비를 숨기지 않고 환상적으로 그려낸다. 그런 의미에서 피노키오가 당나귀로 변한 것은 루키우스의 상황처럼 분명한 주제가 정해져 있지 않더라도 신비롭다.

---

248 『변형담』의 4장 28절은 "Erant in quadam civitate rex et regina⋯."로 시작한다.

249 『변형담』, 6장.

「신비를 운반하는 당나귀Asinus portans mysteria」는 1508년 베네치아의 알도[250] 출판사에서 출간된 『아다지아』[251]에 실린, 네델란드의 인문주의자 에라스무스Erasmus가 수집한 민담 중 하나다. 그러나 민담에 대한 남다른 애정이 있는 에라스무스조차 이 책의 긴 서문에서 민담을 우화와 수수께끼 사이에서 명확하게 구분하지 못하고 혼동하는 것처럼 보인다. 이는 아마도 에라스무스가 민담이 엘리우시스 밀교의 신비와 유사하다고 결론 지었기 때문일 것 같다. 신비를 짊어진 당나귀에 관한 민담은 이러한 관점에서 특별한 의미를 지니며, 어떤 식으로든 모든 속담과 신비의 상징 또는 암호가 된다. 마치 가장 미천하고 우스꽝스러운 동물인 당나귀가 신비로운 의식을 위해 가장 고귀한 것을 짊어진다고 표현하는 민담처럼. 당나귀에 대한 민담은 '민담에 대한 민담'이고, 실체적 신비를 지닌 민담은 일종의 당나귀로도 볼 수 있다.

에라스무스는 이 민담의 기원과 의미를 설명하기 위해 아리스토파네스의 『개구리』 159절[252]에 등장하는 한 인물이 외치는 대사를 예로 든다.

"신이시여, 나는 신비를 짊어진 당나귀, 하지만 더는 짊어질 생각이 없습니다."

---

250 알도 피오 마우리치오 (Aldo Pio Manuzio) 출판사는 베네치아에 1452년에서 1515년까지 영업했다. 유럽 최초의 근대적 출판사였다. 이탤릭체 등을 최초로 도입했고, 출판에 관한 여러 혁신을 통해 오늘날까지 영향을 미치는 다양한 인쇄기술을 발전시켰다.

251 『아다지아(Adagia)』는 에라스무스가 고대 그리스 라틴어 속담에 주석을 단 책이다.

252 『개구리(Βάτραχοι)』는 아테네의 극작가 아리스토파네스(Ἀριστοφάνης)가 쓴 희극으로 기원전 405년 첫 공연됐다.

스콜라 철학자들에 따르면 이 민담은 엘레우시스 밀교 의식을 진행하는데 필요한 모든 물자를 당나귀가 운반하던 관습에서 유래했다고 한다. 여기에 주석을 단 에라스무스는, 이 민담이 남의 위해 일하면서 어떤 이익도 받지 못하고 괴롭힘만 당하는 사람들, 즉 합법적으로 자신이 먹을 수 없는 음식을 남에게 가져다주는 사람을 뜻하는 것이라고 한다. 또 에라스무스는 아풀레이우스의 소설을 인용하면서, 흥미롭게도 주인공의 어리석은 '변태'를 작가 자신의 탓으로 돌린다.

"그가 세레스 여신의 (주위를) 맴도는 당나귀인 척할 때, 이 아풀레이우스를 언급하는 것 같다."

사실 소설에서 불길한 주문으로 인해 당나귀가 된 루키우스는, 온갖 고생을 겪으며 책의 마지막 에피소드, 11장 전체를 관통하는 한 사건, 장미 한 다발을 먹은 후 인간의 모습을 되찾고, 세레스, 비너스, 프로세르핀을 포함하여 많은 이름으로 불리지만 실제로는 고대 이집트 신화에 나오는 이시스 여신의 신성한 신비에 입문한다. 따라서 에라스무스가 제안한 건 그가 당나귀의 모습으로 있는 동안 루키우스와 아풀레이우스가 여신과 관련 있고, 비록 그가 혜택을 받지는 못했더라도 어떻게든 그녀의 '신비를 운반했다'는 것이다. 그리고 그 당나귀는 이야기 도중 갑자기 창조된 캐릭터가 아니라, 아풀레이우스 본인이 당나귀가 된 것, 즉 자신이 곤경에 처한 것을 의미한다.

에라스무스가 구체적인 이름을 밝히지 않은 출처 중 하나는 서기 3세기 그리스 작가 바브리우스[253]의 우화다. 이 우화는 당나귀가 이시스 여신상을 등에 짊어지자 사방에서 몰려든 신도들이 여신 앞에 무릎을 꿇는 걸 보고, 자신이 명예롭다고 착각하고 교만해지다가 마부가 큰소리로 채찍질을 하며 "이 당나귀야, 너는 신이 아니야. 너는 단지 신을 운반할 뿐이야non es Deus tu, aselle, sed Deum vehis."라고 외친다는 이야기다. 신비를 운반하는 당나귀는 신비의 혜택을 받지 못할 뿐 아니라 자신이 신비를 운반하고 있다는 사실조차 깨닫지 못한다.

그런 의미에서, 피노키오는 신비를 짊어진 당나귀이기도 하다. 원래는 카프카 소설처럼 단순히 『변신Metamorfosi』이라는 제목이었는데, 성 아우구스티누스[254] 덕에 『황금 당나귀』라는 제목으로 불리는 아풀레이우스의 작품처럼, 마법으로 인해 동물로 변한 사람들은 인간의 의식을 그대로 유지한 채 인간이자 동물로 살고 있으며, 모든 사람 눈에는 돼지나 당나귀에 불과하지만, 인간으로서 자신의 삶을 이어가며 신비를 어깨에 짊어지고 살아가는 존재다. 우리가 읽었듯, 별개의 두 의식이 평행세계에서

---

253 바브리우스(Babrius)는 고대 로마 시대 활약했던 인물로 그리스어로 자신의 우화집을 집필한 작가다.

254 성 아우구스티누스는 『신국론(De Civitate Dei)』 18장 18절에서 아풀레이우스의 『황금 당나귀』를 언급한 바 있다. 원제는 『변신』이었는데 그 덕에 대중적으로 『황금 당나귀』로 불리게 됐다.

분리되고 몽유병에 시달리는 장면에 신비가 부여된다. 동물로의 변태는 신성한 초월적 세계에 의식이 다가가도록 하지만 동시에 이를 인지하지 못하게 한다. 우리가 당나귀로 변하더라도, 여전히 인간의 방식으로 추론하고 우리에게 일어나는 일의 의미를 이해하지 못하기 때문이다. 당나귀 관점에서 본다면, 자신의 어깨에 짊어진 여신처럼, 인간이란 존재로서의 신비를 인식하지 못한다. 이 변신의 이중성은 진정한 독서란 무엇인지 그에 관한 패러다임을 제시한다. 책을 읽으면서, 피노키오와 함께 우리는 곤경에 처하고, 미쉬킨 왕자[255]처럼 바보가 되기도 한다. 즉 책을 읽으며 우리 자신을 등장인물과 동일시 하기도 하지만, 의식 어딘가에는 원래 우리의 모습이 그대로 있고, 스스로 전수한 신비는 어떤 식으로든 허공에 뜬 채 남아 있다. 그리고 우리는 가장 중요한 질문인 '당나귀과 사람 중에 누가 신비를 옮기는가?'라는 질문에 답하기가 결코 쉽지 않다는 것을 알 수 있다. 그리고 이 어려운 질문에 우리가 답을 구하든, 또 구하지 못하든, 답을 구하고자 하는 이 방식이 바로 살아 있는 존재로서의 독서를 정의하는 것이다.

꼭두각시와 당나귀라는 두 본성은 피노키오 이야기의 진정한

---

255 도스토예프스키의 작품
『백치(Идиот)』에 나오는
등장인물이다.

주제를 정의하며, 적어도 마지막 부분에서는 흔히 예상되는 '인간으로의 변신'을 시작으로 이야기의 또 다른 주제를 정의한다. 꼭두각시는 당나귀의 신비고 당나귀는 너무나 인간적인 꼭두각시의 신비다.

어쨌든 당나귀로 변신한 후 언어를 잃고 당나귀 소리로 울부짖으며 의사소통하는 꼭두각시는 사랑이든 강제든, 길고 비참한 3개월을 견뎌야 했고, 장난감 나라에서 쏜살같이 보낸 5개월이 지나면 서커스 고리를 뛰어넘고 왈츠와 폴카를 추는 '댄스 스타'로 변모한다.[256] 포스터에는 '유명한 당나귀 피노키오'라고 나와 있는데, 주인이 그 이름을 어떻게 알게 되었는지 분명하지 않다. 그러나 우리가 알지 못하는 최초의 피노키오가 존재해 왔다는 것은, 꼭두각시의 본성에 당나귀의 외모를 지닌 피노키오가 어딘가에 있을 수 있다는 것이다. 또 당나귀로 변한 피노키오가 건초 맛이 결국에는 그렇게 나쁘지 않다고 고백하기는 하지만, 그 맛을 즐기지 못한다는 일화에서도 증명된다.

절름발이 당나귀는 마을 악단을 위해 가죽으로 북을 만들려는 사람에게 20리라에 팔리고, 그자는 주저 없이 목에 돌을 걸고 손에 들고 있던 밧줄로 한쪽 다리를 묶은 뒤 바다로 당나귀를 밀어 익사시킨다. 바다라는, 피노키오 이야기에서 친근하게 쓰이는

---

256 부록, 371쪽.

소재인 물이 다시 등장하는 것은 당나귀 형태에 숨겨진 꼭두각시의 '부활'을 의미한다. 피노키오를 바다에 밀었던 살인범은 50분 후에 죽은 당나귀 대신 살아 있는 꼭두각시 인형을 꺼낸 것에 매우 놀란다.

«엄청나게 많은 물고기 떼가 작은 당나귀가 죽은 줄 알고 날 먹으러 오기 시작했어요 […] 어떤 물고기는 제 귀를, 어떤 물고기는 주둥이를, 어떤 물고기는 목과 갈기를, 어떤 물고기는 다리의 가죽을, 어떤 물고기는 등의 털을 먹고 […] 물고기들이 뼈까지 달려들었는데, 다시 말하면 나무로 달려들었죠.»[257]

마치 두 가지 본성이 서로 닿지 않고 공존하는 것처럼 당나귀 가죽 아래에는 나무의, 숲의 본성이 그대로 남아 있었다.

물에 다시 가라앉으면 피노키오의 마지막 모험이 시작되는데, 이번에는 이교도 신화가 아니라 성경에서 그 선례를 찾을 수 있다. 만가넬리가 주목한 파란머리 요정은 또 다시 피노키오의 운명에 '무자비한 협력자'로 등장한다. 여기저기 헤엄치는 동안 피노키오는 바다 한가운데에서 자신을 향한 손짓을 발견한다.

«하얀 대리석으로 만들어진 것 같은 바위를 보았어요. 바위 위에는 예쁜 새끼염소 한 마리가 사랑스럽게 매매 울면서 가까이 오라고 신호를 보냈지요.»

257 부록, 379-380쪽.

염소의 털은 어린 소녀의 머리카락을 연상시키는 '눈부신 파란색'이었고, 꼭두각시는 더 힘을 내서 하얀 바위 쪽으로 헤엄친다. 이는 만가넬리의 분석한 것처럼, 어린 소녀가 처음 등장한 '하얀 집의 변형'으로 볼 수 있다. 그리고 여기서 피노키오는 앞서 이야기 속에 등장했었던 무시무시한 고래상어를 만난다.

«끔찍한 바다 괴물의 머리가 물에서 나와 그를 향해 다가오는데, 심연처럼 입을 벌리고 송곳니가 세 줄로 그려져 모습조차 너무 무서웠어요.»[258]

우리는 곧 이 고래상어가 꼬리를 빼고도 몸길이가 1킬로미터 이상이라는 것을 알게 된다. 요정이 알고 있듯, 피노키오가 괴물에게 삼켜질 운명이라는 것을 분명 알고 있는 작은 염소는 꼭두각시에게 서두르라고 한다. 진실하지 못한 조언이다. 마치 피노키오가 열심히 서두르지 않는 것처럼 말이다.

«서둘러 제발, 안 그러면 잡혀!…»

«괴물은 단숨에 불쌍한 피노키오를 달걀 마셔버리듯 한 번에 삼켰어요.»[259]

우리는 피노키오가 고래상어 뱃속에 얼마나 오래, 요나[260]가 머물렀던 것처럼 3일의 낮과 밤인지는 알 수 없다. 그러나 피노키오를 삼킨 고래상어는 고래가 요나에게 그랬듯 피노키오를 해

---

258 부록, 381쪽.

259 부록, 382쪽.

260 요나(Jonas)는 구약성서에 등장한다. 이스라엘 왕국의 예언자로 물고기 혹은 고래에 삼켜졌다.

C Chiostri
Firenze

Chiostri Car.^o
Firenze

변으로 던지지는 않을 것이다.

"주님이 물고기에 말씀하시자, 물고기가 요나를 다시 해변으로 던졌다."[261]

어쨌든 피노키오는 요나처럼 신에게 기도하지 않고도 «이왕 참치로 태어났으니 기름에서 죽는 것보다 물속에서 죽는 게 더 존엄하다.»고 하는 철학자 참치를 만난 뒤, 멀리서 희미한 불빛을 보고 생선튀김 냄새가 나는 기름 웅덩이를 위를 첨벙첨벙 걸으며 고래상어 뱃속으로의 긴 여정을 시작한다. 꼭두각시 예상대로 뱃속에서 제페토를 만나는 건 당연했다. 먹물처럼 검은 어둠을 향해 나아간 까닭은 사실 촛불이 켜진 녹색 크리스털 병이 올려진 식탁과 그 앞에 앉아 있는, 마치 눈이나 생크림으로 만든 것처럼 온통 하얀, 작은 노인 때문이다. 이는 다름 아닌 «나의 사랑하는 피노키오!»라고 말하는, 2년 동안 그곳에 갇혀 있는 애증의 아버지였다.

제페토가 그 긴 시간 동안 날짜 계산을 위해 무엇을 했든, 이제는 장난감 나라의 영원한 행복은 흔적조차 없다는 것이 확실하다. 제페토의 2년은 피노키오가 아버지를 만나기 위해 처음 물속으로 뛰어든 이후부터 전개된 이야기 속 연대기를 정확하게 보여 준다. 꼭두각시가 바보잡기 마을 감옥에서 4개월, 장난감

---

261 「요나」, 2장 10절.

나라에서 5개월, 서커스단에서 3개월을 보냈으므로, 나머지 12 개월 동안은 빠르게 지나간 부지런한 꿀벌 마을에서 벌어진 에 피소드, 학교생활, 녹색 어부와의 일화 등을 뺀다면 지금까지 상 상했던 것보다 훨씬 더 느린 속도로 모험이 진행되었다는 것을 알 수 있다. 피노키오는 서두르지만 길고 묵묵히 시간의 간격을 두고 움직인 것이다.

«이제 창고에 아무것도 없어. 네가 보는 이 양초가 내게 남은 마지막이야….»

이렇게 제페토가 말하는 것처럼, 괴물에게 삼켜지기 전 배에 서 가져온 식량이 다 떨어졌기 때문에 더는 시간이 없다. 피노 키오는 아버지를 어깨에 들쳐메고 해안으로 헤엄쳐 갈 수밖에 없다.

«그들은 바다 괴물의 목구멍으로 올라갔고 그 거대한 입에 도 착하자 혀에 발끝으로 살금살금 걸어갔어요. 혀가 너무 넓고 길 어서 마치 정원에 난 오솔길처럼 보였지요.»[262]

고래상어의 재채기로 인해 배출되는 게 아니라 뱃속을 걸어다 니는 장면은 콜로디의 모순 중 하나다. 아마도 분량을 더 늘리기 위해 고안된 내용 같다. 우리의 이야기는 페이지에 국한되지 않

262 부록, 389쪽.

음으로, 긴 얘기를 짧게 요약하면, 철학자 참치의 도움으로 피노
키오와 제페토는 마침내 해안에 도달한다.

반면, 피노키오와 그의 팔에 기댄 제페토가 빵 한 입과 침대
역할을 할 짚으로 된 집이나 오두막을 찾기 위해 백 걸음도 채
못 갔을 때 만난 두 거지를 언급하지 않을 수 없다. 이 둘, 구걸
하고 추한 두 거지는 사실 고양이와 여우다. 눈이 안 보이는 척
하던 고양이는 정말 눈이 멀었고, 늙고 드문드문 털이 빠진 여우
는 결국 자신의 아름다운 꼬리마저 파리채를 만드는 장사꾼에게
팔게 됐다. 한 입 베어 물 빵을 간절히 찾고 있던 피노키오는 '나
쁘게 번 돈은 결국 좋지 않은 결말을 가져온다'는 의미를 담은 표
현 '악마의 밀가루는 모두 밀기울로 간다' 등 진부한 메시지를 담
은 세 속담을 두 거렁뱅이에게 유창하게 말한다. 만가넬리는 이
속담을 '채찍질'이라고 정의한다. 그러나 더 지어낼 만한 상상 속
기적의 궁전이 없는, 길들일 수 없는 이 두 동물에게는 환각적이
고 영웅적인 무언가가 있다. 만가넬리는 고양이와 여우가 "추악
하고 추잡할 정도로 치명적인 임무를 수행한 범죄자는 사후 존
엄을 획득한다."고 했다. 즉 결국 이렇게 될, 멈추지 않는 슬픈
운명에 대한 이 두 동물의 헌신은 피노키오가 반드시 잘 알고 있
어야 한다. 꼭두각시가 «잘가라, 사기꾼들아!»라고 조롱하면서

두 악당과 함께한 행동들, 바보잡기 나라의 판사부터 녹색뱀, 버터 마부, 가재 여관 주인에 이르기까지 동화 속 악의 세계가 비로소 끝난다. 우리는 여기서 피노키오의 모험이 진정 끝맺어지고 있으며, 우화가 어떻게든 줄어들고 있으며 더는 콜로디가 말할 것이 없다는 것을 제대로 알게 된다. '그러나'가 없으면 꼭두각시는 더는 꼭두각시가 아니며 정말 소년으로 변할 소지가 있는 것이다.

이제 콜로디는 항상 이들을 아버지와 아들이라고 부르고, 이 호칭과 함께 둘은 기와와 벽돌로 덮인 지붕이 있는 아름다운 오두막의 소유자가 되는데, 두 부자는 정말로 어느 정도 그렇게 되었다. 피노키오와 제페토가 백 걸음을 더 걸어 도달한 곳에는 다름 아닌 완전히 부활한, 교육적이지만 불운한 말을 내뱉는 귀뚜라미가 있다.

우리는 '사회는 응당 그래야 한다'고 하며 모든 것에 체면을 차리고 콜로디에게 반문하지 않았기에, 자세한 설명을 듣지 못한다. 피노키오가 불쌍한 아버지를 위해 우유 한 잔을 대가로 농부 잔죠의 농장에서 5개월 동안 물레방아를 돌리고, 광주리와 빵바구니를 만들게 하는 일, 인간이기 전에 꼭두각시였던 피노키오가 지루하게 계속했던 선행에 대한 어떤 설명도 듣지 못한다. 피노키오는 밤을 새워가며 읽기와 쓰기를 연습하고, 펜 크기의 나뭇가지를 블랙베리와 체리로 만든 소스가 든 작은 병에 담그는 행동을 포함해, 이 모든 것은 아마도 그가 과거에 했던 장난과 연결된 '희미하고 지친 기억'일 것이다. 피노키오가 마지막으로 복종의 늪에 빠지기 전 장난감 나라에서 전설적인 존재가 된 것을 겁도 없이 축하해주었던, 거의 죽어 가는 당나귀가 된 루치뇰로를 만난다. 당나귀의 죽음에 눈물을 흘리는 피노키오를 본 농부가 «당나귀가 죽어 슬프기라도 한 거냐?»라고 하자 꼭두각시는 조롱을 두려워하지 않고 «제 친구였어요!»라고 자신의 오랜 우정을 거침없이 밝힌다.

완전히 반대가 돼 버린 꼭두각시의 코미디가 극대화되는 것은 피노키오가 새 옷을 사려고 했던 40리라를, 병원 침대에 있는 요정을 돌보기 위해 '작고 예쁜 달팽이'에게 건넬 때다. 여기서 주목할 점은, 피노키오의 특징 중 하나가 모든 등장인물을 왜곡해서 '나의 작은 귀뚜라미', '작고 아름다운 달팽이'처럼 다정하고 앙증맞은 존재로 축소한다는 것이다. 요정에게 섬세한 배려를 베푼 이후 본인에게 완전히 만족한 피노키오는 잠자리에 든다. 그리고 파란머리 요정의 마지막 깨달음과 함께 작별하는 장면이 꿈에서 그려진다. 피노키오는 꿈속에서 아름답고 웃고 있는 요정을 보게 된다. 꿈에서 요정은 피노키오에게 입맞춤한 후 모든 장난을 용서하고 «부모님의 불행과 나약함을 정성껏 돕는 아이들은 언제나 칭찬과 사랑을 받을 자격이 있단다.»라는 허상 같은 거짓 졸업장으로 인간으로서의 새로운 정체성을 부여한다. 이 우스꽝스러운 장면으로 요정은 고아였던 꼭두각시에게 부모도 만들어주는데, 요정과 제페토 둘 다 엄밀히 말하면 부모라고 볼 수 없다. 그럼에도 호적은 이제 위조됐고 꼭두각시 이야기는 그렇게 무자비하게 끝난다.

«잠에서 깨어났을 때, 자신이 더는 나무 인형이 아니라 여느 소년과 다를 바 없는 진짜 소년이 되었다는 사실을 깨달았을 때 얼마나 놀랐을지 상상해 보세요.»

멋진 새 옷, 모자, 가죽 부츠(덩치가 작은 남자가 탄 수레를 끄는 당나귀 발에 있던 '흰색 카우보이 부츠'가 떠오른 것이다) 없이 변형은 완료되지 않을 것이다. 소년이 된 피노키오는 이제 한껏 차려입고 자신의 경제 상황과 위상, 그리고 이에 대한 합리적인 이유를 재확인한다. 소년이 주머니에 손을 넣자 상아로 만든 작은 동전 지갑을 발견한다. 작은 달팽이에게 맡겨진 40닢의 동전은 '반짝반짝 새것처럼 빛나는 금화 40개'로 바뀌었다. 즉 그 정도의 금이 들어갈 정도로 큰 지갑이란 의미다.

다른 모든 사람처럼 소년은 이제 장난감 나라에서 꼭두각시 인형일 때 긴 갈대로 만든 빗자루 같은 두 귀[263] 가 되었을 때와 같은 행동을 반복한다.

«피노키오는 거울을 보러 갔고, 자신이 다른 사람인 것처럼 보였습니다.»

피노키오는 더는 마리오네트의 모습이 아니었다. «밤나무 머리카락, 파란 눈, 부활절 축제 때의 장미처럼 활기차고, 잘생기고 똑똑한 소년»이 된다. 이 생뚱맞은 '장미'[264]는 『황금 당나귀』에서 루키우스의 인간성을 회복시키는 장미 다발을 상기시키는 것일까? 어쨌든 피노키오가 잠을 자지 않았다는 것도 확실하지 않고, 이러한 경이로운 일은 꼭두각시의 꿈에 지나지 않는다.

«놀라운 일이 계속되자 피노키오는 더는 자신이 정말 깨어 있는지, 아니면 지금 백일몽을 꾸고 있는지 알 수 없었어요.»

그러나 아마도 콜로디의 가장 독창적인 창작물인, 형이상학적 봉인은 진부하지만, 교훈적인 이 이야기를 동화 속 수수께끼로 되돌려 놓는다. 바로 이 지점에서만 발견된다. 옆방으로 가보니 피노키오는 '오래된 나무 피노키오'가 어디 숨어 있느냐고 묻는다. 그러자 목수 일을 다시 시작한 제페토가 이렇게 대답한다.

---

263 부록, 361쪽.

264 『황금 당나귀』에 따르면 당나귀로 변신한 루키우스는 다시 인간으로 돌아오기 위해서는 장미꽃을 먹어야 했다.

«"저기 있어!"»

그리고 나무토막을 가리킨다.

«의자에 얹진 채 머리를 한쪽으로 돌리고 팔을 아래로 내리고 다리를 가운데로 꼬고 앉은 큰 인형이 있었지요. 똑바로 서 있는 게 기적처럼 보일 정도였지요. 피노키오는 고개를 돌려 꼭두각시 인형을 바라보았고, 잠시 바라본 후 크게 만족하며 속으로 크게 말했어요.

'꼭두각시였을 때 내 모습이 얼마나 우스꽝스러웠는지, 그리고 이제 훌륭한 아이가 되어서 정말 기뻐!'»

에필로그

"책은 끝이 없다. 책은 수직이 아니라 수평이다. 네모난 형태에서도 알 수 있듯 페이지는 책의 기저에 존재하는, 다른 곳으로 향하는 또 다른 문일 뿐이다. 한 권의 책을 다 읽었다는 건 마지막 문을 열었다는 걸 의미한다. 즉 마지막 문과 지금까지 문턱을 넘기 위해 열었던 문이 다시 닫히지 않을 때까지 무한히 열리고, 계속해서 열리고 있는 모든 문이 영원토록 경첩 소리를 내며 펼쳐질 것이다. 완성된 책은 무한하고 닫힌 책은 열려 있다. 책 전체가 우리 주위에 모여 있고, 모든 페이지가 한 페이지고, 보이는 문과 보이지 않는 모든 문이 하나의 문이다. 문은 정말 활짝 열려 있어 문턱을 넘을 수 있을 뿐만 아니라 문 자체가 문턱이 된다. 모든 문은 관통할 수 있다. 열린 문과 닫힌 문은 구별되지 않고, 문은 문에서 문으로 이어지고, 아무것도 닫히지 않고, 모든 것이 닫히고, 모든 것이 열려 있고, 아무것도 열려 있지 않다."

— 만가넬리

이야기의 마지막 장면에는 수수께끼가 있는데, 이에 대해 곰곰 생각해 보면 좋을 것 같다. 사실 꼭두각시 인형이 소년으로 바뀐 것이 아니라, 인형은 전혀 사라지지 않고 오히려 전신을 보여주며 의자에 기대어 남아 있다. 이제 막 사람이 된 아이가 마음껏 바라보며 '재미있다'라고 한다. 앞서 여러 번 되짚어 본 꼭두각시와 인간이라는 두 본성은 분리돼 뚜렷하게 구분된 상태로 있으며, 둘 다 정확히 정의되지 않은 채 '옆방'에 있다. 옆방은, 잘 생각해 보면 피노키오의 창조가 일어난 '지상의 방stanzia terrena'에 완전하게 부합하는 제페토의 실험실이다. 꼭두각시 인형의 몸이 아직 온전한 상태이니 어쩌면 소년 역시, 이 세계의 조물주 데미우르고스인 제페토의 피조물일 것이다. 엠마누엘레 다틸로Emanuele Dattilo는 이에 관해 다음과 같이 언급했다.

"변태, 즉 꼭두각시가 진정 아이로 변형될 수 있는 장소로… 어떤 분리가 아닌 본성의 분할이 일어나고, 그 나무 조각은 만족스럽게 자신을 관찰하는 아이 곁에 잠들어 있다."

피노키오가 겪은 불가사의한 일들은 바로 두 본성의 엄격한 분리에 관한 해석에 한 줄기 빛처럼 스며 있다. 피노키오가 정말로 죽었다고 생각한 만가넬리는 이 분리를 자신의 방식으로 해석한다.

"꼭두각시가 죽고 경이로운 유물로 남았고, 새로 태어난 존재는 일찌감치 죽은 존재와 함께 살아가야 할 것이다. 나무의 본성 혹은 척도는 계속해서 그에게 도전할 것이다."

비평가 자리Jarry는 연금술과 관련해 이렇게 설명했다.

"중세 과학에서 물려받은 믿음에 따라 자신의 존재 안에 밀접하게 얽혀 있는 서로 다른 본성을 분리하는 데 성공한 사람은 삶의 심오한 의미를 스스로 자유롭게 구할 수 있을 것이다."

사실 우리 문화에서 인류학적 기계[265]는 동물과 인간, 자연과 역사적 실존 사이를 구별하는 동시에 연결하며 끊임없이 작동하고 있다. 이 장치는 존재 본연에 내재돼 있는 비합리적 동물을 붙잡고 억누르며 인간을 정의하고, 반대로 인간성을 지나칠 정도로 경계함으로써 비인간성을 만들어낸다. 이솝 우화 혹은 다른 우화에서든 동물들은 말한다. 이는 매우 쉬운 속임수다. 그런데 이 속임수에는 인간성과 비인간성을 분리하고 그것들을 구체적으로 설명할 필요성이 내포돼 있다. 그런데 꼭두각시 인형 동화에서는 잘 작동하던 이 기계가 매번 방해받고 가로막힌다. 그리고 두 본성이 상호 정지된 상태에서 우리에게 이름이 없고 더는 동물도 인간도 아닌, 나무와 야생의 무언가로 자연과 인간을

265 아감벤은 2002년 발간한 저서 『열림. 인간과 동물(L'aperto. L'uomo e l'animale)』에서 인간이 스스로 인간을 정의하는 경계의 기준이 되는 '인류학적 기계(macchina antropologica)'라는 개념을 설명했다. 동물 등 다른 생명체뿐 아니라 노예, 야만인, 외국인, 난민을 배제시키거나 포함시키는 기준을 뜻한다.

갈라놓고 나누는 것을 행복이라고 암시한다. 책 전반에 걸쳐 등장하는 부지런한 귀뚜라미, 아버지와 요정들, 그리고 지치지도 않고 계속 함께하고자 노력한 꼭두각시와 소년 두 본성 사이에는 연결고리가 없다. 이들은 결국 '옆방'에서 각자 자신이 속한 곳에서 희미하지만 평화롭게 자기 자신으로 존재한다. 가정과 학교, 그리고 교육학과 '끔찍할 정도로 자비로운' 통합에 대해 단호히 반박하는 만가넬리식 접근은 난해하기는 하지만 밀교적이지는 않다. 이는 귀뚜라미, 경찰, 불한당들에 의해 끊임없이 위협받는 피노키오의 모험과 상반되는 해석이다.

정식 출간된 모든 텍스트가 그렇듯 마지막 장면에서 꼭두각시는 의자에 기댄 채 변형될 수 없는 상태로 남아 있다. 그리고 이 꼭두각시는 피노키오 원전이 아닌 여러 외전에서 그의 불길한 모험을 계속할 것이다. 렘바디 몬지아르디니Rembadi Mongiardini의 『피노키오의 비밀』에서 잠수함 여행자로, 케루비니Cherubini의 『아프리카의 피노키오』에서는 원래 피노키오에는 있을 법하지 않은 황제로, 에르피아니Erpiani의 『차에 탄 피노키오』에서는 자동차 도둑으로, 베르니 스코티Berni Scotti의 『피노키오의 약혼자』에서는 존재하지 않을 법한 남자친구로, 그리고 기셀리Giselli『피노키오의 형제』에서는 무시당한 형제가 피노키니노로 등장한다.

동물을 지배하고 길들이고, 인형을 교정하고 교육하는, 스스로 끝을 달리는 잘못된 이런 시도는 기계적 메커니즘을 정의한다. 기계적 메커니즘은 전수(입문)와 신비, 삶과 우리가 이해할 수 있는 것들을 분리하고, 이 분리를 바탕으로 과학과 교리의 기초를 세운다. 우리는 인간으로 사는 삶에서 기계적 매커니즘을 배제했음에도 불구하고 이것을 다시 삶에 포함시키고 포획해야만, '나는 나'라는 동물, 즉 입문과 신비가 의심할 여지 없이 일치하는 당나귀를 깨닫고 이해할 수 있다.

사실 우리는 피노키오의 당나귀처럼 존재의 신비를 알지 못하며 아주 오래전 무지의 영역에서 살았을 때만 존재의 신비를 품을 수 있었다. 이 무지의 영역, 혹은 유아기에 우리는 지식과 상관없이 무언가와 관계 맺고 있었다. 이런 이유로 인간이 교육적, 상업적 도구로 꼭두각시의 삶에 개입하지 않는다면, 피노키오는 당나귀로 남아 자신의 신비를 행복하게 간직할 수 있다. 자신의 본성을 거스르는데 충실한 피노키오는, 좋은 소년(즉 잠재적 성인)이 되지 않으면 당나귀가 될 것이라 말하는 귀뚜라미의 잘못된 대안을 받아들인다. 웃으면서 당나귀 가죽을 걸치고, 잠정적으로 꼭두각시 몸통이 지닌 나무 소재를 그대로 지키면서 그 껍데기만 당나귀로 변한다. 나중에 만나게 되는 물고기들은 귀, 갈기, 등에 난 털, 꼬리만 삼키고 피노키오를 놔준다.

피노키오의 두 본성은 분리돼 있지 않고, 콜로디가 새로이 엄선한 혼합체며, 결합해 있지도 않다. 오히려 이들 사이를 나누는, 가능한 표현이 없다는 의미에서 '접촉한다'고 볼 수 있다. 인류학적 기계는 이 지점에 멈춰서 비활성화 돼 있으며, 이들 사이를 지지한다고 주장하던 연결고리는 부러져있다. 피노키오의 교훈은 바로 이것이다. 피노키오가 구원되길 바라며, 귀뚜라미가 제시한 계층 구조가 스며들기 바라던 인간 본성은, 언제든 벗을 수 있는 변장 혹은 위장일 뿐이라는 것이다. 당나귀의 본성과 마찬가지로, 결국 이것도 물고기 입속에서 사라져버리는 일시적인, 마치 떨어지는 낙엽 같은 것이다. 꼭두각시 인형은 우리에게 부재한 것을 나타내고 연결하는 제3의 본능이 아니다. 오히려 자연스럽지도 않은 어떤 본능이 몰래 들어왔다 빠르게 빠져나가는 그 사이의 공백 혹은 허상일 뿐이다. 영원히 부자연스럽고 실체가 없는 이 부자연스러움은 이름조차 없다. 그리고 우리에게 영원히 부재할 것이다. 언제까지 일지는 모르지만.

클라이스트는 자신의 글에서, 의도적으로 제스처를 반복할 때 무심한 듯 멋지게 그 몸짓을 해내지 못하는 소년과 마리오네트는 비교 불가하다고 했다. 즉 '무의식'이 신성한 '무한의 인식'을 가리키는 것처럼, 인형은 인간이 아니라 신과 동등한 존재라고 볼 수 있다. 피노키오 이야기 자체는 다소 산만하지만, 확고한 무신론에 근거해 신을 제쳐둔 채 마리오네트에만 집중해 읽는다면 우리는 이 이야기를 더 피노키오답게 재구성할 수 있다. 피노키오의 우주에는 꼭두각시, 동물, 인간이라는 세 가지 단순한 본체 혹은 요소가 있을 뿐이다. 꼭두각시 대극장 에피소드에서 그러했듯 꼭두각시는 다채롭고 영원한 존재지만, '끔찍할 정도로 자비로운' 제페토나 잔인한 녹색 어부, 마부가 그랬듯 인간들의 목적에 이용되고 또 종속된다. 물론 작품에 등장하는 많은 노인과 여인, 다시 말해 인간적인 목적에 무관심한 존재들은 이 논의에서 우선 제외하겠다. 일종의 또 다른 자아인, 피노키오가 유독 좋아하고 아끼는 루치뇰로는 '밤에 불을 켜는 새로 산 양초심지처럼 빼빼 마른allampanato' 모습으로, 인간답지 않은 본성을 드러낸다. '빼빼 마른'이라는 뜻의 '알람파나토allampanato'는 톰마세오[266]에 따르면 원래 '투명한'이라는 뜻이 있다.

"투명한 빛은 한쪽에서 다른 쪽까지 보일 수 있게 하므로, 고대 로마 사람들은 뼈와 피부만 남은 등불처럼 마른 사람들을 비유하는 표현으로 '알람파나토'라는 표현을 쓰곤 했다. 이는 플라

266 톰마세오가
1865년에 발간한 『이탈리아어
사전(Dizionario della lingua
Italiana)』을 인용하고 있다.

우투스의 희극 『아울룰라리아Aulularia』에서 삐쩍 마른 양을 칭할 때도 쓰였다."

피노키오에 등장하는 많은 동물은 스파이와 무법자, 그리고 상냥한 친구들로 나눌 수 있다. 전자는 말하는 귀뚜라미이며, 후자는 참치와 비둘기, 당나귀라고 할 수 있다. 여기서 당나귀는 은근한 신비로움과 피노키오와 거의 구별되지 않을 정도로 유사한 동물성을 지니고 있다. 또 다른 경우는 『비밀왕국』에서 따왔겠지만, 모든 면에서 선의의 귀뚜라미와 한패인 듯 처신하는 존재는 파란머리 요정이다. 사실 이 모험에서 요정-여자아이는 매정한 모습의 요정을 목격한 증인으로, 계속해서 인간과 공모관계가 있다는 것을 인정하지 않고 피노키오를 언제나 모험으로 이끄는 '그러나' 상황에 몰아넣는다. 따라서 실패한 오우거인 만자푸오코 같이, 실패한 요정의 임무는 독자에게 그들이 읽고 있는 책이 동화도 소설도 아니며 어떤 문학 장르에도 속하지 않는다는 것을 상기시키는 것이다. 고양이와 여우도 마찬가지다. 진정한 동물도 아니고 인간도 아닌 이 둘은 동화책에서 명백한 범죄자flagranti crimine로 등장한다.

기준이 들쭉날쭉한 두 범주(범주는 어원적으로 '고발'을 의미) 사이에서 꼭두각시 인형은 어떤 물질도, 사람도, 가면도 아니고,

'무엇'이 아니라 '어떻게'일 뿐이다. 이는 엄격한 의미에서 출구 혹은 탈출로다. 그러므로 그저 달릴 뿐이고, 멈추면 끝내 사라진다.

그런 의미에서 꼭두각시는 독자들의 어린 시절로 이끄는 비밀 암호다. 아이는 잠재적인 어른이 아닐 뿐만 아니라 잠재적 어른이 되기 위해 반드시 거쳐야할 어떤 조건이나 나이를 의미하는 게 아니라는 것을 이해한다면, 결국 꼭두각시는 탈출로라는 것을 알 수 있다. 무엇으로부터 탈출일까? 당나귀와 사람 사이, 광기와 이성 사이, 그리고 그전에 미성숙한 성인으로 간주하는 순수한 어린아이와 야생의 나무토막 사이에 있으면서, 인간 사회와 제도를 정의하는 모든 모순으로부터의 탈출이다. 평생 피노키오처럼 본연의 존재로 남길 원하는 아이는 어른이 되는 것을 피하기 위해 끊임없이 회피하고 도피하며 정신분석학자와 교육자들을 힘들게 한다. 그리고 그들의 본성을 가두어놓았다고 믿었던 아케론[267]의 깊은 곳에서도, 안락한 양육환경에서도 지치지 않고 부활하여 비난받는다.

조심스럽게 책의 마지막 줄을 다시 읽어보자.

《피노키오는 고개를 돌려 꼭두각시 인형을 바라보았고, 잠시 바라본 후 크게 기뻐하며 속으로 크게 만족하며 말했어요.

"꼭두각시였을 때 내 모습이 얼마나 우스꽝스러웠는지."》

---

267 그리스 신화에서 저승을
흐르는 강, 혹은 강의 신을
의미한다.

어떤 종류의 '만족감'일까? 톰마세오가 "스스로 느끼는 죄"로 기록한 것이 바로 이 '만족감'일까? 아니면 만가넬리가 말한, 위대하지만 지루한 설교에 변화를 가져온 바로크 시기의 신부 세그네리를 예로 들어 표현한 '더 높은 수준의 만족감'인가? 귀가 먼 이 예수회 신부[268]는 "그렇다면 내 만족감의 대상이 될 법한, 사람에 대한 원한이 어찌 내 마음속에 지금 자리 잡게 되었는가?"라고 읊조린다. 즉 만족감은 원한의 반대말이며, 피노키오가 두 팔을 늘어뜨리고 다리를 가운데로 꼬아 앉아 있는 꼭두각시를 '행복한 대상'으로 바라보는 방식은 원한이 전혀 없는 아주 무미건조한 상태인 것이다.

이런 높은 만족감에 대한 고찰을 비추어 볼 때, 바로 이어지는 문장, «꼭두각시였을 때 내 모습이 얼마나 우스꽝스러웠었는지.»에서 '완료형이 아닌 모호한 비완료 과거형이 반복되고 있다는 것을 간과해서는 안 된다. 원래 이탈리아어에서 비완료 과거형 문장의 문법적 정체성이 난해하다 치더라도, 두 동사는 실제 같은 주어를 갖고 있지 않다. 엄밀하게 따져보면 '내가(소년)이 꼭두각시였을 때, 그(꼭두각시)가 얼마나 우스꽝스러웠었는지.'이다. 이탈리아어에서 비완료 과거시제는 시작과 끝을 정할 수 없거나, 기간을 알 수 없는 지속적이고 완료되지 않은 행동 혹은

---

268   17세기 이탈리아 음악가,
작가인 파올로 세그네리(Paolo
Segneri)를 언급하고 있다.

상태를 나타내는 것을 본다면, 이는 꼭두각시와 소년 사이에 어느 정도 거리가 있으며 동시에 혼종이 있다는 의미고, 다른 한편으로는 피노키오 내면의 모험적인 존재가, 톰마세오가 말한 '드라마에서 즐거운 역할을 하는 사람'을 의미하는 형용사인 '익살맞은buffo'로 정의될 가치가 있다는 것을 의미한다. 성실한 사전학자인 톰마세오는 자신의 책에서 "따라서 프랑스인들은 오페라에서 'buffo'를 'aux bouffes'라 부르고 푸리에도 그렇게 부른다고 들었다."라고 덧붙인다. '좋은 희극buffo이 진지한 테너보다 더 드물다'고 한다면, 아마도 꼭두각시 존재의 궁극적인 의미는 알가로티[269]의 말을 빌리자면 이와 같을 것이다.

"익살스러운 등장인물의 도입은 영웅, 신과 잘 어울리지 않으며 규범을 훼손한 게 분명하고, 우아한 행동을 못 하게 하지만, 끊임없이 사람들을 웃게 만들며 작은 해도 끼치지 않는다."

꼭두각시는 '영웅, 신과 함께'라고 외치지 않았고, 사람들의 우아한 행동을 '방해'하고, '끊임없이' 웃게 만든다. 그러니 피노키오는 여기서도 신학, 서사시 및 모든 진지한 행동에서 적나라하게 벗어나 가벼운, 톰마세오가 말하는 재빠름svelta으로 가는 탈출구인 것이다. 톰마세오는 이탈리아어 '재빠른'이란 의미의 '스벨타svelta'를 사전적 의미로 이렇게 설명한다.

---

269 프란체스코 알가로티
(Francesco Algarotti)는
이탈리아의 작가, 수필가,
철학가, 시인이다.

"눈에 띄는 형태가 날렵하게 움직이거나, 땅을 딛고 일어날 때를 의미한다."

인류학자로 호주 원주민을 대상으로 현장 조사를 하고, 페렌치[270]로부터 정신분석학을 배운 로하임[271]은 동화를 특히 세밀하게 분석했다. 그는 저서 『꿈의 문In the Gates of the Dream』에서 마녀의 종류를 열거한 후 한 챕터를 할애해 「오우거의 본성Natura degli Orchi」란 제목을 붙였다. 여기서 무엇보다도 중요한 건 바로 이 방대한 스크랩 북의 제목이다. 그는 프로이트처럼 꿈을 정신분석을 위한 귀중한 해석 자료로 보지 않았다. 오히려 그 반대다. 정신anima은 '꿈에서 파생된 개념'이라고 봤다.

로하임에 따르면 꿈은 모든 영적 모험의 모델이며, 지옥이든 천국이든, 현실 세계 저편이든 이쪽이든 우리가 상상할 수 있는 모든 것의 표본이다. 다시 말하면 꿈은 그 자체로 현실이며, 깨어남이 새로운 탄생인 것처럼, 단순한 이미지나 상징이 아니라 죽음, 즉 카타바시스[272], 지하 세계로의 하강이라는 것이다. 그리고 동화는 꿈의 경험과 완벽하게 동등하지만 꿈도 어떻게든 현실이기 때문에 그 역시 '지옥으로 하강하는 것descensus Averno'이라고 주장한다.

---

270 페렌치 산도르(Sándor Ferenczi)는 헝가리의 정신분석학자로, 지그문트 프로이트와 가까운 동료 사이였다.

271 제자 로하임(Géza Róheim)은 헝가리 출신의 정신분석자이자 인류학자다.

272 카타바시스(catabasi)는 살아 있는 자가 하데스로 내려가는 것을 의미한다.

우리에게 잘 알려진 것처럼, 바다와 인간 의식 사이의 관계에 심취한, 로하임의 스승 페렌치는 프로이트에게 이견을 제시하면서 인간은 본능적으로 바다 깊은 곳의 원초적 존재로 돌아가고자 하며, 실존하는 삶은 자궁 안에서의 경험의 반복에 불과하다고 고집스럽게 주장했다. 또 로하임은 인간이 꿈 경험을 잊고 꿈과 실재 세계 사이의 관계를 단념하는 것이 어떻게 자궁으로의 퇴행으로 여겨질 수 있는지 설명했다. 그러나 로하임에게 꿈은 삶의 상징적 표현이 아니라 '수면 중 생명의 수호자'이며 그 자체가 어떤 면에서 여전히 삶의 한 흐름이라는 점을 기억한다면, 피노키오의 이야기 그리고 피노키오가 지옥으로 하강하는 이야기를 다른 관점으로 볼 수 있을 것이다.

꼭두각시 이야기에서 피노키오는 세 차례나 잠이 드는데, 한 번은 꿈을 꿨는지 조차 콜로디가 적시해주지 않았고, 두 번은 꿈을 꾼 채 잠든 것을 깨달은 것으로 묘사됐다. 첫 번째 잠에서, 피노키오는 지옥 같은 최악의 밤에 젖은 병아리처럼 집에 돌아와 불씨가 가득한 화덕 위에 발을 얹고 깨어났다. 이때 발에 불이 붙었고 재가 되도록 알아차리지 못했다. 두 번째 잠은 또 다른 지옥 같은 최악의 밤에 좋아하는 두 악당과 함께 가재 여관으로 갔을 때 일어났다.

«피노키오는 잠자리에 들자마자 금세 잠들었고 꿈을 꿨습니다. 피노키오는 자신이 들판 한가운데 있는 것 같았어요. 들판에는 포도송이가 가득한 덤불이 넘쳐났고, 이 덤불에는 금화가 달려 있었습니다. 그 금화들이 바람에 흔들리면서 마치 '원하는 사람은 누구든지 따가세요'라고 하는 것 같이 짤랑짤랑 소리를 냈습니다.»[273]

세 번째는 책의 마지막에 등장한다. 자정이 될 때까지 바구니를 만든 후 침대에서 잠든 피노키오는 요정이 자신의 과거 일을 용서하는 꿈을 꾼다. 그리고 잠에서 깨어나 자신이 더는 나무 인형이 아니라는 것을 깨닫는다. 여기서 콜로디는 피노키오가 실제로 깨어난 것이 아니며, '깨어 있는지 백일몽을 꾸고 있는지 알 수 없다'라는 점을 명시한다.

로하임이 제안한 꿈, 동화, 삶의 삼차 방정식을 떠올리며 생각해 보자. 지옥같이 최악이었던 밤에 피노키오가 처음 잠들었을 때 그가 코를 골며 자고 있었다는 사실을 우리는 알고 있다. 즉 우리는 피노키오가 처음으로 꿈을 꾸었고, 그날 이후 단 한 번도 꿈꾸는 걸 멈추지 않았다는 점을 바로 떠올릴 수 있다. 이는 그가 발이 타는 것을 알아채지 못한 것에서 깨달을 수 있다. 마지막까지 진행되는 기만적인 전개를 포함해 책에 나오는 모든

273 부록, 263쪽.

모험은 꼭두각시의 멋진 꿈에 지나지 않는 것이다. 결국 잠에서 깨어나는 꿈을 꾸는 것이고, 꿈에서 처음에 '화덕에 발을 얹고' 의자에서 잠들었던 것처럼, 자신이 '의자에 얹어진 채' 잠든 자신을 보는 것은 꼭두각시의 꿈에 불과하다. 꿈은 깨어 있는 만큼 현실적이다. 꿈은 꼭두각시처럼, 검은 털이 듬성듬성 섞인 밝은 회색 털이 뒤덮인 당나귀처럼, 우리가 지니고 있다고 깨닫지 못한, 신비의 또 다른 얼굴일 뿐이다.

"피노키오를
만든 나무는
인류 그 자체다."

— 크로체

1883년 이탈리아 피렌체에서 출간된 카를로 콜로디의 『피노키오의 모험. 어느 꼭두각시의 이야기』는 2019년 기준으로 260개 이상의 언어와 방언으로 번역됐고, 수많은 연극과 영화, 뮤지컬로 각색됐다. 이 작품은 나무로 만들어진 꼭두각시 인형이 인간이 된다는 설정에서 아동문학을 뛰어넘는 서사적 가치와 철학을 담고 있다고 평가받는다. 이탈리아 비평가 크로체(Benedetto Croce)는 "피노키오를 만든 나무는 인류 그 자체다."라며 이탈리아 문학사에서 가장 위대한 작품이라고 극찬했다.

우리에게 잘 알려진 피노키오의 모험 이야기는 사실 신문연재물이었다. 콜로디는 친구이자 〈어린이 신문〉의 편집장이었던 페르디난도 마르티니로부터 창간호에 실릴 이야기를 부탁받았다. 콜로디는 이에 「어느 꼭두각시 인형의 이야기(La storia di un burattino)」라는 제목으로 몇몇 에피소드를 보냈고, 연재 후 큰 인기를 얻었다. 그러나 콜로디는 처음 약속했던 원고료 지급이 늦어지자 '피노키오가 여우와 고양이에 의해 교수형 당해 죽는 것'으로 이야기를 끝내버린다. 이에 수많은 독자가 항의했고, 결국 원고료가 지급돼 우리에게 잘 알려진 파란머리 요정이 등장해 피노키오가 다시 살아난 것이다. 연재 끝난 후 콜로디는 앞뒤가 맞지 않는 내용 일부분을 수정하고 보완해 1883년 『피노키오의 모험. 어느 꼭두각시의 이야기』라는 제목의 책을 피렌체 벰포라도 출판사를 통해 세상에 공개한다. 세상을 떠나기 7년 전에 쓴 이 이야기에는 젊은 시절 그가 꿈꿨던 근대국가가 아닌 통일 조국 이탈리아의 분열과 갈등, 그리고 복잡하고 혼란스러운 정치 현실과 경제 상황에 관한 냉담한 시각이 담겨 있다.

카를로 콜로디(1826-1890)

본명은 카를로 로렌치니(Carlo Lorenzini)로, 작가이자 저널리스트로 널리 알려져 있다. 그러나 그는 잔뼈 굵은 군인이었다. 예비역 육군 소령이기도 한 콜로디는 현역 장교 시절 1848년부터 1860년까지 이탈리아 통일 전쟁에서 토스카나 대공국의 지원병으로 참전했다. 1857년 피렌체에 새로 생긴 일간지에 처음으로 '콜로디'라는 필명을 사용하기 시작했다. 그 뒤 잡지, 신문의 기고가로서 활약했다. 필명은 어머니의 고향 콜로디 마을에서 따 왔다.

1

목수 칠리에지아 할아버지가 지나가다
어린아이처럼 울고 웃는 나무토막을 발견했습니다.

"옛날옛날에…."

"왕이 있었대요!"라고 나의 어린이 독자들은 바로 그렇게 말할 겁니다.

"아니요, 여러분 틀렸어요. 옛날옛날에 한 나무토막이 있었어요."

값비싼 나뭇조각이 아니라, 겨울에 불을 피우고 방을 데우기 위해 화로나 벽난로에 넣는, 장작더미에 있는 조그만 한 토막의 나무였죠.

어떻게 된 건지 모르겠지만, 어느 화창한 날 나무토막이 늙은 목수의 작업장에 갑자기 나타났어요. 늙은 목수의 이름은 안토니오인데, 모두가 그를 칠리에지아 선생이라고 불렀지요. 그의 코끝이 항상 잘 익은 체리처럼 반짝이는 빨갰기 때문이에요. 칠리에지아 선생은 그 나무토막을 보자마자 너무 기뻐 손을 쓱쓱 비비며 작은 목소리로 중얼거렸습니다.

"때마침 이 나무가 생겼군. 작은 탁자용 다리로 사용하면 좋겠는걸."

그렇게 말하자마자 칠리에지아 할아버지는 즉시 날카로운 도끼를 가져다가 나무껍질을 벗기고 손질을 시작했죠. 그런데 도끼질을 처음 하려는 순간 그의 팔은 허공에서 멈춰 버리고 말았습니다. 가느다란 작은 목소리가 이렇게 애원했거든요.

"그렇게 저를 세게 때리지 마세요!"

그 마음씨 좋은 칠리에지아 할아버지가 어땠을지 상상해 보세요! 당황한 할아버지는 그 속삭임이 어디서 나는지 보려고 방 주변을 둘러보았습니다. 그러나 아무도 보이지 않았어요! 작업대 아래를 살펴보았지만 아무도 없었죠. 항상 닫혀 있는 벽장을 보아도 마찬가지였어요. 부스러기와 톱밥을 모아 놓는 바구니를 뒤져 보아도 아무것도 없었어요. 가게 문을 열고 거리를 살펴보았는데도요. 그렇다면?

"이제야 알았네."

할아버지는 이렇게 말하고 웃으면서 가발을 긁적거렸어요.

"누가 봐도 아까 작은 목소리를 들은 건 내가 착각한 거지. 다시 일해볼까!"

그리고 도끼를 손에 쥐고 나무토막을 철썩 내리쳤어요.

"아야! 아파요!"

아까 그 목소리가 울면서 소리치는 게 아니겠어요.

이번에는 칠리에지아 선생이 깜짝 놀라 그대로 굳어 버렸습니다. 눈을 부릅뜨고 입을 떡하니 벌려 혀를 늘어뜨린 모습이 마치 분수대에 있는 조각상의 얼굴 같았답니다. 다시 말할 수 있게 되자마자 할아버지는 겁에 질려 떨면서 더듬더듬 말하기 시작했죠.

"도대체 '아야'라고 하는 이 작은 목소리는 어디서 나온 거지? 여기에 살아 있는 것이라고는 없는데. 이 나무토막이 어린애처럼 울고 칭얼거리는 법을 배운 건가? 그런 건 믿을 수 없지. 이 나무토막도 다른 나무들과 마찬가지로 벽난로 땔감용일 뿐이야. 불에 던지면 콩이 들어 있는 냄비를 끓여주는 나무토막이지…. 그렇다면? 여기 누군가 숨어 있을 수 있겠군! 누군가 숨어 있다면, 이건 오히려 숨어 있는 녀석에게 아주 안 된 일이지! 이제 내가 본때를 보여 줄 테니까!"

그렇게 말하면서 할아버지는 불쌍한 나무토막을 양손으로 잡고 인정사정없이 벽에 내리치기 시작했어요. 그리고는 그 작은 목소리가 들리는지 귀를 기울였죠. 2분을 기다렸지만 아무 소리도 들리지 않았고, 5분을 기다려도, 그리고 10분을 기다려도 아무 소리가 들리지 않았어요!

"이제 알았어."

이제야 그는 억지로 웃으면서 가발을 긁적이며 혼잣말을 했죠.

"'아야'라고 말한 목소리는 누가 봐도 내 상상이었어. 다시 일하러 가야지."

하지만 겁을 꽤 먹었기에 용기를 내 보려고 노래를 불렀어요. 할아버지는 도끼를 한쪽에 내려놓고 이제는 나무토막을 깎고 다듬으려고 대패를 손에 들었어요. 위아래로 대패질을 하는데, 아까 그 작은 목소리가 웃으면서 내는 소리가 다시 들리는 거예요.

"그만 해요! 제 몸을 너무 간지럽히잖아요!"

이번에는 가여운 칠리에지아 선생이 벼락을 맞은 듯 놀라 쓰러졌어요. 다시 눈을 떴을 땐 바닥에 주저앉아 있었어요. 할아버지의 얼굴이 완전히 바뀐 것 같았죠. 항상 빨간 체리색인 코끝도 겁에 질려 파란색이 돼 버렸거든요.

2

칠리에지아 할아버지는 나무토막을 친구 제페토에게 주었고,
제페토는 그 나무토막으로 춤추고, 칼싸움도 하고 공중제비도 할 수 있는
신기한 꼭두각시 인형을 만들었죠.

그때 누군가가 문을 두드렸습니다.

"들어오세요."

칠리에지아 할아버지는 일어설 힘도 없어 작은 소리로 대꾸했어요.

이윽고 한 쾌활한 노인이 들어왔는데, 그의 이름은 제페토였어요. 하지만 동네 아이들은 그의 화를 돋우려고 장난으로 폴렌디나[1]라는 별명으로 불렀죠. 그가 옥수수 가루 같은 노란 가발을 쓰고 다녔다는 까닭으로요.

제페토는 성질이 괴팍했어요. 그를 폴렌디나라고 부르면 난리가 났죠! 순식간에 야수처럼 변해 누구도 그를 막을 수 없었어요.

"잘 있었나, 안토니오 선생."

제페토가 말했어요.

"바닥에서 뭐 하는 거야?"

"개미들에게 주판을 가르치고 있지."

"잘해 보시게."

"웬일로 우리 집에 오셨는가, 제페토?"

"오다 보니. 안토니오 선생. 사실 한 가지 부탁이 있어서 왔네."

"말해 보게, 들을 준비가 됐으니."

목수가 무릎을 꿇고 일어나며 대답했어요.

"오늘 아침 머릿속에 좋은 생각이 쏟아지더군."

"말해 보시게."

"멋진 나무 인형 하나를 만들고 싶네. 춤도 추고 칼싸움도 하고 공중제비도 할 수 있는 신기한 꼭두각시 인형 말이지. 빵 한 조각이나 와인 한 잔 값이나 벌러, 이 꼭두각시 인형과 함께 전 세계를 돌아다니고 싶네, 어떻게 생각하나?"

"좋은 생각이야, 폴렌디나!"

어디서 들리는지 알 수 없는, 아까 그 작은 목소리가 소리쳤죠. '폴렌디나'라는 소리를 듣자마자 제페토는 화가 나 얼굴이 고추같이 빨갛게 변했고, 목수를 돌아보며 버럭 역정을 냈어요.

"왜 나한테 시비를 거는 거야?!"

"누가 시비를 걸었다고 그래?"

"나한테 폴렌디나라고 했잖는가!"

"내가 그런 게 아니야!"

"그럼 내가 그랬다는 건가? 분명 자네가 그랬지!"

"아니야!"

"맞아."

"아니야!"

"맞아!"

점점 더 열이 올라 이들의 말싸움은 몸싸움이 되었고, 서로 할퀴고 물고 때리며 치고받았어요. 주먹다짐이 끝나자, 안토니오 선생은 제페토의 노란 가발을 손에 쥐고 있었고, 제페토는 목수의 희끗희끗한 가발을 입에 물고 있었어요.

"내 가발 돌려주게!"

안토니오 선생이 큰 소리로 말했어요.

"자네도 내 가발을 주시게, 그리고 그만 화해하지."

두 노인은 각자 자신의 가발을 들고 악수하고 평생 좋은 친구로 지내기로 맹세했죠.

"그래서, 제페토. 당신이 나한테 부탁하고 싶은 게 뭔가?"

목수가 화해의 의미로 말했어요.

"내가 생각한 인형을 만들 나무토막이 있으면 하는데, 나한테 나무를 주겠는가?"

안토니오 선생은 아주 만족하며 바로 작업대로 가서 자신을 그토록 두렵게 만들었던 나무토막을 가져다주었죠. 그러나 친구에게 건네려는 순간 나무토막이 마구 움직이더니 손에서 휙 미끄러지며 불쌍한 제페토의 가느다란 정강이에 세게 부딪혔어요.

"아! 자네 꼭 이렇게 줘야겠는가, 안토니오 선생? 날 불구로 만들 뻔하지 않았나…!"

"맹세코 내가 그런 게 아니네!"

"그럼 내가 그랬다는 건가!"

"이 나무 때문이야…"

"나무 때문인 건 알지만, 내 다리에 던진 건 자네 아닌가!"

"난 던지지 않았네!"

"거짓말쟁이!"

"제페토, 날 화나게 하지 말게, 그렇지 않으면 폴렌디나라고 부를 걸세!"

"당나귀!"

"폴렌디나!"

"나귀!"

"폴렌디나!"

"못난 원숭이!"

"폴렌디나!"

폴렌디나라는 말을 세 번 듣자, 제페토는 눈이 뒤집혀 목수에게 달려들었고, 또 치고받고 싸웠어요. 싸움이 끝나자, 안토니오 선생은 코에 할퀸 상처가 두 개 더 생겼고, 제페토는 재킷 단추 두 개가 떨어져 나가 있었답니다. 그리하여 공평해진 두 사람은 악수하고 평생 좋은 친구가 되길 맹세했죠. 제페토는 좋은 나무를 받아 안토니오 선생에게 고맙다고 한 뒤, 절뚝거리며 집으로 돌아갔어요.

3

집으로 돌아온 제페토는 바로 꼭두각시 인형을 만들기 시작하고,
피노키오라는 이름을 붙였어요. 꼭두각시 인형의 첫 번째 장난.

제페토의 집은 층계 아래로 빛이 겨우 새어 들어오는 작은 지하
방이었어요. 가구는 단출하기 그지없었죠. 낡은 의자 하나, 썩 편해
보이지 않는 침대, 망가진 탁자가 전부였고, 뒷벽에 불을 지핀 벽난
로가 보였지만 사실 불은 그려진 것이었고 불 옆에는 보글보글 끓
고 있는 냄비가 진짜처럼 보이는 수증기를 밖으로 뿜어내고 있었
죠. 제페토는 집에 들어가자마자 바로 도구를 들고 자신의 나무 인
형을 조각하기 시작했어요.

"이름을 뭐라고 지어 줄까?"

그는 혼잣말로 중얼거렸죠.

"피노키오라고 불러야겠군. 이 이름은 얘에게 행운을 가져다줄
거야. 나는 피노키오 가족을 알았었죠. 아빠 피노키오, 엄마 피노키
오, 아이들 피노키오. 모두들 잘살았답니다. 그중에서 가장 부자였
던 피노키오가 구걸하고 다녔지만 말입니다."

꼭두각시 인형의 이름을 붙이자마자, 제페토는 본격적으로 작업
을 시작해서, 그 즉시 머리카락과 이마, 눈을 그렸어요. 그의 눈을
만들었을 즈음, 눈알이 막 움직이면서 자신을 쳐다본다는 것을 알
았을 때, 얼마나 놀랐을지 상상해 보세요. 제페토는 그 두 개의 나
무 눈이 자신을 쳐다보고 있는 것을 보고 기분이 나빠져, 화난 목소
리로 말했어요.

"이 못된 나무 눈, 왜 나를 쳐다
보는 거야?"

아무런 대답도 없었죠. 눈을 만
들고 코도 만들었지만, 코는 만들
자마자 자라기 시작했고, 자라고,
자라고 자라더니 몇 분 만에 끝
도 없이 긴 코가 돼 버렸어요. 불
쌍한 제페토는 코를 자르려고 애
썼지만, 잘라내고 짧게 할수록 그 건방진 코는 더 길어졌답니다. 코
를 놔두고 입을 만들었죠. 그런데 입은 다 만들어지기도 전에 깔깔
웃으며 제페토를 놀리기 시작했어요.

"그만 웃어!"

제페토가 못 참고 말했어요. 그러나 벽에 대고 말하는 것과 다름
없었죠.

"다시 말하지만, 그만 웃어!"

위협적인 목소리로 외쳤어요. 그러자 그 입은 웃음을 멈추었지
만, 혀를 날름 내밀었어요. 제페토는 작업을 망치지 않기 위해 눈치
채지 못한 척하고 계속 일을 했어요. 입을 만든 다음에는 턱을, 그
다음에는 목과 어깨와 팔과 손까지 만들었죠. 손을 끝내자마자 제
페토는 머리에 쓰고 있던 가발이 벗겨지는 걸 느꼈어요. 위를 올려
다보자 무엇이 보였을까요? 꼭두각시 인형 손에 자신의 노란 가발
이 들려 있었어요.

"피노키오!… 당장 내 가발을 돌려줘!"

피노키오는 돌려주기는커녕 자신의 머리에 가발을 썼어요. 가발
때문에 얼굴이 반쯤 파묻혔어요. 그 무례하고 조롱 섞인 태도에 제

페토는 평생 처음 느끼는 슬픔과 속상함에 복받쳤죠. 그리고 피노키오를 보며 소리치며 말했어요.

"이 말썽꾸러기 아들 녀석! 넌 다 만들어지지도 않았는데 이미 아버지에게 버릇없이 굴기 시작했구나! 나쁜, 나쁜 요 녀석!"

그리고 제페토는 눈물을 닦았어요. 다리와 발을 마저 만들어야 했기 때문이죠. 제페토가 두 발을 다 만들자, 갑자기 코끝을 걷어차는 것이 느껴졌어요.

"난 당해도 싸!"

그는 혼잣말했어요.

"이런 걸 진작 예상해야 했는데, 이제는 너무 늦었어!"

그런 다음 제페토는 꼭두각시 인형을 겨드랑이에 끼고, 걷게 만들려고 방바닥에 내려놓았죠. 피노키오는 다리에 감각이 없어 어떻게 움직여야 할지 몰랐어요. 제페토는 피노키오의 손을 잡고 한 걸음 한 걸음 내딛는 방법을 알려 주었죠. 다리에 감각이 생기자, 피노키오는 혼자 걷다가 이내 방안을 뛰어다니더니 집 문을 빠져나가 길거리를 향해 도망쳤어요.

불쌍한 제페토는 피노키오를 쫓아갔지만 붙잡을 수 없었어요. 개구쟁이 피노키오가 나무 발로 토끼처럼 껑충껑충 포장된 길을 뛰어다녔기 때문이에요. 마치 나막신 스무 켤레가 춤을 추는 듯 요란하게 삐걱거리는 소리가 났어요.

"쟤 좀 잡아 주세요! 저 녀석 좀 잡아요!"

제페토가 울부짖었지만, 거

리에 있던 사람들은 경주마처럼 달리는 나무 인형을 보고 놀라서 우뚝 멈춰 가만히 있었어요. 이런 상상도 못 할 광경을 보고 사람들은 웃고, 웃고 또 웃었어요.

그때 다행스럽게도 경찰관이 나타났습니다. 경찰관은 소란스런 소리를 듣고 망아지가 주인의 손에서 도망쳤다고 생각했어요. 그래서 더 일이 커지기를 막고자, 용감하게 길 한 가운데에 다리를 넓게 벌리고 섰어요.

그러나 피노키오는 저 멀리서부터 길 한가운데를 막아선 경찰관을 발견했고, 그의 다리 사이로 잽싸게 지나가려고 했지만 실패했어요. 경찰관은 꿈쩍도 안 하고 피노키오의 코를 가뿐히 잡아(경찰관에게 일부러 잡히게 만든 것같이 커다란 코였지요), 나무 인형을 제페토의 손에 넘겨주었어요. 그런데 제페토 할아버지가 피노키오 귀를 잡아당기려고 찾았을 때, 귀가 없어서 얼마나 놀랐을지 상상해 보세요. 왜 그런지 짐작이 가세요? 피노키오를 조각하는 동안 화가 나서 귀 만드는 것을 깜빡했기 때문이에요. 하는 수 없이 제페토는 피노키오의 목덜미를 잡고 뒤로 끌고 가면서 고개를 저으며 무섭게 말했어요.

"당장 집에 가자. 집에 도착하자마자 혼쭐내 주마!"

이 말을 듣자, 피노키오는 바닥에 몸을 던지고 더는 걸으려 하지 않았습니다. 그러는 동안 호기심에 찬 구경꾼들과 할 일 없이 배회하던 사람들이 모여들기 시작했어요. 그리고 저마다 한마디씩 내뱉었죠.

"불쌍한 꼭두각시!"

누군가는 이렇게 말했습니다.

"집에 가기 싫은 게 당연하지! 그 나쁜 제페토가 얼마나 때렸을

지 누가 알아!"

그리고 또 어떤 사람들이 심술궂은 말을 덧붙였어요.

"제페토는 좋은 사람처럼 보이지만 애들에게는 진짜 폭군이에요! 그 불쌍한 꼭두각시 인형을 그의 손에 맡기면, 산산조각 낼 수도 있어요!"

아무튼 이런 저런 말과 참견이 오간 후, 경찰관은 피노키오를 풀어 주고 불쌍한 제페토를 감옥으로 데려갔습니다. 자신을 변호할 논리가 없었던 불쌍한 제페토는 송아지처럼 울었고, 감옥으로 끌려가는 길에 더듬더듬 이런 말을 했어요.

"못된 아들 녀석 같으니! 나 혼자 잘살아 보려고 꼭두각시 인형을 만들었다고 생각하니? 아차, 이제 내 의무가 되었군! 진작에 그걸 고려했어야 했는데!…"

그 뒤에 일어나는 일은 믿기 어려울 정도로 이상한 이야기예요. 다음 장에서 여러분께 들려 드릴게요.

4

피노키오와 말하는 귀뚜리미의 이야기를 통해
불량한 아이들은 자신보다 더 많이 아는 사람에게 훈계받는 것을
얼마나 싫어하는지 보여 줍니다.

자, 그럼 여러분께 계속 이야기를 해 드릴게요. 불쌍한 제페토가 아무 잘못 없이 감옥에 끌려가는 동안, 경찰관 손아귀에서 벗어난 말썽꾸러기 피노키오는 들판을 가로질러 부리나케 달려서 제페토의 집으로 돌아왔어요. 정신없이 달리며 아주 높은 절벽과 가시나무 울타리, 물웅덩이를 뛰어넘었죠. 정말 맹렬히 달렸어요. 마치 새끼 염소나 새끼 산토끼가 사냥꾼에게 쫓기는 것 같았죠. 집에 도착해 보니 대문이 반쯤 열려 있었습니다. 피노키오는 문을 밀고 안으로 들어가 걸쇠를 걸자마자 바닥에 주저앉아 안도의 한숨을 쉬었죠. 그러나 그 안도감은 오래가지 못했습니다. 방 안 누군가가 이런 소리를 내는 것을 들었기 때문이에요.

"귀뚤―귀뚤―귀뚤."

"누가 나를 부르는 거야?"

피노키오가 겁에 질려 외쳤어요.

"나야!"

피노키오가 몸을 돌리자, 커다란 귀뚜라미가 천천히 벽을 기어오르는 것이 보였습니다.

"말해 봐, 귀뚜라미야, 너는 누구니?"

"나는 말하는 귀뚜라미고, 이 방에서 백 년 넘게 살았어."

그러자 피노키오가 말했어요.

"이제 이 방은 내 거야. 나한테 진짜 잘하고 싶다면 뒤도 돌아보지 말고 당장 나가 버려!"

귀뚜라미가 대답했죠.

"네게 중대한 진실을 말하지 않는 한 나는 여기를 떠나지 않을 거야."

"얼른 말하고 빨리 사라져."

"부모에게 반항하고 제멋대로 집을 부모의 집을 떠나는 아이들은 역경을 맞게 되지. 그런 아이들은 이 세상에서 절대 잘 살 수 없고, 금세 자신이 한 짓을 몹시 후회하게 될 거야."

"네가 보는 대로, 네 마음대로 떠들어 봐라, 이 귀뚜라미야! 하지만 나는 내일 새벽에 이곳을 떠날 거야. 왜냐면 내가 여기 계속 있으면, 다른 모든 아이에게 일어나는 일이 내게도 일어날 테니까. 나를 학교에 보내고 그게 사랑이든 강제든 날 공부하게 만들겠지. 너를 믿고 솔직하게 말하면, 나는 공부하고 싶지 않고 나비를 쫓고 나무에 올라가 둥지에 있는 새끼 새를 꺼내는 게 훨씬 재밌어."

"불쌍하고 멍청한! 그렇게 하면 너는 보기 좋은 당나귀 같은 멍청이가 될 거고, 모두가 너를 놀릴 거라는 걸 정말 모르는 거야?"

"입 좀 다물어, 이 재수 없는 귀뚜라미!"

피노키오가 외쳤어요.

그러나 인내심 가득한 철학자 같은 귀뚜라미는 이런 무례한 말에 화를 내는 대신 같은 어조로 반복해서 말했죠.

"학교에 가기 싫으면, 왜 기술이라도 배우지 않는 거야? 빵 한 조각이라도 정직하게 살 수 있도록 말이야."

"왜 그런지 알고 싶어? 세상 모든 직업 중에서 내가 진짜로 타고난 기술은 하나뿐이기 때문이야."

서서히 인내심을 잃기 시작한 피노키오가 대꾸했어요.

"그게 무슨 기술인데?"

"먹고, 마시고, 자고, 놀고. 아침부터 저녁까지 여기저기 돌아다니는 거지!"

말하는 귀뚜라미는 여전히 침착한 어조로 대화를 이어 갔어요.

"네가 말한 그런 규칙을 따르는, 그런 기술을 지닌 대부분 사람은 결국 병원이나 감옥으로 가게 되던데."

"조심해, 이 재수 없는 귀뚜라미야! 그렇게 계속 성질을 돋우면, 혼쭐내 줄 테니까!"

"불쌍한 피노키오! 너 정말 딱한 아이로구나…!"

"내가 딱한 아이라고?"

"왜냐면 너는 꼭두각시 인형이고, 더 나쁜 건, 너는 나무 머리를 가졌다는 거지."

이 마지막 말에 피노키오는 너무 화가 나서 벌떡 일어났어요. 그리고 작업대에서 망치의 나무 손잡이를 집어 들고 말하는 귀뚜라미에게 던졌어요.

아마도 진짜로 귀뚜라미를 때릴 생각은 아니었을 겁니다. 그러나 불행히도 망치 손잡이가 머리에 정통으로 맞았기 때문에 불쌍한 귀뚜라미는 귀뚤-귀뚤-귀뚤 가쁜 숨을 내쉬다가 결국 벽에 붙은 채 그대로 죽고 말았어요.

5

피노키오는 배가 고파서 오믈렛을 만들기 위해 달걀을 찾았어요.
그러나 딱 먹기 좋을 때 오믈렛이 창밖으로 날아가 버립니다.

그새 날이 어두워지기 시작했어요. 피노키오가 아무것도 먹지 않았다는 걸 깨닫는 순간, 배에서 꼬르륵하는 소리가 났어요. 식욕을 느끼는 것과 매우 비슷했지요. 그러나 아이들이 금세 배고파지듯, 얼마 지나지 않아 피노키오의 식욕은 허기짐이 되었고, 또 눈 깜짝할 사이에 늑대의 배고픔이 되었고, 그러다가 칼로 자르는 듯한 굶주림으로 바뀌었어요.

불쌍한 피노키오는 바로 난로로 달려가 끓고 있는 냄비에 무엇이 들어 있는지 뚜껑을 열어 보려 했지만, 냄비는 그저 벽화일 뿐이었죠. 이 순간 피노키오의 마음이 어땠을지 상상해 보세요. 이미 길었던 피노키오의 코는 적어도 손가락 네 개만큼은 더 길어졌어요.

그래서 피노키오는 방을 뛰어다니며 빵 한 조각이라도 찾으려고 모든 서랍과 찻장을 뒤지기 시작했어요. 하다못해 말라비틀어진 빵, 부스러기 빵, 개밥이 된 뼈, 곰팡이가 핀 옥수수죽, 생선 가시, 체리 씨 그러니까 쉽게 말해 씹을 수 있는 뭐라도 뒤적였지만, 아무것도 찾지 못했어요. 정말 아무것도 없었습니다.

그러는 동안 배는 더 고파 왔어요. 불쌍한 피노키오는 하품 외에 아무것도 할 수 없었고, 하품을 너무 많이 해서 어떨 때는 입이 귀에 닿을 정도였어요. 하품한 후에 침을 뱉으면 마치 위가 사라지는 것처럼 느껴졌어요. 피노키오는 이내 절망하여 울면서 소리쳤어요.

"말하는 귀뚜라미의 말이 맞았어! 내가 아빠 말을 듣지 않고 집을 떠난 건 잘못한 거야…. 아빠가 계셨다면 지금 내가 지금 하품하며 죽어 가진 않았을 텐데! 아! 굶주림은 얼마나 나쁜 병인지!"

그때 갑자기 피노키오의 눈에 쓰레기 더미 사이에 있는 하얗고 둥근 무언가가 보였습니다. 마치 암탉의 달걀 같았죠. 피노키오는 뛰어올라 그 위로 몸을 던졌어요. 자세히 보니 진짜 달걀이었어요.

꼭두각시 인형의 기쁨은 말로 표현할 수 없을 만큼 컸어요. 마치 꿈결 같았죠. 피노키오는 달걀을 이리저리 만지고 굴리고 입맞춤하며 중얼거렸어요.

"이제 어떻게 요리를 하지? 이 달걀로 오믈렛을 만들어야지…! 접시에 올려서 요리하는 게 더 나을까? 아니면 프라이팬에서 튀기면 더 맛있지 않을까? 요리하지 말고 후루룩 마실까? 아니야, 가장 빠른 방법은 냄비에 끓이는 것이지. 아, 진짜 너무 먹고 싶다!"

그렇게 말하면서 피노키오는 활활 타오르는 불 위에 작은 냄비를 놓았죠. 기름이나 버터 대신 물을 조금 넣었어요. 그리고 김이 모락모락 올라오자 '탁!' 하고 달걀 껍데기를 깨서 냄비 안에 넣으려 했습니다. 그런데 흰자와 노른자 대신에, 명랑하고 상냥한 병아리가 뛰쳐나와 밝고 공손하게 인사하는 게 아니겠어요.

"껍데기를 깨는 수고를 덜어준 피노키오 씨, 정말 감사합니다. 안녕히 계세요. 잘 지내시고 가족에게도 안부 전해주세요!"

그렇게 말하고는 병아리는 날개를 펴고 열린 창문을 통해 저 멀리 날아가 금세 눈앞에서 사라졌어요. 불쌍한 꼭두각시 인형은 마법에라도 걸린 것처럼 그 자리에서 눈을 껌뻑이면서 입을 벌리고 달걀 껍데기를 손에 든 채 멍하니 서 있었습니다. 정신을 차린 피노키오는 절망에 빠져 비명을 지르고 발을 구르며 울기 시작했어요.

"말하는 귀뚜라미 말이 맞았어! 내가 집에서 도망치지 않고 아버지가 여기 계셨다면 지금처럼 굶주리지 않았을 거야! 아! 굶주림은 얼마나 나쁜 병인지!"

피노키오는 한 번도 느껴 본 적 없는 굶주림을 느꼈고, 이를 진정시키는 방법을 몰랐어요. 꼭두각시 인형은 자신에게 빵 한 조각이라도 베풀어 줄 자선가를 만날 희망을 품고, 집 밖으로 나가 가까운 마을에 달려가기로 마음먹었습니다.

6

피노키오는 화덕 위에 발을 올려놓고 잠이 들었죠.
다음 날 아침에 일어나 보니 발이 다 타버렸습니다.

정말 지옥 같은 끔찍한 밤이었습니다. 세차고 요란하게 천둥이
치고 하늘에 불이 난 것처럼 번쩍번쩍 번개가 쳤죠. 차갑고 거친 바
람이 휘이휘이 소리를 내며 난폭하게 불며 엄청난 먼지구름을 일
으켰고, 들판에 있는 모든 나무가 삐걱거리고 흔들렸습니다.

피노키오는 천둥과 번개가 몹시 두려웠습니다. 그러나 굶주림
이 두려움보다 컸기에 집 문을 닫고 전속력으로 달려 백 걸음 만
에 마을에 도착했습니다. 사냥개처럼 혀를 내밀고 거칠게 숨을 몰
아쉬었죠.

그러나 마을은 온통 어두웠고 사막처럼 황량했어요. 상점은 문
을 닫았고 주택들의 문도, 창문도 다 닫혀 있었고 거리에는 개 한
마리도 얼씬거리지 않았습니다. 죽은 자들의 마을처럼 말이에요.

굶주림과 절망에 사로잡힌 피노키오는 어느 집 문 앞에 서서 초
인종을 끊임없이 눌렀습니다. 마음속으로 '누군가는 나오겠지'라고
생각하면서요.

갑자기 수면 모자를 쓴 어떤 할아버지가 나와 짜증스럽게 외쳤
어요.

"이 시간에 무슨 일이야?"

"제게 빵을 좀 주실 수 있을까요?"

"거기서 기다리면 금방 돌아오마."

할아버지가 답했어요. 할아버지는 피노키오가 모두 평화롭게 잠든 한밤중에 초인종을 울리는 말썽꾸러기 중 한 명이라고 여기고, 혼쭐내 줘야겠다고 생각하며 답했어요. 30분 후 창문이 다시 열리고 아까 그 할아버지가 피노키오에게 소리쳤습니다.

"여기, 아래로 와서 모자를 내밀렴!"

피노키오는 곧바로 쓰고 있던 작은 모자를 벗었어요. 그리고 모자를 내밀었더니, 어마어마한 물벼락이 쏟아져 머리부터 발끝까지 흠뻑 젖는 소리가 들렸어요. 마치 시들어가는 제라늄 화분이 물을 흡수하듯 말이죠.

그는 젖은 병아리처럼 배고픔과 피로에 지쳐 집으로 돌아왔어요. 더는 똑바로 설 힘도 없어 불씨가 가득한 화덕에 흠뻑 젖은 발을 얹고 앉았습니다. 그리고 피노키오는 그대로 잠이 들고 말았지 뭐예요. 그러자 자는 동안 나무로 만든 발에 불이 붙었고 재가 되고 말았어요. 피노키오는 자기 발이 타는 줄도 모르고 코를 골며 자고 있었습니다. 마침내 날이 밝자 피노키오는 누군가가 문을 두드리는 소리에 깨어났어요.

"누구세요?"

피노키오가 하품하고 눈을 비비며 물었어요.

"나다!"

어떤 목소리가 대답했습니다.

그 목소리의 주인공은 제페토였습니다.

7

제페토는 집으로 돌아와서 꼭두각시 인형에게 아침 식사를 줍니다.
이 불쌍한 사람이 자신이 먹으려고 가져왔던 것을 말이에요.

계속 잠만 자던 불쌍한 피노키오는 불에 타 버린 자신의 발을 아직 보지 못했어요. 아빠의 목소리를 듣자마자 등받이가 없는 의자에서 뛰어내려 문고리를 당기려고 했지만 두세 번 비틀거리다 바닥에 완전히 떨어져 버렸죠. 피노키오가 땅에 떨어질 때 마치 6층에서 국자들이 담긴 꾸러미가 떨어지는 것 같은 소리가 났습니다.

"문을 열렴!"

거리에서 제페토가 소리쳤다.

"아빠, 열 수가 없어요."

꼭두각시 인형이 울면서 바닥에 쓰러져서 대답했죠.

"왜 못 여니?"

"누가 제 발을 다 먹어 버렸기 때문이에요!"

"누가 네 발을 다 먹었다는 거냐?"

"고양이요."

피노키오는 자신의 앞발에 붙어 있는 나무 부스러기를 가지고 노는 고양이를 보며 말했어요.

"문 열라고 내가 말하잖니!"

제페토가 다시 소리쳤죠.

"안 그러면 집에 들어가서 너를 고양이에게 줘 버릴 거야!"

"저는 똑바로 설 수가 없어요, 아, 불쌍한 내 모습을 봐! 평생 무릎을 꿇고 걸어야 할 불쌍한 나를!"

제페토는 이 모든 징징거림이 꼭두각시 인형의 또 다른 장난이라고 생각했고, 빨리 끝내는 게 최선이라고 판단했죠. 그래서 벽을 타고 창문으로 올라가 결국 집으로 들어갔어요.

제페토는 애초에 생각한 대로 말하고 혼쭐내려 했으나, 발이 없이 바닥에 누워 있는 피노키오를 보자 마음이 약해졌어요. 제페토는 즉시 피노키오의 목을 받쳐 안고 여러 번 입을 맞추고 어루만지고 진심으로 달래 주었습니다. 그리고 반짝이는 눈물을 뺨에 떨어뜨리고 흐느끼며 말했죠.

"나의 작은 피노키오야! 어쩌다가 발을 태운 거니?"

"모르겠어요, 아빠. 하지만 정말로 정말 지옥 같은 끔찍한 밤이었어요. 제가 살아 있는 한 평생 기억할 거예요. 천둥이 치고, 번개가 쳤어요. 그리고 저는 너무 배가 고팠어요. 말하는 귀뚜라미가 제게 이렇게 말했어요. '잘됐네, 너는 나쁜 아이니까 그런 일을 당해도 싸!' 그래서 제가 귀뚜라미에게 말했어요 '가 버려, 귀뚜라미…!' 그러자 귀뚜라미가 제게 이렇게 말했어요. '너는 꼭두각시 인형이고 나무 머리를 가지고 있어.' 그래서 저는 망치 손잡이를 잡아 던졌고 귀뚜라미가 맞아 죽었어요. 근데 그건 귀뚜라미 잘못이에요. 저는 죽이려던 게 아니었단 말이에요. 그 증거가 뭐냐면, 화덕의 불에 냄비를 올려놓았는데 병아리가 뛰쳐나와 '안녕히 계세요…. 그리고 집에 안부를 전해주세요.'라고 말한 거죠. 저는 배가 너무 고파서 마을로 갔어요. 때마침 수면 모자를 쓴 어떤 할아버지가 창밖을 내다보다가 제게 먹을 걸 주겠다며 '모자를 내밀어'라고 했고, 저는 그 말만 믿고 모자를 내밀었다가 물벼락을 맞았어요. 빵을 조금 달라고 한 게 부끄러운 일은 아니잖아요… 안 그런가요? 그래서 저는 쫄

딱 젖어 바로 집으로 왔고 더 배가 고파져서 화덕에 발을 올려놓고 말리고 있었는데, 아침에 보니 발이 이렇게 타 있었어요. 배는 계속 고프고 발은 없어졌어요! 엉! 엉! 엉! 엉!"

불쌍한 피노키오는 5킬로미터 떨어진 곳에서도 들릴 정도로 큰 소리로 울고불고 소리치기 시작했어요. 제페토는 이 복잡한 이야기에서 단 한 가지, 꼭두각시 인형이 굶주려 죽어 가고 있다는 것을 알아차렸고, 주머니에서 배 세 알을 꺼내 피노키오에게 건네며 말했습니다.

"이 배 세 알은 내 아침 식사였지만 네게 기꺼이 주마. 이걸 먹으렴, 맛있게 먹어."

"제가 이걸 먹길 바라신다면 껍질을 벗겨 주세요."

"껍질을 벗겨 달라고?"

제페토가 놀라서 말했어요.

"네가 그렇게 입맛이 까다로울 줄 생각도 못했구나. 그럼 못 써! 이 세상은 무슨 일이 일어날지 모르기 때문에 어렸을 때부터 무엇이든 잘 먹는 데 익숙해져야 한단다!"

"아빠 말씀이 맞아요."

피노키오가 대답했죠.

"그래도 저는 껍질을 벗기지 않은 과일은 절대 먹지 않겠어요. 저는 껍질이 정말 싫단 말이에요!"

그러자 착한 제페토는 작은 칼을 꺼내 거룩한 인내심을 되뇌며 과일 껍질을 벗기고, 탁자 한구석에 놓았어요. 피노키오가 첫 번째 배를 집어 두 입 베어 먹고, 과일 속 심지를 멀리 던져 버렸습니다. 그러자 제페토가 피노키오의 팔을 잡고 말했어요.

"던지지 말아라. 이 세상의 모든 것은 다 쓸모가 있단다!"

"그래도 저는 이 심지를 절대 먹지 않아요!"

꼭두각시 인형이 독사처럼 몸을 돌리며 소리쳤어요.

"누가 아니! 나중에 필요해지는 일이 많이 생길지."

제페토가 화내지 않고 말했어요. 결국, 과일 속 심지는 창밖에 던져지는 대신 껍질과 함께 테이블 구석에 놓이게 되었습니다. 배를 먹은, 아니 먹어 치웠다는 표현이 맞겠네요. 피노키오는 아주 긴 하품을 하고 징징거리며 말했어요.

"나 배가 또 고파요!"

"내 아들아, 더는 줄 게 없단다."

"정말 아무것도, 아무것도 없어요?"

"내가 가진 것은 이 껍질과 배 심지들뿐이란다."

"그럼 어쩔 수 없죠!"

피노키오가 말했어요.

"다른 게 없다면, 껍질이라도 먹을게요."

그리고 피노키오는 껍질을 씹어 먹기 시작했어요. 처음에는 약간 얼굴을 찡그렸지만, 그리고 나선 한 번에 모든 껍질을 먹어 치웠습니다. 껍질을 먹은 후에는 심지도 먹어 치우고 다 먹은 후에는 만족스럽게 배를 두드리며 말했죠.

"이제 배가 안 고파요!"

제페토가 말했어요.

"그거 봐라, 입맛이 너무 까다롭고 예민하면 안 된다고 한 내 말이 맞지. 사랑하는 아들아, 너는 이 세상에서 무슨 일이 일어날지 절대 알지 못한다. 정말 많은 경우가 있단다!"

8

제페토는 피노키오의 발을 다시 만들어 줍니다.
그리고 자신의 외투를 팔아 철자법 책을 사 주죠.

배고픔이 가라앉자마자 꼭두각시 인형은 투덜거리며 울기 시작
했습니다. 새 발을 갖고 싶었기 때문이죠.

그러나 제페토는 피노키오가 장난친 것을 벌주기 위해 반나절
정도 울고 절망하게 내버려 두었다가, 한참 뒤에 입을 열었어요.

"내가 왜 너의 발을 다시 만들어야 하느냐! 네가 다시 집에서 뛰
쳐나가는 것을 보려고?"

꼭두각시가 울면서 말했어요.

"오늘부터 착하게 굴겠다고 약속할게요."

"모든 아이는 뭔가를 얻고 싶을 때 그렇게 말하지."

제페토가 말했어요.

"학교에 가고, 공부하고, 훌륭한 사람이 될게요…."

"모든 아이는 무언가를 얻고 싶을 때 똑같은 말을 하지."

"하지만 저는 다른 아이들과 달라요! 다른 모든 아이보다 제가 더
착하고, 항상 진실만을 말한단 말이에요. 약속해요, 아빠. 제가 기술
을 배워서 아빠가 늙어서 기댈 수 있는 버팀목이 될게요. 정말로요!"

제페토는 폭군 같은 얼굴을 하고 있었지만, 불쌍한 피노키오에
게 연민을 느꼈습니다. 이내 그의 눈에는 눈물이 고였고 마음속에
서는 뜨거운 무언가가 요동쳤어요. 그래서 제페토는 더는 아무 말
도 하지 않고 연장과 잘 다듬어진 나무 두 조각을 손에 들고 열심히

일하기 시작했습니다. 한 시간이 채 지나지 않아 마치 천재 예술가가 조각한 것처럼 단단하고 날렵해 보이는 두 발이 예쁘게 만들어졌어요. 제페토는 꼭두각시 인형에게 말했습니다.

"눈을 감고 잠을 자렴!"

그러자 피노키오는 눈을 감고 자는 척을 했어요. 그가 잠든 척하는 동안 제페토는 달걀 껍데기에 녹인 접착제를 조금 써서 두 발을 제자리에 붙였지요. 너무 잘 붙여서, 붙인 자국조차 없었어요. 꼭두각시 인형은 자신에게 발이 생긴 것을 깨닫자 누워 있던 탁자에서 뛰어내려 몇 번이나 공중제비를 돌고 너무 기뻐서 펄쩍펄쩍 뛰었어요.

피노키오는 아빠에게 말했어요.

"제게 해 주신 것에 보답하기 위해 바로 학교에 가고 싶어요."

"착하구나."

"하지만 학교에 가려면 옷이 필요해요."

주머니에 한 푼도 없는 가난한 제페토는 꽃무늬 종이로 만든 작은 옷과 나무껍질로 만든 신발 한 켤레, 빵의 부드러운 부분으로 만든 작은 모자를 주었어요. 피노키오는 잽싸게 달려가 물이 가득 찬 대야에 자신을 비춰보더니 너무 만족스럽고 자랑스러웠답니다.

"정말 신사 같아요!"

"정말 그렇구나! 멋진 옷이 아니라 깨끗한 옷이 신사를 만든단다, 기억해 두렴."

제페토가 말했어요.

"그런데, 학교에 가기 위해 꼭 필요한 것이 빠졌어요. 제일 중요하고 제일 필요한 것이요."

꼭두각시 인형이 말했죠.

"그게 뭐지?"

"철자법 책이 없어요."

"네 말이 맞아. 그런데 그건 어디서 구하지?"

"너무 쉬워요. 서점에 가서 사면 돼요."

"그럼 돈은?"

"저는 없어요."

"나도 없단다."

착한 할아버지는 점점 슬퍼하며 대답했죠. 그리고 피노키오는 매우 활달한 아이였지만 함께 슬퍼했어요. 정말로 가난했기 때문이죠. 정말로 가난하면, 모든 사람이, 심지어 아이까지도 가난을 이해하게 되거든요.

"어쩔 수 없지!"

제페토가 갑자기 일어나며 소리쳤어요. 그리고 여기저기 헝겊 조각으로 기운 낡은 코르덴 외투를 입고 집을 나섰습니다. 얼마 후 그가 집에 돌아왔을 때, 손에는 아들을 위한 철자법 책을 들고 있었지만, 외투는 없었어요. 불쌍한 제페토 할아버지는 셔츠만 입고 있었습니다. 밖에는 눈이 소복소복 내리고 있었어요.

"아빠, 외투는요?"

"팔았단다."

"왜 팔았어요?"

"더워서."

피노키오는 그 대답이 무슨 뜻인지 바로 이해했습니다. 감정이 벅차올라 울컥한 피노키오는 제페토의 목에 뛰어 매달리며 얼굴에 마구 뽀뽀 세례를 퍼부었어요.

9

눈이 그치자 피노키오는 멋진 새 철자법 책을 겨드랑이에 끼고 학교로 가고 있었습니다. 등굣길에 꼭두각시 인형의 작은 머릿속에는 수천 가지의 생각과 수만 가지 상상이 펼쳐졌어요. 그리고 혼자서 이렇게 중얼거렸어요.

"오늘 당장 학교에서 읽는 법을 배우고 싶어. 내일은 바로 쓰는 법을 배우고 싶고, 그다음 날에는 숫자 세는 법을 배우고 싶어. 그러면 내 기술로 돈을 많이 벌 테고, 내 주머니에 들어오는 첫 번째 돈으로 아빠에게 순모로 된 멋진 외투를 사 드려야지. 순모? 아니야. 은과 금, 다이아몬드 단추로 된 걸 사 드려야지. 우리 불쌍한 아빠는 그럴 자격이 있어. 나를 위해 책을 사 주시고 공부를 시키기 위해 아빠는 셔츠만 입고 있었단 말이야… 이 추운 날씨에! 그렇게 희생해 주는 아빠는 우리 아빠밖에 없을 거야!"

이렇게 말하고 깊은 감동을 받는 그때, 저 멀리서 피리소리와 북소리가 들리는 것 같았어요.

"피!피!피!피!피!피!"

"둥!둥!둥!둥!" 피노키오는 멈춰서 그 소리를 들었습니다. 그 소리는 해변에 있는 작은 마을로 이어지는 긴 길 끝에서 들려오는 거였어요.

"이 음악은 뭐지? 학교에 가야 하는데, 안 그러면…."

피노키오는 어쩌지 못하고 제자리에 서 있었습니다. 학교에 가든지 아니면 피리 소리를 듣든지 어쨌든 결단을 내려야만 했어요.

"오늘은 피리 소리를 들으러 가고, 내일 학교에 가야지. 학교는 언제든 갈 수 있으니까."

피노키오는 결국 어깨를 으쓱하며 이렇게 말했죠. 그리고는 옆길로 쑥 미끄러져 가서 달리기 시작했어요. 달릴수록 피리와 북소리가 더 선명하게 귓가에 울렸습니다.

"피!피!피!" "피!피!피!" "둥!둥!둥!둥!"

그리고 커다란 나무로 만들어진 형형색색의 캔버스 천막 주위로 사람들이 가득 모여 있는 광장 한가운데에 다다랐어요.

"저 천막은 뭐지?"

피노키오가 그 마을에서 온 한 아이에게 물었어요.

"간판을 읽어 봐, 저기 써 있잖아, 그럼 알게 될 거야."

"나도 읽고 싶지만, 오늘은 읽을 줄 몰라."

"바보! 그럼 내가 읽어 줄게. 저 간판에는 불처럼 붉은 글씨로 '꼭두각시 인형 대극장'이라고 써 있어."

"연극이 시작된 지 오래됐어?"

"지금 시작해."

"입장료는 얼마야?"

"동전 4개."

호기심에 불타오른 피노키오는 참을성을 잃고 이야기를 나누던 아이에게 창피한 줄도 모르고 말했습니다.

"내일 갚을 테니 동전 4개를 빌려줄 수 있니?"

"있으면 당연히 줄 텐데, 그런데 오늘은 정말 줄 수가 없어."

꼬마 아이는 놀리며 대답했죠.

"동전 4닢에 내 윗도리를 팔게."

꼭두각시 인형이 말했어요.

"꽃무늬 종이 옷이 무슨 소용이 있겠어? 비가 오면 다 젖을 텐데."

"내 신발을 살래?"

"불 지피기에는 좋겠네."

"모자는 얼마에 살 수 있니?"

"좋은데! 빵의 부드러운 부분으로 만든 모자! 그런데 쥐가 먹으러 머리 위로 올 수도 있겠어!"

피노키오는 애가 타기 시작했어요. 피노키오는 마지막 흥정을 하려고 했지만, 용기가 나지 않았습니다. 망설이고 우물쭈물하고 괴로워하다 마침내 이렇게 말했죠.

"이 새 철자법 책을 동전 4닢에 살래?"

"나는 어린아이고, 어린아이들한테 아무것도 사지 않아."

피노키오보다 더 현명했던 그 작은 아이가 이렇게 대답했어요.

"내가 동전 4개에 철자법 책을 사마!"

대화를 듣고 있던 중고품 거래 상인이 외치는 게 아니겠어요? 그리고 피노키오는 그 자리에서 책을 팔아 버렸어요. 불쌍한 제페토 할아버지가 아들에게 철자법 책을 사주기 위해 셔츠만 입고 추위에 몸을 떨며 집에 있는 모습을 떠올려보세요!

10

꼭두각시 인형들이 이들의 형제인 피노키오를 알아보고
성대한 잔치를 열어줍니다. 그 순간 만자푸오코가 등장합니다.
피노키오는 끔찍한 최후를 맞이할 위기에 처합니다.

피노키오가 꼭두각시 인형 극장에 들어가자 깜짝 놀랄 만한 사건이 일어났습니다. 막이 올랐고 공연은 이미 시작됐는데 말이죠. 무대 위에는 아를레키노[2]와 풀치넬라[3]가 있었어요. 늘 그랬듯 말다툼하며 언제라도 서로 치고받겠다며 위협하며 투덕거리고 있었어요. 온 주의를 기울인 관객들은 그 두 꼭두각시 인형의 말다툼을 듣고 폭소를 터트렸습니다. 마치 생각하고 말할 수 있는 두 마리의 동물 혹은 어디서나 볼 수 있는 사람들 같았기 때문이죠.

그런데 갑자기 아를레키노가 연기를 멈췄습니다. 그러더니 관객을 향해 몸을 돌리고 객석 뒤에 있는 피노키오에게 손을 흔들면서 극적인 목소리로 외쳤어요.

"이게 무슨 일이야! 꿈이야 생시야! 저기 피노키오가 있어!⋯ "

"진짜 피노키오다!"

풀치넬라가 소리쳤어요.

"진짜야!"

무대 뒤에 있던 로사우라 부인[4]이 엿보며 소리쳤습니다.

"피노키오야! 피노키오!"

모든 꼭두각시 인형들이 무대 양옆에서 뛰어내리며 외쳤어요.

"피노키오다! 우리 형제 피노키오야! 피노키오 만세!"

"피노키오, 이리 올라와! 너의 나무 형제들 품으로 얼른 뛰어와!"

아를레키노가 소리쳤어요. 따뜻한 환대에 피노키오는 단번에 뛰어올라 천막 뒤쪽의 특등석 자리로 갔어요. 그런 다음 한 단 더 뛰어서 유명한 지휘자 머리 위에 올라타고 거기서 무대 위로 달려나갔어요. 꼭두각시 인형들은 피노키오를 꼭 껴안고, 목을 조르기도 하며, 친구에게 하듯이 꼬집고, 형제들끼리나 하는 박치기 장난으로 맞아줬어요. 피노키오는 나무 배우들로부터 상상하기 어려운 시끌벅적한 환대를 받았어요.

이 장면은 감동적이었어요. 그러나 좌석에 있던 관객들은 공연이 더는 진행되지 않자 참지 못하고 소리치기 시작했습니다.

"우리는 인형극을 보고 싶다고! 인형극을 계속해!"

그러나 소용없었어요. 꼭두각시 인형들은 공연을 계속하는 게 아니라 오히려 더 크게 떠들고 소리쳤으며 피노키오를 어깨에 올려놓고 사람들 앞에 당당히 나섰어요.

그때 꼭두각시 인형극 단장이 모습을 드러냈어요. 보기만 해도 침이 꼴깍 넘어갈 정도로 못생겼고 턱수염은 턱에서 땅바닥까지 내려올 정도로 길고 구불구불하고 잉크가 묻은 것처럼 검었어요. 걸을 때 턱수염이 발로 밟힐 정도였으니까요. 입은 화덕만큼 넓고 눈은 붉은 유리로 된 전구가 켜져 있는 것 같았죠. 그리고 손에는 뱀과 여우 꼬리를 꼬아서 만든 큰 채찍이 들려 있었고 종종 휘둘렀어요.

예상치 못한 인형극 단장의 등장에 모두가 입을 다물었어요. 아무도 입도 뻥끗 하지 않았어요. 파리가 날아다녔다면 그 소리가 들릴 정도였어요. 불쌍한 꼭두각시 인형들은 나뭇잎처럼 파르르 떨고 있었어요.

"왜 내 공연을 망치러 온 거냐?"

인형극 단장은 오싹한 오우거 같은 목소리로 피노키오에게 물었습니다.

"제 말 좀 들어주세요, 훌륭하신 분, 제 잘못이 아니에요…!"

"그만! 오늘 밤에 두고 보자."

공연이 끝나자, 단장은 부엌으로 가서 저녁 식사로 먹을 고급 양고기를 꼬챙이에 꽂아 천천히 돌렸습니다. 그리고 요리를 완성할 나무 땔감이 부족했기에 그는 아를레키노와 풀치넬라를 불러 말했어요.

"저기 못에 걸려 있는 꼭두각시 인형을 데려오너라. 분명 아주 잘 마른 나무로 만든 꼭두각시 인형 같던데, 불씨에 던지면 고기 굽기에 좋은 불을 피울 수 있을 거야."

아를레키노와 풀치넬라는 처음에는 망설였어요. 그러나 주인의 따가운 눈총에 겁에 질려 그냥 따르기로 했어요. 잠시 후 그들은 피노키오를 팔에 끼고 부엌으로 돌아왔어요. 그는 물에서 나온 새끼 뱀장어처럼 파닥거리며 필사적으로 소리쳤어요.

"아빠, 살려주세요! 죽고 싶지 않아요, 죽고 싶지 않아!…"

11

만자푸오코는 재채기하고 피노키오를 용서합니다.
피노키오는 친구 아를레키노를 죽음에서 구해냈어요.

'불을 먹는 사람'이라는 뜻의 만자푸오코[5], 인형극 단장은 무서운 사람처럼 보였습니다. 특히 가슴과 다리 전체를 덮고 있는 검은 수염을 보면 무섭지 않다고 할 수 없었지요. 하지만 그의 마음 깊은 곳은 그리 나쁜 심성만 있지 않았어요. 불쌍한 피노키오가 자기 앞에서 "죽기 싫어요! 죽고 싶지 않아요!"라고 외치며 이리저리 몸부림치는 모습을 보고 바로 연민을 느꼈다는 게 바로 그 증거였죠. 그는 가여움과 불쌍함을 느꼈고, 코가 간질간질해 한참을 참아 보려 했지만, 더는 참지 못하고 마침내 크게 재채기를 했습니다.

그러자 그때까지 괴로워하며 수양버들처럼 고개를 푹 수그리고 있던 아를레키노의 얼굴을 밝아졌어요. 아를레키노는 피노키오를 향해 몸을 숙여 작은 목소리로 속삭였어요.

"좋은 소식이야. 형제여! 꼭두각시 단장이 재채기했어. 그가 너를 불쌍히 여기고 이제 네가 안전하다는 신호야!"

모든 사람은 누군가를 불쌍히 여길 때 눈물을 흘리거나 적어도 눈물을 닦는 척이라도 하지만, 특이하게도 만자푸오코는 그럴 때마다 재채기하는 습관이 있었기 때문이었죠. 재채기는 만자푸오코의 마음이 얼마나 여린지 다른 사람들이 알아챌 수 있게 하는 가장 좋은 신호였습니다. 재채기한 후에도 단장은 계속 심술궂게 피노키오에게 소리쳤어요.

"그만 울지 못해! 네가 우는 소리 때문에 내 뱃속 깊숙한 곳, 여기를 아프게 한다고… 나는 거의 경련을… 거의, 거의… 에취! 에취!"

그리고 재채기를 두 번 더 했습니다.

"저런, 몸조심하세요!"

피노키오가 말했어요.

"고마워, 네 아버지와 어머니는 아직 살아 계시니?"

만자푸오코가 물었어요.

"아버지는 살아 계세요, 어머니는 뵌 적이 없고요."

"내가 지금 너를 불타는 숯불 사이에 던지면 네 늙은 아버지가 얼마나 슬퍼할지 누가 알겠니! 불쌍한 노인! 참으로 불쌍해…! 에취, 에취, 에취!"

그리고 그는 세 번 더 재채기했어요.

"건강 잘 챙기세요!"

피노키오가 말했어요.

"고맙구나! 근데 결국 나도 불쌍하다는 거지. 보다시피 내게 굽고 있는 양고기를 익힐 나무가 더는 없기 때문이야. 그리고 솔직히 말하면 이 경우에 너는 아주 큰 도움이 되었을 테지! 그러나 지금 네가 가여워서 참아야겠구나. 대신에 우리 극장의 꼭두각시 인형을 꼬치 아래에서 태워야겠다. 여봐라! 병정!"

그의 외침에 즉시 두 명의 나무 병정이 나타났어요. 아주 길고, 비쩍 말랐고, 머리에 램프 모양의 모자를 쓰고 손에 칼집이 없는 칼을 들고 있었어요.

그러자 인형극 단장이 거친 목소리로 이들에게 말했습니다.

"저 아를레키노를 데려가서 잘 묶은 다음 불에 태워 버려. 내 양고기가 잘 구워지도록!"

불쌍한 아를레키노를 상상해 보세요! 그는 너무 놀라 다리에 힘이 풀렸고 곧 바닥에 쓰러졌어요. 피노키오는 그 끔찍한 광경을 보고 단장의 발에 매달려 서럽게 울면서 그의 긴 수염을 눈물로 적시며 애원하기 시작했어요.

"자비를 베풀어주세요, 신사 만자푸오코 님!"

"여기에는 신사가 없어!"

단장이 단호하게 대답했지요.

"자비를, 기사님…."

"여기엔 기사도 없어!"

"자비를, 사령관님…."

"사령관도 없어!"

"자비를, 각하!"

각하라는 소리를 듣고 인형극 단장은 바로 좋아서 입이 벌어지더니 갑자기 더 인간적이게 되어 피노키오에게 친절하게 말했어요.

"그러니까, 나한테 원하는 게 뭐야?"

"불쌍한 아를레키노에게 자비를 베풀어주시길 바랍니다…!"

"여기에 그런 자비는 없다. 너를 살려 준 대신 아를레키노는 불태워야 한다. 내 숫양을 잘 굽고 싶기 때문이지."

"그렇다면, 나는 내가 해야 할 일을 알겠어요."

피노키오가 일어나더니 빵 속 부드러운 부분으로 만든 모자를 던지며 비장하게 외쳤어요.

"자, 병정 여러분! 저를 묶어서 저 불길 속으로 던져 주세요. 내 진짜 친구, 불쌍한 아를레키노가 나를 위해 죽는 것은 옳지 않아요!"

우렁찬 목소리로 영웅처럼 말을 하자, 그 장면을 본 모든 꼭두각시 인형들이 울기 시작했어요. 나무로 만들어진 두 병정도 젖먹이 어린 양들처럼 울었습니다. 만자푸오코는 처음에는 얼음 조각처럼 굳어지더니 움직이지 않았어요. 그러나 천천히 그리고 서서히 감동하고 크게 재채기하기 시작했죠. 네댓 번의 재채기를 한 후 다정하게 팔을 벌리고 피노키오에게 말했어요.

"너는 정말 착한 아이구나! 이리 와서 내게 입을 맞춰 주렴."

피노키오는 바로 달려가 단장의 턱수염 위로 기어 올라가 코끝에 아름다운 입맞춤을 했어.

"그럼, 자비를 베푸시는 건가요?"

불쌍한 아를레키노가 기어들어 가는 목소리로 물었습니다.

"자비를 베풀어주마!"

만자푸오코가 대답했어요. 그리고 한숨을 쉬고 머리를 흔들며 말을 이었지요.

"참자! 오늘 저녁에는 양고기를 반쯤은 날것으로 먹기로 하지. 그러나 다음에는 누구 차례가 될지 모른다!"

자비를 베풀겠다는 소식을 듣고 꼭두각시 인형들은 모두 무대로 달려나갔어요. 축하 공연이라도 하는 것처럼 조명과 샹들리에를 밝히고 춤을 추기 시작했습니다. 새벽이 되어서도 계속 말이죠.

12

만자푸오코는 제페토에게 가져다주라고
피노키오에게 금화 5개를 줍니다.
그러나 피노키오는 여우와 고양이의 속임수에 빠져
그들과 함께 떠나 버려요.

그다음 날 만자푸오코는 피노키오를 따로 불러 물었어요.

"네 아버지의 이름이 뭐니?"

"제페토예요."

"무슨 일을 하시니?"

"돈 못 버는 직업을 갖고 계세요."

"얼마나 버시니?"

"주머니에 한 푼도 넣지 못할 만큼 버세요. 저한테 학교에서 쓰는 철자법 책을 사주기 위해 아빠가 입고 있던 유일한 외투를 팔아야 할 정도예요."

"세상에, 그렇게 가난하다니! 정말 가엾구나. 여기 금화 5개가 있다. 당장 아빠에게 갖다 드리고 내 안부를 전해 주거라."

여러분이 예상하듯 피노키오는 인형극 단장에게 감사하다는 표현을 셀 수 없이 여러 차례 했고, 극단에 있던 모든 꼭두각시에게, 심지어 병정들도 하나하나 꼭 껴안았어요. 그리고 기쁨에 가득 차 집으로 향하기 시작했습니다.

그러나 집으로 가는 길에 5백 미터도 가지 않아 한쪽 다리를 저는 여우와 두 눈이 안 보이는 고양이를 만났어요. 이들은 이런 불행한 상황에서도 서로를 도와주며 좋은 길동무로 걸어가고 있었어요. 절름발이 여우는 고양이에게 기댔고, 눈먼 고양이는 여우의 안내를 받고 있었지요.

"안녕하세요, 피노키오."

여우가 피노키오에게 정중하게 인사했습니다.

"내 이름을 어떻게 알아?"

꼭두각시 인형이 물었어요.

"나는 네 아빠를 잘 알아."

"내 아빠? 아빠를 어디서 봤는데?"

"어제 아빠 집 문 앞에서 봤어."

"뭘 하고 계셨는데?"

"셔츠 차림으로, 추위에 떨고 계셨어."

"불쌍한 아빠! 그러나 신의 뜻으로 오늘부터 아빠는 더는 추위에 떨지 않을 거야!"

"왜?"

"내가 큰 부자가 되었으니까!"

"네가 큰 부자라고?"

여우가 이렇게 말하고 조롱하듯 크게 웃었습니다. 고양이도 비웃었지만, 앞발로 콧수염을 쓰다듬으며 가렸어요.

"뭐가 웃기다는 거야!?"

피노키오는 화가 나서 소리쳤어요.

"군침을 흘리게 해서 미안한데, 정말 여기 있는 게 뭔지 궁금하다면 말해 줄게. 이건 5닢의 아름다운 금화지."

그리고 피노키오는 만자푸오

코에게 선물로 받은 동전을 꺼냈어요. 동전이 내는 기분 좋은 쨍그랑 소리에 여우는 자기도 모르게 절뚝거리던 다리를 쭉 뻗었고, 고양이는 청사초롱처럼 두 눈을 크게 떴습니다. 그러나 금세 눈을 감아 피노키오는 아무것도 눈치채지 못했어요.

"그럼 이제, 이 금화로 뭘 하고 싶니?"

여우가 물었어요.

"우선은 아빠에게 금과 은으로 만든, 다이아몬드 단추가 달린 아름다운 새 외투를 사 드리고 싶고, 나를 위해서는 철자법 책을 사고 싶어."

인형이 말했어요.

"너를 위해?"

"진짜야. 학교에 가서 공부하고 싶거든."

"날 봐!"

여우가 말을 이었어요.

"공부에 대한 어리석은 열정 때문에 나는 다리를 잃었지."

"날 봐!"

이번에는 고양이가 말했어요.

"공부에 대한 어리석은 열정 때문에 나는 두 눈이 멀었지."

그 순간 길가에 난 울타리에 앉아 있던 흰 찌르레기가 평소처럼 짹짹거리며 말했습니다.

"피노키오, 나쁜 친구들의 말을 듣지 마. 그렇지 않으면 후회할 거야!"

불쌍한 찌르레기, 그 말을 하지 않았다면! 고양이가 펄쩍 뛰어서 찌르레기에게 달려들었고, 인사할 시간도 주지 않고 깃털까지 통째로 한입에 삼켜 버렸습니다. 다 먹은 후에는 입을 닦으며 아까처럼 다시 눈을 감고 장님 행세를 했어요.

"불쌍한 찌르레기! 그렇게 못되게 대했어야만 했니?"

피노키오가 고양이를 보며 이야기했어요.

"찌르레기에게 교훈을 주려고 그랬지. 이제 다음에는 다른 사람의 대화에 끼어들지 않아야 한다는 것을 배웠겠지."

집에 가는 길을 절반 이상 지났을 때 여우가 갑자기 멈추더니 꼭두각시 인형에게 말했어요.

"혹시, 금화를 두 배로 만들고 싶지 않니?"

"무슨 말이야?"

"네가 가진 5닢의 금화를 100개, 1000개, 2000개로 만들고 싶어?"

"당연하지! 어떻게?"

"방법은 아주 쉽지. 근데 집에 돌아가는 대신 우리와 함께 가야 해."

"어디로 가는 건데?"

"헛간 올빼미의 나라[6]로."

피노키오는 한참 생각한 후에 단호하게 대답했어요.

"아니야, 나는 거기 가고 싶지 않아. 이제 집에 거의 다 왔고, 아빠가 나를 기다리고 계시잖아. 불쌍한 아빠⋯. 어제 내가 집에 오지 않아서 얼마나 기다리셨을까. 나는 못된 아들이고, 말하는 귀뚜라미가 '순종하지 않는 아이들은 이 세상에서 잘 살 수 없어.'라고 말한 게 맞았어. 나에게 많은 불행이 닥쳐 죽을 뻔했고, 어제 저녁에도 만자푸오코의 집에서 위험에 처했지. 아, 생각만 해도 소름이 돋아!"

"그래서 정말로 집에 가고 싶은 거냐? 그럼 그렇게 해. 너만 손해지, 뭐."

여우가 퉁명스럽게 말했어요.

"너만 손해지, 뭐!"

고양이가 따라 말했어요.

"잘 생각해, 피노키오. 넌 지금 행운을 걷어차는 거야."

"행운을!"

고양이가 따라 말했습니다.

"너의 금화 5닢이 하룻밤 사이에 2000닢이 될 텐데 말이야."

"2000!"

고양이가 따라 외쳤지요.

"근데 어떻게 그렇게 많아질 수 있지?"

피노키오가 놀라서 입을 벌리고 물어봤어요.

"내가 바로 설명해 주지."

여우가 말했어요.

"올빼미들의 나라에는 모두가 '기적의 들판'이라고 부르는 축복받은 들판이 있어. 이 들판에 작은 구멍을 만들고, 예를 들면 금화하나를 넣는 거지. 그리고 그 구멍을 약간의 흙으로 덮는 거야. 거기에 샘물 두 통을 뿌리고, 그 위에 소금을 조금 친 다음 저녁에 잠자리에 드는 거야. 다음 날 아침에 일어나 밭으로 가면 무엇을 보게되는지 알아? 밤사이 금화가 싹을 틔우고 꽃을 피워서, 아름다운이삭이 가득 찬 6월의 밀알처럼, 금이 주렁주렁 열린 멋진 나무를보게 될 거야!"

피노키오는 아까보다 더 놀라서 말했어요.

"그렇다면, 내가 금화 5개를 묻으면, 그다음 날 아침에는 몇 개의금화가 있을까?"

"그야 손가락으로도 할 수 있는 아주 쉬운 계산이지. 금화 하나가 500개의 금화가 된다면, 500에 5를 곱하면 되지. 다음 날 아침에 2500개의 빛나는 금화가 네 주머니에 있을 거야."

"우와! 진짜 대단하다!"

피노키오가 기뻐서 춤을 췄습니다.

"금화를 수확하자마자 2000개는 내가 갖고, 나머지 500개는 너희들에게 선물로 줄게."

"우리에게 선물을 주겠다고?"

여우가 기분이 상해 화를 내며 말했어요.

"신이여, 그런 일이 없기를!"

"그런 일이 없기를!"

고양이가 따라 했어요.

"우리는 나쁜 이익을 취하려고 일하지 않아. 우리는 다른 사람들을 풍요롭게 하기 위해 일할 뿐이야."

"다른 사람들을!"

고양이가 또 따라 했어요.

'참 좋은 이들이구나.' 피노키오는 속으로 생각했습니다. 그리고 그 장단 속에서 아빠, 새 외투, 철자법 책, 그리고 결심한 좋은 마음을 모두 잊어버리고 여우와 고양이에게 말했어요.

"어서 가자. 나도 너희들과 함께 갈게."

13

걷고 또 걸어 마침내 초저녁이 되어서야 이들은 지친 몸을 이끌고 붉은 가재 여관에 도착했습니다.

"여기서 좀 쉬자. 뭐라도 먹고 몇 시간만 쉬다 가자. 자정에 다시 출발하면 내일 새벽에는 기적의 들판에 도착할 거야."

여우가 말했어요.

셋은 여관에 들어가 식탁에 앉았지만 모두 입맛이 없었어요. 불쌍한 고양이는 위가 너무 아파서 토마토소스를 곁들인 숭어 서른다섯 마리와 파마산치즈로 요리한 곱창 요리를 4인분밖에 먹지 못했어요. 그리고 곱창은 충분히 양념이 되지 않은 것 같아 버터와 치즈를 세 번이나 더 추가해 먹었지요!

여우 또한 몇몇 음식을 먹었을 테지만, 의사가 식단조절을 하라고 했기 때문에 간단하게 먹었답니다. 매콤달콤한 토끼 요리에 통통한 어린 암탉과 아침에 새벽을 알리며 울었던 수탉 고기를 곁들이는 것에 만족해야 했어요. 토끼 다음에는 자고새, 다시 토끼, 개구리, 도마뱀, 낙원의 포도로 만든 스튜를 주문했어요. 그 외에 다른 것은 시키지 않았어요. 여우는 음식이 너무 질겨 아무것도 입에 넣을 수 없다고 했습니다.

가장 적게 먹은 건 피노키오였어요. 피노키오는 호두 한 알과 작은 빵 한 조각을 주문하고 이것마저도 접시에 전부 남겼어요. 이 불쌍한

아이는 기적의 들판 생각에 사로잡
혀 먹지 않아도 금화 덕분에 배가
부른 것 같았답니다.

식사를 마친 여우가 여관 주인
에게 말했어요.

"좋은 방 두 개를 주세요. 하나는
피노키오 씨를 위한 방이고 하나
는 저와 제 친구가 쓸 방입니다. 우리 떠나기 전에 잠을 좀 자자. 하
지만 여행을 계속해야 하니까 자정에는 일어나야 한다는 걸 절대
잊어버리면 안 돼."

여관 주인은 "네, 알겠습니다."라고 대답하며 여우와 고양이에게
윙크했어요. 마치 '무슨 뜻인지 눈치챘고, 무슨 말인지 알아들었어
요…!' 하는 것처럼 말이죠.

피노키오는 잠자리에 들자마자 금세 잠이 들었고 꿈을 꿨습니
다. 꿈속에서 피노키오는 자신이 들판 한가운데 있는 것 같았어요.
들판에는 포도송이가 가득한 덤불이 넘쳐났고, 이 덤불에는 금화가
달려 있었습니다. 그 금화들이 바람에 흔들리면서 마치 '원하는 사
람은 누구든지 따 가세요'라고 하는 것 같이 짤랑짤랑 소리를 냈습
니다. 손을 뻗어 그 아름다운 금화들을 한 움큼 따 주머니에 넣으려
는 가장 결정적인 그 순간, 갑자기 침실 문을 세 번이나 세게 두드
리는 소리에 피노키오는 잠이 깨고 말았어요. 여관 주인이 자정이
됐다고 알려 주러 온 것이었죠.

"내 친구들은 준비가 되었나요?"

꼭두각시 인형이 물었습니다.

"준비되었고 말고요! 두 시간 전에 벌써 떠났는걸요."

"왜 그렇게 빨리 간 거죠?"

"고양이가 자신의 형이 발에 동상이 걸려 위독하다고 연락을 받았기 때문이죠."

"고양이와 여우가 저녁 식사비는 지불했나요?"

"설마요! 그 사람들은 매우 예의 바른 사람들이라 고귀하신 손님을 모욕할 분들이 아니죠."

"유감이에요! 그런 모욕이라면 저는 기쁘게 생각했을 텐데요."

피노키오가 머리를 긁적이며 말했어요. 그리고 여관 주인에게 물었습니다.

"그 착한 친구들이 어디서 나를 기다린다고 했어요?"

"내일 아침 동틀 무렵 기적의 들판에서요."

피노키오는 자신과 친구들의 저녁 식사 값으로 금화 한 닢을 지불하고 떠났습니다. 그러나 여관 밖이 너무 어두워서 아무것도 보이지 않았기 때문에 더듬더듬 천천히 나아갔어요. 들판에서는 나뭇잎 흔들리는 소리조차 들리지 않았습니다. 이따금 새 몇 마리가 피노키오 코앞에서 이쪽 울타리에서 저쪽 울타리 사이로 날아가며 날개를 퍼덕일 뿐이었죠. 그러면 피노키오는 겁에 질려 뒷걸음질 치며 "거기 누구야!" 하고 외쳤어요. 그러면 멀리 있는 주변 언덕에서 메아리가 울려 퍼졌습니다.

"거기 누구야? 거기 누구야?"

피노키오는 걸어가면서 나무 그루터기에 앉은 작은 동물을 보았어요. 투명한 야간 전구처럼 창백하고 흐릿하게 빛나고 있었죠.

"누구세요?"

피노키오가 물었습니다.

"나는 말하는 귀뚜라미의 그림자야."

그 작은 동물은 저 너머 세계에서 온 듯, 낮고 희미한 목소리로 대꾸했어요.

"나한테 바라는 게 무엇이니?"

꼭두각시 인형이 말했어요.

"너한테 충고를 하나 하고 싶어. 다시 돌아가. 그리고 네게 남은 4개의 금화를 가엾은 아버지에게 가져다 드려. 너희 아빠는 더는 너를 볼 수 없을까봐 절망해서 울고 있어."

"내일 우리 아빠는 큰 부자가 될 거야. 왜냐면 4닢의 금화가 2000개로 늘어날 테니까."

"하룻밤 사이에 너를 부자로 만들어 주겠다고 약속하는 이들을 믿지 마. 그런 말을 하는 사람들은 미쳤거나 아니면 사기꾼이니까! 내 말 잘 들어! 돌아가."

"그래도 계속 앞으로 가고 싶어."

"이미 늦은 시간이야!"

"나는 계속 앞으로 가고 싶어."

"밤이 너무 깊어지는데…."

"난 계속 가고 싶어."

"길이 위험한데…."

"계속 가고 싶어."

"마음대로 변덕부리는 아이들은 금방 후회한다는 걸 명심해."

"늘 하던 얘기구나. 잘 가, 귀뚜라미."

"잘 가, 피노키오. 하늘이 너를 짙은 이슬과 강도들로부터 지켜주길."

이 말을 하자마자 말하는 귀뚜라미는 마치 전등이 꺼지듯 사라졌고, 길은 아까보다 더 어두워졌어요.

14

말하는 귀뚜라미의 충고를 듣지 않은 피노키오는
강도를 만나게 됩니다.

꼭두각시 인형은 여행을 계속하면서 혼자 중얼거렸어요.

"정말로 우리 아이들은 불쌍해! 모두 훈계만 하고, 가르치려 들고 충고를 하지. 그렇게 말하게 내버려 두면 자기들이 아버지나 스승이라도 되었다고 생각하지, 말하는 귀뚜라미를 포함해서 전부다. 귀뚜라미가 말하는, 나한테 일어난다는 그 많은 불행을 알고 싶지 않았어! 내가 강도를 만나게 된다니! 나는 강도를 한 번도 상상해 본 적도 없고 지금도 그런 일을 당할 거라 생각하지 않아. 살인자는 그저 밤에 나가 놀고 싶어 하는 아이들을 겁주기 위해 아빠들이 지어낸 얘기일 뿐이라고. 그리고 내가 길에서 살인자들을 만난다고 하더라도 무서워할 줄 알아? 천만에. 나는 오히려 살인자들 면전에다 소리칠 거야! '살인자님들, 나한테 원하는 게 뭐죠? 나한테 장난칠 생각을 꿈에도 마시죠! 조용히 갈 길이나 가세요!' 이렇게 무섭게 말하면 그 불쌍한 살인자들은 바람처럼 사라지겠지. 도망치지 않을 정도로 예의 없는 자들이라면 내가 달아나면 되지. 그럼 끝이야…."

그러나 피노키오는 그 생각을 마칠 수 없었어요. 그의 바로 뒤에서 나뭇잎이 바스락거리는 소리가 들렸기 때문이죠. 피노키오는 몸을 돌려 어둠 속에서 석탄 주머니를 쓴 두 개의 검은 형상이 마치 유령처럼 그를 쫓고 있는 것을 보았어요.

'정말 뭐가 있잖아!' 피노키오는 속으로 생각했어요. 그는 4개의 금화를 어디에 숨겨야 할지 몰라 자신의 입속, 혀 밑에 숨겼습니다. 그리고 잽싸게 도망치려고 했어요. 그러나 첫발을 떼기도 전에 누군가 자신의 팔을 붙잡는 것이 느껴졌고, 깊은 동굴에서 들려오는 듯한 낮은 음성의, 무서운 두 목소리가 들렸어요.

"죽기 싫으면 지갑을 내놔!"

피노키오는 입안의 동전 때문에 아무런 말도 할 수 없었어요. 그래서 그는 자루에 난 구멍으로만 볼 수 있는 두 멍청이에게 자신이 불쌍한 꼭두각시 인형이며, 주머니에는 가짜 동전조차 없다는 걸 이해시키려고 온갖 손짓 발짓을 다 했습니다.

"그만! 그만! 그만하고 돈이나 내놔!"

두 강도가 무섭게 소리쳤어요.

그리고 꼭두각시 인형은 머리와 손을 흔들며 '내게는 아무것도 없어요!'라고 말하는 듯한 시늉을 했습니다.

"돈을 내놓지 않으면 죽어!"

덩치 큰 강도가 위협했어요.

"죽어!"

다른 녀석도 따라 말했지요.

"너를 죽이고, 네 아빠도 죽일 거야!"

"네 아빠도!"

"안 돼, 안 돼, 절대 안 돼! 불쌍한 우리 아빠는 안 돼!"

피노키오가 절망적으로 울부짖었습니다. 그러자 입안에서 금화가 짤랑거리는 소리가 났어요.

"이 못된 놈! 혀 밑에 돈을 숨겼지? 당장 뱉어내!"

그러나 피노키오는 저항했어요!

"아이! 이 귀머거리야! 기다려 봐, 내가 뱉어내게 해 줄 테니!"

그러자 한 명은 꼭두각시 인형의 코를, 다른 한 명은 턱을 붙잡고 입을 크게 벌리도록 양쪽으로 거칠게 잡아당기기 시작했어요. 그러나 소용없었지요. 꼭두각시의 입은 못으로 박고 조인 것 같았답니다.

그러자 키 작은 강도는 큰 칼을 꺼내 지렛대와 끌처럼 입안에 밀어 넣으려고 했지만, 피노키오가 번개처럼 재빠르게 손을 물어뜯어 뱉어 버렸습니다. 그런데 땅에 떨어진 것은 손이 아닌 고양이의 앞발이었어요! 그 순간 피노키오가 얼마나 놀랐을지 상상해 보세요.

첫 승리로 용기를 얻은 피노키오는 강도들의 손에서 가까스로 풀려나 길가 울타리를 넘어 들판으로 달아나기 시작했습니다. 강도들은 토끼를 쫓는 두 마리의 사냥개처럼 그를 쫓았어요. 한 발을 잃은 강도는 한쪽 다리로만 달렸는데, 도대체 어떻게 달릴 수 있었는지는 모르겠네요.

그렇게 15킬로미터 정도를 뛰고 나니 피노키오는 더는 견딜 수가 없었어요. 피노키오는 길을 잃은 것 같아 아주 높은 소나무의 가지를 타고 올라가 나무 꼭대기에 앉았습니다. 강도들도 따라 올라가려고 했지만, 중간 정도에 이르렀을 때 미끄러져 땅으로 떨어지면서 손발의 가죽이 벗겨졌어요.

그러나 이들은 포기하지 않고 소나무 밑에 마른 나뭇가지를 다발로 모아 불을 질렀습니다. 소나무는 순식간에 바람에 흔들리는 촛불처럼 타오르기 시작했어요. 피노키오는 불길이 점점 더 높이 솟구치는 것을 보고 가만히 있다간 비둘기구이가 될 것 같아 나무 꼭대기에서 몸을 날려 내려왔고, 들판과 포도밭을 뛰어다니기 시작했습니다. 그리고 그의 뒤를 강도들이 끊임없이 쫓았죠.

　　그러는 사이 날이 훤히 밝아 오기 시작했습니다. 이들은 계속 쫓고 쫓기며 달리고 있었어요. 그러다 갑자기, 피노키오는 앞길이 흙탕물로 가득한 웅덩이로 막힌 것을 발견했습니다.

　　"이걸 어쩌지?… 하나, 둘, 셋!"

　　꼭두각시 인형이 소리를 지르며 웅덩이를 뛰어 건너갔어요. 그리고 강도들도 따라 뛰었지만 제대로 거리를 재지 못해 풍덩! 하고 웅덩이 한가운데로 떨어졌어요. 물에 빠지는 소리와 물방울 튀는 소리를 들은 피노키오는 웃으며 크게 외쳤어요.

　　"즐거운 수영 되세요, 강도님들!"

　　그리고 피노키오가 이들이 정말로 물에 빠져 죽었을지도 모른다고 생각하며 고개를 돌리자, 둘은 여전히 자루에 싸인 채 밑이 빠진 바구니처럼 물을 줄줄 흘리며 뒤따라오는 모습이 보였어요.

15

용기를 잃은 꼭두각시가 땅에 털썩 주저앉아 항복하려는데, 고개를 돌리자 저 멀리 녹음이 짙은 숲 가운데 눈처럼 하얀 작은 집이 보였습니다.

'저 집까지만 가면 도움을 받을 수 있을 거야!' 피노키오는 속으로 이렇게 생각했어요. 그리고 조금의 망설임도 없이, 최선을 다해 숲속을 달리기 시작했습니다. 강도들도 계속해서 피노키오를 따라왔어요. 거의 두 시간 동안 필사적으로 달린 끝에 피노키오는 숨을 헐떡이며 그 작은 집에 도착하여 문을 두드렸습니다. 그러나 아무도 대답하지 않았죠.

다시 아주 세게 문을 두드렸습니다. 뒤에 따라오던 강도들의 힘겨워하는 숨소리와 거친 발소리가 점점 가까워졌기 때문이에요. 여전히 집 안에서는 아무 소리도 들리지 않았습니다.

두드려도 소용이 없다는 것을 깨달은 피노키오는 필사적으로 문을 발로 차고 주먹으로 치기 시작했어요. 그랬더니 아름다운 어린 소녀가 집 창밖으로 얼굴을 내밀었어요. 파란머리에 양초처럼 하얀 얼굴인데 눈은 감겨 있고 두 손을 가슴에 얹고 입술은 움직이지 않은 채, 다른 세상에서 들려오는 듯한 작은 목소리로 말했어요.

"이 집엔 아무도 없어. 모두 죽었어."

"너라도 문을 좀 열어줘!"

피노키오가 울면서 애원했습니다.

"나도 죽었어."

"죽었다고? 그럼 창문에서 뭘 하는 건데?"

"관이 와서 나를 데려가길 기다리고 있지."

그렇게 말하자마자 어린 소녀는 사라졌고 창문은 소리 없이 닫혔습니다.

"아! 아름다운 파란머리 소녀야!"

피노키오가 울부짖었어요.

"제발 열어줘. 강도들에게 쫓기는 불쌍한 아이에게 자비를…"

그러나 피노키오는 자신의 목을 움켜쥐고 아까와 같은 무서운 두 목소리가 위협하는 것을 느꼈기 때문에 말을 끝낼 수 없었어요.

"이제 더는 도망 못 간다!"

눈앞에 죽음이 번쩍이는 것을 본 꼭두각시는 너무 무서워 덜덜 떨었습니다. 너무 심하게 떨어 나무로 된 다리 관절에서 소리가 나고 혀 밑에 숨겨둔 금화들도 소리를 냈어요.

"그래서? 이제 입을 열 거야 말 거야? 어이! 대답 안 해?… 계속 그렇게 해 봐. 우리가 네 입을 열어 줄 테니!"

강도들이 말했어요. 그리고 면도날처럼 날이 선, 아주 긴 칼을 꺼내 피노키오의 옆구리를 두 번 찔렀습니다. 그러나 다행히도 꼭두각시 인형은 아주 단단한 나무로 만들어졌기 때문에 칼날이 산산조각 났고, 강도들은 손잡이만 남은 칼을 든 채 멍하니 서로 얼굴만 쳐다보게 됐습니다.

"좋아. 저 녀석 목을 매달아야겠어! 당장 저 녀석을 목매달자고!"

"저 녀석 목을 매달자고!"

한 명이 말하자 다른 한 명이 따라 외쳤어요. 그렇게 말하면서 이들은 피노키오의 두 손을 등 뒤로 묶고 목에 올가미를 걸어 커다란 참나무라고 불리는 나무에 매달았습니다. 그리고는 풀밭에 앉아 꼭두각시가 마지막 여행을 떠나길 기다렸어요.

그러나 꼭두각시 인형은 세 시간이 지난 후에도 여전히 눈을 뜨고 입을 꾹 다문 채 더욱더 발버둥을 치고 있었지요. 기다리다 지루해진 강도들은 피노키오를 향해 비아냥대고 웃으며 말했습니다.

"내일까지 잘 있어라. 우리가 다시 이곳으로 오면 입을 크게 벌리고 죽어 있는 너를 확인할 수 있는 호의를 베풀길."

그리고 그들은 떠나 버렸어요. 맹렬한 바람, 분노에 가득 찬 듯한 바람에 나무에 매달린 피노키오의 몸이 이리저리 흔들렸습니다. 마치 축제를 알리는 종이 울리듯 격렬하게 흔들렸죠. 그 흔들림에 피노키오는 경련이 났고, 목을 점점 더 조여 오는 올가미가 그의 숨을 앗아갔어요.

조금씩 조금씩 눈앞이 흐릿해졌고, 죽음이 다가오는 것을 느꼈습니다. 그러나 언젠가는 자비로운 영혼이 나타나 자신을 도와줄지도 모른다는 희망을 놓지 않았죠. 기다리고 또 기다려도 아무도 나타나지 않자 이번엔 불쌍한 아빠가 생각났습니다. 죽어 가면서도 피노키오는 이렇게 중얼거렸어요.

"아 나의 아빠! 아빠가 여기 계셨더라면!…"

그리고 피노키오는 다른 말을 할 틈도 없이 숨이 멎었어요. 눈을 감고 입을 벌리고 다리를 쭉 늘어트리고 크게 버둥거리더니 굳어 버린 듯 꼼짝하지 않았습니다.

16

파란머리를 지닌 아름다운 소녀가 꼭두각시 인형을 데려갑니다.
침대에 눕히고 의사 셋을 불러 생사를 확인하죠.

강도들에 의해 커다란 참나무에 목이 매달린 불쌍한 피노키오는
살아 있기보다 이미 죽은 것처럼 보였지요. 그 순간 아름다운 파란
머리 소녀가 다시 창문을 열고 모습을 드러냈어요. 나무에 목이 매
달려 거센 바람에 춤추듯 흔들리는 불쌍한 피노키오를 여긴 소녀는
손뼉을 세 번 치고 발을 세 차례 굴렀습니다. 이 신호에 빠르게 날아
가는 날갯소리가 나더니 큰 매 한 마리가 와서 창가에 앉았어요.

"무엇을 명령하시는지요, 나의 친절한 요정님?"

매가 존경의 표시로 부리를 내리며 말했어요(사실 파란머리 소녀
는 그 숲속에서 천 년 넘게 산 아주 마음씨 좋은 요정이었어요).

"큰 참나무 가지에 매달려 있는 꼭두각시 인형이 보이니?"

"네, 보여요."

"그럼 당장 날아가서,
네 강한 부리로 공중에
매달려 있는 매듭을 끊
고 참나무 밑 풀밭에 그를 조심히 내려놓
으렴."

매가 날아갔다가 2분 뒤에 돌아와 말했
습니다.

"시키신 대로 했어요."

273

"어때? 살았니, 죽었니?"

"이미 죽은 것처럼 보였어요. 그런데 제가 목에 감긴 매듭을 풀자마자 숨을 내쉬더니 '이제 좀 낫네'라고 중얼거린 걸 보면 아직 살아 있는 것 같아요."

요정이 손뼉을 두 번 치고 발을 두 번 굴렸습니다. 그러자 뒷발로 똑바로 서서 사람처럼 걸어 다니는 위풍당당한 푸들이 나타났습니다. 푸들은 격식을 제대로 갖춘 마부 같은 모습이었습니다. 머리에는 목까지 내려오는 구불구불한 흰색 가발과 그 위에 금으로 장식된 삼각모를 쓰고 있었고, 다이아몬드로 만든 단추로 장식된, 주인이 준 뼈다귀를 담을 수 있는 커다란 주머니가 달린 초콜릿색 재킷을 입고 있었지요. 거기에 진홍색 벨벳 반바지에 실크 스타킹 차림에, 굽이 낮은 구두를 신고, 비 올 때 꼬리를 덮는, 청록색 새틴으로 만든 일종의 꼬리 우산도 있었습니다.

"어서, 메도로!"

요정이 푸들에게 말했어요.

"내 마구간에서 가장 아름다운 마차를 타고 숲을 통과하는 길로 가거라. 커다란 참나무 아래에 도착하면 풀밭에 누워 반쯤 죽은 꼭두각시 인형을 발견할 거야. 조심히 부축해서 마차 쿠션 위에 잘 눕혀 여기로 데려오렴. 알아들었지?"

푸들은 알아들었다는 의미로 뒤에 다린 청록색 새틴 덮개를 서너 번 흔들더니 재빠르게 출발했어요.

얼마 지나지 않아 마구간에서 아름다운 하늘색 마차가 나오는 것이 보였습니다. 마차 안에는 카나리아 깃털이 가득 채워져 있었고, 휘핑크림과 레이디핑거 크림이 감싸져 있었어요. 백 마리의 흰쥐가 마차를 끌고 있었고, 마부석에 앉은 푸들은 늦을까 걱정되는 듯 채찍을 이리저리 휘둘렀습니다.

15분도 안 되어 마차가 돌아왔어요. 기다리고 있던 요정은 가엾은 꼭두각시 인형을 품에 안고 자개 장식이 있는 작은 방으로 데려간 후, 즉시 근처에서 가장 유명한 의사들을 불렀습니다. 잠시 후 의사들이 하나둘 도착했습니다. 까마귀, 올빼미 그리고 말하는 귀뚜라미였지요.

"선생님들의 소견을 듣고 싶습니다. 이 가엾은 꼭두각시 인형이 살았는지 죽었는지 알고 싶어요."

요정이 피노키오가 누운 침대 옆에 서 있는 세 의사에게 말했어요.

이 말에 까마귀가 가장 먼저 앞으로 나와 피노키오의 맥박을 짚었고, 코와 새끼발가락을 만져보았어요. 진찰한 후 엄숙한 어조로 말했습니다.

"제 생각에는 꼭두각시는 죽은 거나 마찬가지예요. 불행히도 죽지 않았다면, 아직은 그저 살아 있다는 확실한 징후일 정도죠."

올빼미가 말했어요.

"제 친구이자 저명한 의사 동료인 까마귀와 반대 의견이라 유감이네요. 제 생각에 꼭두각시는 여전히 살아 있습니다. 불행히도 죽지 않았다면, 아직은 그저 살아 있다는 확실한 징후일 정도죠."

"당신은 왜 아무 말씀도 하지 않으십니까?"

요정이 말하는 귀뚜라미에게 물었어요.

"신중한 의사는 무슨 말을 해야 할지 모를 때 조용히 해야 하죠. 게다가 저에게는 꼭두각시 인형이 구면이 아닙니다. 저는 꼭두각시를 오랫동안 알고 있었습니다!"

그러자 지금까지 진짜 나무토막처럼 꼼짝도 하지 않던 피노키오가 갑자기 침대 전체가 흔들릴 정도로 경련을 일으키기 시작했어요.

"저 꼭두각시 인형은 소문난 말썽꾸러기입니다"

말하는 귀뚜라미가 말했어요. 피노키오는 눈을 떴다가 바로 다시 감았습니다.

"말썽꾸러기에, 게으르고, 여기저기 돌아다니는 아이죠⋯."

피노키오가 이번엔 이불로 얼굴을 가렸어요.

"저 꼭두각시 인형은 불쌍한 아버지를 절망에 빠져 죽게 할 말썽꾸러기 아들입니다!"

이때 방 안에서 흐느끼고 우는 소리가 들렸어요. 이불을 살짝 들추자 피노키오가 울고 있는 모습이 보였을 때, 모두 얼마나 놀랐는지 생각해 보세요.

"죽은 자가 우는 것은 회복되고 있다는 징후입니다."

까마귀가 엄숙하게 말했어요. 이번엔 부엉이가 말을 이었습니다.

"친구이자 저명한 의사 동료와 반대 의견이라 유감이지만, 죽은 사람이 우는 것은 죽기 싫다는 징후이지요."

17

피노키오는 사탕을 먹고는 약은 먹지 않겠다고 하죠.
하지만 장의사들이 자기를 데리러 오는 것을 보자 결국 약을 삼킵니다.
그리고는 거짓말을 하니 그 벌로 코가 길어지죠.

세 명의 의사가 방을 나가자마자 요정은 피노키오에게 다가가 이마를 짚었습니다. 피노키오가 말도 못 할 정도의 고열에 시달리고 있다는 걸 알게 되었죠. 그러자 요정은 물 반 컵에 흰 가루를 녹여 꼭두각시 인형에게 다정하게 건네주며 말했습니다.

"이걸 마시면 며칠 안에 회복될 거야."

피노키오는 유리잔을 보고 입을 약간 삐쭉거리더니 칭얼대는 목소리로 말했어요.

"달아요, 써요? 쓰면 안 마실래요!"

"내 말 들으렴, 얼른 마셔."

"저는 쓴 걸 싫어한단 말이에요."

"얼른 마셔. 다 마시면 입가심으로 사탕을 한 알 줄게."

"사탕이 어디 있어요?"

"자, 여기 있어."

요정이 황금으로 된 그릇에서 사탕을 꺼내며 말했지요.

"사탕 알을 먼저 먹고 싶어요. 그리고 쓴 물을 마실게요…."

"약속할 수 있니?"

"네…."

요정이 사탕 알을 주자 피노키오는 단숨에 씹어 삼킨 후 입술을 핥으며 말했어요.

"사탕도 약이라면 얼마나 좋을까? 그럼 매일 먹을 텐데!"

"이제 약속을 지키고 이 물을 몇 모금만 마시면 다시 건강해질 거야."

피노키오는 마지못해 유리잔을 손에 들고 코끝을 컵에 넣어 보았어요. 그런 다음 입을 대었다가 다시 코를 넣었습니다.

"으악, 너무 써요. 너무 써! 저 못 마시겠어요!"

"먹어 보지도 않고 어떻게 그렇게 말할 수 있니?"

"저는 알 수 있어요! 냄새를 맡았더니 알 수 있었어요. 사탕 하나를 더 먹고 싶어요…. 그리고 나서 이걸 마실게요!"

그러자 요정은 좋은 엄마의 인내심을 발휘해 사탕 하나를 입에 더 넣어 주고는 다시 잔을 건네주었습니다.

"이렇게는 못 마시겠어요!"

꼭두각시 인형은 오만상을 찌푸리며 말했어요.

"왜?"

"제 발밑에 있는 베개 때문에 짜증이 나서요!"

요정이 베개를 치웠어요.

"소용없어요! 그래도 못 마시겠어요."

"또 뭐가 신경 쓰이니?"

"방문이 반쯤 열려 있는 게 짜증 나요."

요정이 가서 방문을 닫았어요.

"어쨌든, 저는 이 쓴 물을 마시고 싶지 않아요. 싫어요! 싫어요! 싫어!"

피노키오가 울음을 터트리며 소리쳤습니다.

"나의 피노키오야, 그러다가 후회하게 될 거야."

"상관없어요."

"너는 큰 병에 걸렸어."

"상관없어요."

"몇 시간 있으면 열이 너를 저세상으로 데려갈 거야…"

"상관없어요."

"죽음이 무섭지 않니?"

"하나도 안 무서워요!… 그 맛없는 약을 마시느니 차라리 죽는 게 낫겠어요."

이때 방문의 활짝 열리더니 잉크처럼 새까만 토끼 네 마리가 걸어 들어왔어요. 어깨에는 죽은 사람을 넣는 작은 관을 메고 있었어요.

"나한테 뭘 원하는 거야?"

피노키오가 겁에 질려 벌떡 일어나 침대에 앉으며 소리쳤어요.

"널 데리러 왔지."

가장 큰 토끼가 말했지요.

"나를 데려간다고…? 난 아직 안 죽었어!"

"아직은 아니지. 하지만 열을 내려 줄 약을 먹지 않았으니 이제 몇 분밖에 살지 못해."

"오, 나의 요정님, 나의 요정님! 그 유리잔을 빨리 주세요…. 어서요, 제발! 저 죽고 싶지 않아요… 죽기 싫어요…."

꼭두각시 인형이 소리를 지르기 시작했어요. 그리고는 양손으로 잔을 들고 단숨에 마셔 버렸습니다.

"어쩔 수 없군! 이번에는 우리가 헛걸음했네."

토끼들이 말했어요. 그리고 다시 작은 관을 어깨에 메고 작은 소리로 중얼중얼 불평하면서 방을 나갔습니다. 그리고 몇 분 뒤 피노키오는 침대에서 뛰어내렸어요. 치료가 잘 마무리된 것이지요. 나무 인형은 잘 아프지도 않고 또 매우 빨리 회복할 수 있는 특별한 능력을 지니고 있었답니다.

그리고 요정은 우렁찬 울음소리로 새벽을 알리는 수탉처럼 활기차고 쾌활하게 방을 뛰어다니며 장난을 치는 피노키오를 보며 말했어요.

"내 약이 정말로 네게 효과가 있었지?"

"좋고말고요! 저를 다시 이 세상으로 데려왔는걸요…!"

"그런데 왜 약을 마시라고 그렇게 여러 번 부탁하게 했니?"

"아이들은 원래 다 그런 거예요! 우리는 아픈 것보다 약이 더 무섭단 말이에요."

"부끄러운 줄 알아야지! 아이들은 제시간에 좋은 약을 먹는 것이 심각한 병, 심지어 죽음에서도 구할 수 있다는 걸 알아야 한단다!"

"아! 그래도 다음번에는 그렇게 여러 번 부탁하게 만들지 않을게요! 다음에도 이런 상황이 오면 어깨에 관을 멘 검은 토끼를 기억할 거예요…. 그리고 약이 든 컵을 받아들고 바로 쭉 마실 거예요!"

"이제 가까이 와서 어쩌다 살인자들의 손아귀에 들어가게 되었는지 말해 주렴."

"어떻게 된 거냐면요, 꼭두각시 인형들을 부리는 만자푸오코가 제게 금화 5개를 주면서 말했어요. '자, 네 아버지께 가져다드려라!' 그래서 저는 금화를 들고 집으로 돌아가다가 여우와 고양이를 만났는데, 친절한 둘이 저에게 말했어요. '이 동전이 1000개, 2000개가 되길 바라니? 기적의 들판에서는 가능해! 그곳으로 데려다줄게.' 그래서 저는 그들을 따라갔어요. 그런데 걷다 보니 힘들었는지 여우와 고양이가 '붉은 가재 여관에서 잠시 쉬었다가 자정이 지나면 다시 출발하자.'고 했어요. 그래서 여관에서 잠시 쉬다가 여관 주인이 깨워서 한밤중에 일어났는데 둘은 이미 떠나고 없었죠. 결국, 저는 혼자 출발해 걷기 시작했는데, 너무 어두웠어요. 어두운 길거리에서 석탄 자루를 뒤집어쓴 강도 둘을 만났는데 이들이 '돈 내놔!'라고 했고 그래서 저는 입안에 금화를 숨기고선 돈이 없다고 했어요. 그러자 강도 중 한 명이 제 입에 손을 넣으려고 했고, 어쩔 수 없이 물어뜯었는데 그게 손이 아니라 고양이 앞발이었어요! 강도들은 계속 저를 쫓았고, 저는 달리고 달렸는데 결국 따라잡혔고, 그들은 저를 이 숲속 나무에 목을 걸어 매달아 놓고 이렇게 말했어요. '내일 다시 이곳으로 돌아오면 네가 죽어서 입을 벌리고 있을 테니, 네 혀 아래 숨겨둔 금화를 가져갈 것이다!'라고요."

"그럼 금화 4개는 어디에 두었니?"

요정이 물었어요.

피노키오는 "잃어버렸어요."라고 대답했지만, 거짓말이었지요. 사실은 주머니에 있었거든요. 거짓말을 하자마자 이미 길어져 있던 코가 손가락 두 개 길이만큼 더 늘어났어요.

"어디에서 잃어버렸니?"

"여기 숲 근처에서요."

두 번째 거짓말에 그의 코는 좀 더 자랐답니다. 요정이 말했어요.

"네가 여기 숲 근처에서 잃어버렸다면, 우리가 찾아서 다시 줄게, 이 근처 숲에서 잃어버린 것은 반드시 찾을 수 있으니까."

"아, 이제 기억났어요!"

꼭두각시 인형이 다시 거짓말을 하며 답했지요.

"금화 4개는 잃어버린 것이 아니라 제가 요정님이 주신 약을 마시면서 같이 삼켜 버렸어요!"

이 세 번째 거짓말로 그의 코는 너무 길어졌어요. 가여운 피노키오는 고개를 돌릴 수도 없었어요. 이쪽으로 돌리면 코가 침대나 유리창에, 저쪽으로 돌리면 벽이나 침실 문에 부딪히고 조금만 높이 들면 요정의 눈을 찌를 것 같았기 때문이죠. 그러자 요정은 그를 보고 웃었습니다.

"왜 웃으세요?"

꼭두각시 인형이 눈에 띄게 커진 그의 코에 당황하고 곤란해하며 물었습니다.

"네 거짓말 때문에 웃었어."

"제가 거짓말한 걸 어떻게 아셨어요?"

"거짓말에는 두 가지가 있어. 하나는 다리가 짧아지는 거짓말, 다른 하나는 코가 길어지는 거짓말이지. 네 거짓말이 바로 코가 길어지는 거짓말에 해당해."

피노키오는 너무 부끄러워서 방에서 도망쳐 어디론가 숨고 싶었지만 그럴 수도 없었습니다. 코가 너무 길어져서 문을 지나갈 수 없었기 때문이에요.

18

피노키오는 여우와 고양이를 다시 만나고
그들과 함께 기적의 들판에 동전 4개를 심으러 갔습니다.

여러분이 예상하셨다시피 요정은 코가 침실 문을 통과할 수 없을 만큼 커져 30분이나 울고불고하는 피노키오를 교육하기 위해 그대로 내버려 두었습니다. 그녀는 꼭두각시 인형에게 엄격하게 대했어요. 아이들이 보여 주는 가장 나쁜 습관, 거짓말을 피노키오 스스로 고치게 하기 위해서요. 그러나 얼마나 시간이 지났을까, 요정은 눈이 튀어나올 정도로 낙심한 피노키오를 보자 동정심이 생겨 손뼉을 쳤어요. 그러자 그 신호에 수많은 딱따구리 떼가 창문을 통해 방안으로 들어왔고, 모두 피노키오의 코에 앉아 코를 쪼아 대기 시작했지요. 그러자 몇 분 안에 그 거대하고 부자연스러운 코가 자연스러운 크기로 줄어들었습니다.

"당신은 정말 좋은 분이세요, 나의 요정님."

피노키오가 눈물을 닦으며 말했어요.

"그리고 제가 당신을 얼마나 사랑하는지!"

"나도 너를 정말 사랑한단다."

요정이 대답했지요.

"나와 함께 있고 싶다면, 너는 내 남동생이 되고 나는 너의 누나가 될 텐데…."

"저도 기꺼이 그러고 싶어요…. 그런데 불쌍한 제 아빠는요?"

"내가 전부 생각해 두었단다. 네 아빠는 벌써 소식을 받으셨어.

해지기 전에 이리로 오실 거야."

"정말요?"

피노키오가 기쁨에 방방 뛰며 울었습니다.

"그러면 나의 요정님, 괜찮으시다면 아빠를 만나러 가고 싶어요! 저 때문에 너무 고생하신 불쌍한 아빠에게 뽀뽀해 드리고 싶어요!"

"어서 가렴. 그러나 길을 잃어버리지 않도록 조심해. 숲길을 쭉 따라가면 아빠를 만날 수 있을 거야."

피노키오는 길을 나섰고, 숲에 들어가자마자 노루처럼 달렸지요. 그러나 커다란 떡갈나무 앞에 거의 도착했을 때, 나뭇가지 사이에 누군가가 있다는 생각이 들어 멈춰 섰습니다. 그리고 진짜로 누군가가 길에서 나타났어요. 과연 누구였을지 상상되시나요? 바로 여우와 고양이, 그러니까 붉은 가재 여관에서 저녁을 함께 먹은 동무들이었습니다.

"이야, 여기 우리 친구 피노키오네!"

여우가 피노키오를 끌어안고 입을 맞추며 소리쳤어요.

"여기는 어쩐 일이야?"

꼭두각시 인형이 말했지요.

"얘기가 길어. 나중에 여유 있을 때 말해 줄게. 그런데 지난밤 너희들이 여관에 나를 혼자 두고 간 사이에 길에서 강도를 만났어…"

"강도…? 오, 불쌍한 친구야! 강도들이 뭘 요구했는데?"

"나한테 금화를 빼앗으려고 했어."

"나쁜 놈들!"

여우가 말했습니다.

"나쁜 놈들!"

고양이가 따라 말했어요.

"그래서 나는 달아났고, 그들은 날 따라잡을 때까지 쫓아와서 저 떡갈나무 가지에 날 매달았어."

그리고 피노키오는 가까이에 있던 떡갈나무를 가리켰습니다.

"세상에 이런 나쁜 일이 또 있을까? 도대체 우리가 사는 세상은 왜 이리 험난한지! 우리처럼 착한 사람들은 도대체 어디로 가야 안전한 거야?"

여우가 말했어요. 이렇게 말하는 동안 피노키오는 고양이가 오른쪽 다리를 절고 있다는 것을 알아챘습니다. 발톱을 포함해서 발 전체가 없어졌기 때문이에요. 그래서 피노키오가 물었지요.

"네 발은 어떻게 된 거야?"

고양이는 뭔가 말하고 싶었지만, 뭐라고 해야 할지 몰라 우물쭈물했습니다. 그러자 여우가 바로 대답했어요.

"내 친구는 너무 겸손해서 대답 못 하니 내가 하지. 한 시간 전에 우리는 길에서 배고파 쓰러질 지경인 늙은 늑대를 만났어. 우리에게 먹을 걸 구걸하더라고. 우리는 그에게 줄 생선 가시조차 없었고. 근데 그때, 정말로 체사레[7]의 마음을 가진 내 친구가 어떻게 했는지 알아? 이빨로 자신의 앞발을 물어뜯어 불쌍한 짐승에게 던져 주었어! 늑대가 굶지 않게 말이야!"

여우는 그렇게 말하면서 눈물을 닦았습니다. 피노키오도 같이 감동해서 고양이에게 다가가 귀에 속삭였어요.

"모든 고양이가 너와 같으면 쥐들은 참 좋을 텐데…!"

"그런데 너는 이런 데서 뭐 하고 있었어?"

여우가 꼭두각시 인형에게 물었습니다.

"이곳으로 곧 오실 아빠를 기다리고 있어."

"네 금화는?"

"항상 내 주머니에 있지. 붉은 가재 여관에서 쓴 한 닢을 제외하고."

"그러면 동전 4닢이 내일 1000개, 아니 2000개가 된다고 생각해봐! 왜 내 충고를 듣지 않는 거니? 왜 기적의 들판에 심지 않는 거야?"

"오늘은 안 될 것 같아. 다음에 갈게."

"다음은 너무 늦어!"

여우가 말했다.

"왜?"

"그 들판이 큰 부자에게 팔렸거든. 내일부터는 아무도 거기에 돈을 심을 수 없어."

"그래? 기적의 들판이 여기서 얼마나 먼데?"

"겨우 2킬로미터 정도. 우리랑 같이 갈래? 30분이면 도착할 거야. 금화 4닢을 한꺼번에 심으면 몇 분 후에 2000닢을 가질 수 있고, 그러면 오늘 밤 여기에 주머니가 꽉 찬 채로 돌아올 수 있겠지. 같이 가지 않을래?"

피노키오는 착한 요정, 나이 든 제페토, 말하는 귀뚜라미의 경고가 떠올라 대답하기 전에 조금 망설였습니다. 그러나 결국 모든 아이가 그렇듯, 분별력이나 양심 없이 고개를 끄덕이며 여우와 고양이에게 말했어요.

"같이 가자. 나도 너희랑 갈래!"

그리고 함께 떠났지요.

반나절을 걷자 이들은 '바보잡기'라고 불리는 마을에 도착했어요. 마을에 들어서자마자 피노키오의 눈에는 거리를 가득 메운 짐승들이 보였습니다. 털이 듬성듬성한 개들은 배고픔과 무료함에 하품을, 털이 깎인 양들은 추위에 벌벌 떨고, 턱과 이마에 볏이 없는 닭들은 옥수수 한 알이라도 달라고 구걸하고, 아름다운 색깔의 날개를 팔아 버려 더는 날 수 없게 된 커다란 나비들도 있었습니다. 꼬리가 없는 공작새들은 반짝이던 금빛과 은빛 깃털을 영영 잃어 버린 것을 아쉬워하고 스스로 부끄러워하며 조용히 절뚝거리고 있었습니다.

이런 거지와 비렁뱅이 무리 한가운데로 부자들의 마차가 간간이 지나갔어요. 마차 안에는 여우나 도둑 까치, 강도 새들이 타고 있었습니다.

"기적의 들판은 어디 있을까?"

피노키오가 물었지요.

"여기에서 아주 가까워."

그렇게 말하자마자 그들은 마을을 가로질러 성 밖으로 나와 다른 모든 들판과 다를 바 없는 외딴 들판에 멈췄습니다.

"이제 도착했어. 바로 여기야."

여우가 꼭두각시 인형에게 말했어요.

"이제 땅에 엎드려 손으로 밭에 작은 구멍을 파고, 그 안에 금화를 넣으면 돼."

피노키오는 여우가 시키는 대로 했습니다. 구멍을 파고 남은 금화 4개를 넣은 다음 구멍을 흙으로 덮었지요.

"이제 이 근처 연못으로 가서 물 한 바가지를 가져다가, 네가 금화를 심은 곳에 흠뻑 뿌려."

피노키오는 연못으로 갔고 양동이가 없었기에 신발을 벗어 물을 떴습니다. 그리고는 금화를 심은 땅에 그 물을 뿌렸어요. 그리고 여우에게 물었지요.

"또 할 일이 있니?"

"이제 없어, 그만 가도 돼. 그리고 20분쯤 뒤에 다시 돌아오면 너는 땅에서 싹이 돋아난 나무와 가지에 주렁주렁 달린 금화를 보게 될 거야."

여우가 말했습니다. 가엾은 꼭두각시 인형은 매우 기뻐 여우와 고양이에게 수없이 감사 인사를 하고 좋은 선물을 하겠다고 약속했습니다.

"우리는 어떤 대가도 바라지 않아. 너에게 힘들이지 않고 부자가 되는 방법을 알려 준 것만으로 충분히 부활절을 맞이하는 것처럼 기쁜걸."

두 악당이 답했어요. 그렇게 말하면서 그들은 피노키오에게 작별 인사를 하고 금화가 풍작이길 축복해 주며 길을 떠났답니다.

19

마을로 돌아온 꼭두각시 인형은 1분 1초를 세기 시작했어요. 그리고 한 시간 정도 기적의 들판을 향해 나아갔습니다. 발걸음을 재촉하자 심장이 세차게 고동쳤고, 있는 힘껏 달려가자 심장이 똑딱똑딱 시계 초침처럼 빠르게 뛰었지요. 달리는 내내 피노키오는 속으로 생각했습니다.

'나뭇가지에서 금화 1000개가 아니라 2000개가 나온다면…? 아니, 2000개가 아니라 5000개라면? 5000개가 아니라 10만 개라면? 와! 그러면 나는 정말 부자가 되겠구나! 아름다운 궁전도 갖고 싶고, 1000마리의 장난감 목마에, 마구간도 1000곳이나 지어야지. 그리고 로졸리오와 알케르메스[8]가 있는 지하 창고와 설탕에 절인 과일, 케이크, 빠네토네, 아몬드 케이크, 생크림을 채운 과자가 쌓여 있는 선반도 갖고 싶어!'

이런 생각을 하며 피노키오는 들판 근처에 이르렀어요. 그곳에서 금화가 주렁주렁 열린 나무가 보이는지 확인하기 위해 멈췄지만, 어떤 것도 보이지 않았지요. 피노키오는 백 걸음 앞으로 나아갔어요. 그런데 역시 아무것도 없었습니다. 들판으로 들어가서 금화를 묻어 둔 작은 구멍까지 파 보았지만 마찬가지였어요. 그러자 그는 예의범절과 매너를 잊어버리고 주머니에 쿡 찔러 놓았던 손을 꺼내 아주 한참 동안 머리를 긁적였어요.

그 순간 피노키오는 큰 웃음소리가 울려 퍼지는 것을 들었습니다. 피노키오가 고개를 들었더니 큰 앵무새가 나무에 앉아 자기 깃털을 뽑고 있는 모습이 보였지요.

"왜 웃는 거야?"

피노키오가 화가 난 목소리로 물었어요.

"왜 웃긴, 깃털을 뽑을 때 날개 아래가 간지러워서 웃는 거야."

피노키오는 아무 말도 하지 않았어요. 그리고는 연못으로 가서 다시 신발에 물을 채워 와 금화를 심었던 자리에 주기 시작했습니다. 다시 웃음소리가 들려왔어요. 웃음소리는 아까보다 더 무례하게, 고요한 들판 한가운데에서 더 크게 울려 퍼졌습니다.

"왜 웃는 거야, 이 무례한 앵무새야!"

피노키오가 화를 냈어요.

"모든 어리석은 말을 믿고 자신보다 더 교활한 자들이 놓는 덫에 빠지는 올빼미[9]들을 비웃는 거지."

"그거 내 얘기야?"

"그래, 네 얘기를 하는 거야, 이 불쌍한 피노키오야. 콩이나 호박을 심는 것처럼 금화를 밭에 심고 수확할 수 있다고 믿을 정도로 어리석은 너 말이야. 나도 한때는 그런 걸 믿었고, 이제는 벌을 받고 있어. 이미 늦었지만, 나는 깨달았지. 적은 돈이라도 정직하게 모으기 위해서는 직접 손을 쓰는 노동을 하거나 머리를 독창적으로 잘 써야 한다는 것을 말이야."

"무슨 말이야…"

이미 겁에 질린 꼭두각시 인형이 떨면서 말했어요.

"어쩔 수 없지! 내가 잘 설명해 줄게."

앵무새가 계속 말했습니다.

"그러니까 잘 알아 둬. 네가 마을에 있는 동안 여우와 고양이가 이 들판으로 돌아와서 묻혀 있던 금화를 갖고 바람처럼 달아났어. 늦었지만 이제라도 그들을 잡는 사람이 있다면 참 다행인 거고!"

앵무새의 말을 들은 피노키오는 입을 다물 수가 없었습니다. 믿고 싶지 않아서 물을 뿌렸던 땅을 손과 손톱으로 사정없이 파기 시작했어요. 파고, 파고 또 파서 짚단 더미가 들어갈 정도로 깊은 구멍을 팠지만, 어디에도 금화는 없었지요.

절망에 빠진 피노키오는 바로 마을로 뛰어갔어요. 재판소로 가서 도둑질한 두 악당에 대해 판사에게 일러바쳤습니다.

판사는 고릴라계 원숭이였습니다. 나이 든 그 원숭이는 존경받을 법해 보였습니다. 그의 나이도 그랬고, 흰 수염도 있었거든요. 특히 알이 없는 금테 안경을 써서 더 그렇게 보였어요. 수 년 동안 눈이 충혈되어 힘들었기에 계속 안경을 쓸 수밖에 없었습니다.

피노키오는 판사 앞에서 자신이 당한 악랄한 사기 행각을 하나하나 상세히 언급했고, 강도들의 이름과 성, 그리고 생김새도 잘 설명했습니다. 그리고 마지막에는 정의를 보여 달라고 당부도 전했어요. 판사는 그의 말을 매우 친절하게 들어주었답니다. 피노키오의 이야기에 큰 관심을 보이며 눈물을 흘리며 감동하기도 했지요. 그렇게 꼭두각시 인형의 이야기가 끝나자, 판사는 손을 내밀어 종을 울렸습니다. 그 종소리에 즉시 병정 옷을 입은 두 마리의 사냥개가 나타났어요.

"저 불쌍한 악마는 금화 4닢을 도둑맞았으니, 저자를 데려가 즉시 감옥에 가두어라."

꼭두각시 인형은 이 판결이 듣고 어안이 벙벙해졌습니다. 항의하고 싶었지만, 병정들은 쓸데없이 시간을 낭비하기 싫어서 피노키

오의 입을 막고 감옥으로 끌고 갔어요. 그리고 피노키오는 그곳에서 4개월을 갇혀 있었습니다. 아주 긴 세월이었죠! 아주 운이 좋았던 일 덕분에 풀려나지 않았다면 더 오랜 시간 갇혀 있었을 거예요.

'바보잡기' 마을을 통치하는 어떤 젊은 황제는 적을 상대로 큰 승리를 거둔 후 축제를 열었습니다. 조명을 밝히고 불꽃놀이와 경마, 경주차 시합을 명했지요. 그리고 더 큰 축하의 의미로 감옥을 열고 모든 죄인을 풀어준 것이었습니다.

"다른 죄인들도 감옥에서 나가잖아요! 저도 나가고 싶어요."

교도관에게 피노키오가 말했어요.

"당신은 안 되오. 죄인이 아니잖소."

교도관이 말했습니다.

"말씀 중에 죄송한데요, 저 강도 맞아요!"

피노키오가 답했어요.

"그렇다면 당신은 충분히 자격이 있군요."

교도관이 말했고, 그는 정중하게 모자를 벗고 경례한 뒤 감옥 문을 열고 피노키오가 도망가도록 해 주었습니다.

20

감옥에서 풀려난 피노키오는
요정의 집으로 돌아가기 위해 출발합니다.
그러나 가는 길에 무시무시한 뱀을 만나고
뱀의 덫에 걸리게 됩니다.

자유의 몸이 된 피노키오가 어땠을지 상상해 보세요. 피노키오는 이렇다 저렇다 말할 새도 없이 곧바로 마을을 벗어나 요정의 집으로 가는 길에 들어섰답니다.

비가 주룩주룩 내린 탓에, 길은 온통 진흙이 되어 무릎까지 푹푹 빠졌습니다. 그러나 꼭두각시 인형은 개의치 않았어요. 아빠와 누나, 즉 파란머리 요정을 다시 보고 싶다는 마음에 사로잡혀 사냥개처럼 달렸어요. 마치 한 마리의 그레이하운드[10]처럼 껑충껑충 달렸습니다. 달리는 동안 머리에 있는 모자까지 온통 흙탕물이 튀었지요. 그렇게 가면서 피노키오는 혼잣말로 중얼거렸어요.

"나에게 얼마나 많은 불행한 일이 있었는지… 나는 그런 불행을 당해도 싸! 고집불통 심술쟁이 꼭두각시 인형이니까… 그리고 나는 항상 나보다 수천 배는 더 나은 판단을 하는 사람들의 말을 듣지 않고 모든 것을 내 멋대로 하려고 했지! 하지만 지금부터는 내 삶을 바꾸고, 예의 바르고 말 잘 듣는 아이가 될 거야… 말을 듣지 않는 아이는 항상 말썽을 일으키고 아무것도 제대로 해내지 못한다는 걸 이제는 정말 알았으니까… 그런데 아빠는 날 기다리셨을까? 요정의 집에 계실까? 불쌍한 아빠! 아빠를 본 지 너무 오래됐어. 아빠 품에 안겨서 뽀뽀해 드리고 싶어! 그리고 요정님은 내가 저지른 나쁜 짓을 용서해 주실까? 생각해 보면 나는 요정님에게 많은 관심과 사랑을 받았는데… 생각해 보면 지금 내가 살아 있는 것도 다 요정 님 덕분인데… 나보다 더 배은망덕하고 양심 없는 아이가 또 있을까?…"

이렇게 혼잣말을 하며 가던 피노키오는 갑자기 깜짝 놀라 걸음을 멈추고 몇 발짝 뒷걸음질 쳤습니다. 무엇을 본 것일까요? 바로 길 한가운데 누워 있는 커다란 뱀이었습니다. 녹색 가죽에 불같은 눈, 뾰족한 꼬리에서는 벽난로 굴뚝처럼 연기가 나고 있었습니다.

꼭두각시 인형이 얼마나 무서웠는지는 아무도 상상조차 못 할 거예요. 피노키오는 5백 미터보다 더 멀리 돌아가 돌무더기 무덤 위에 앉아 뱀이 볼일을 다 보고 얼른 길에서 사라지길 기다렸어요.

한 시간, 두 시간, 세 시간 동안 기다렸지만 뱀은 계속 거기에 있었고, 멀리서도 뱀의 불같이 빨간 눈과 꼬리 끝에서 모락모락 올라오는 연기가 보였습니다. 한참을 그러고 있다가 용기가 조금 생긴 피노키오는 몇 발자국 다가가 환심을 사려는 듯한 소곤대는 목소리로 뱀에게 말을 붙였어요.

"실례합니다, 뱀 어르신, 제가 지나갈 수 있도록 몸을 한쪽으로 조금만 비켜주시겠습니까?"

벽에 대고 말하는 것 같았어요. 뱀은 꼼짝도 하지 않았지요. 그러자 피노키오는 평소의 목소리로 돌아와 다시 말했습니다.

"뱀 어르신, 제가 집에 가고 있다는 걸 아셔야 할 것 같아요. 아빠가 저를 기다리고 계시고 저는 아주 오랫동안 아빠를 만나지 못했거든요… 제가 지나가게 비켜주시겠어요?"

피노키오는 자기가 한 질문에 대한 답을 기다렸지만 뱀은 아무런 반응도 없었답니다. 오히려 그때까지 활기 넘쳐 보였던 그는 움직이지 않더니 뻣뻣하게 굳어 버렸어요. 뱀의 눈은 감겨 있었고 꼬리에서 더는 연기를 내뿜지 않았습니다.

"정말 죽기라도 한 건가…?"

피노키오가 매우 만족스러운 얼굴로 두 손을 비비며 말했어요. 그리고 더 지체하지 않고 뱀을 건너가려고 자세를 취했습니다. 그런데 그가 다리를 채 올리기도 전에 뱀이 갑자기 용수철처럼 솟아오르는 게 아니겠어요? 피노키오는 깜짝 놀라 뒤로 물러서다 발이 걸려 넘어졌어요. 너무 심하게 넘어져서 길가 진흙에 머리째 박히고 다리가 공중에 뜬 신세가 되었어요.

그렇게 머리를 땅바닥에 박은 채 발을 버둥거리는 꼭두각시 인형의 모습에 뱀은 갑자기 크게 웃음을 터트렸어요. 웃고, 웃고 또 웃다가 결국에는 너무 많이 웃어서 가슴 정맥이 찢어져 이번에는 정말로 죽어 버렸답니다.

피노키오는 어두워지기 전에 요정의 집에 도착하기 위해 다시 달리기 시작했어요. 하지만 가는 도중에 배가 너무도 고파 견디지 못하고 머스캣 포도 몇 송이를 따 먹으려고 밭으로 뛰어들었습니다. 그러지 말았어야 했는데 말이죠!

포도나무 밑에 들어가자마자, 철컥! 날카로운 두 쇳덩이에 다리가 눌리는 것을 느꼈고, 그 순간 눈앞에 수많은 별이 아른거렸습니다. 불쌍한 꼭두각시 인형은 농부들이 근처에 있는 닭들을 모두 잡아먹는 커다란 족제비를 잡으려고 쳐 놓은 덫에 걸리고 만 거예요.

21

피노키오는 어느 농부에게 붙잡혀
닭장을 지키는 개 노릇을 하게 됩니다.

여러분들이 예상한 것처럼 피노키오는 울고불고 소리치며 애원했지만 아무 소용이 없었습니다. 주변에는 집 한 채조차 보이지 않았고 길가에는 살아 있는 생명체가 전혀 지나다니지 않았어요. 그러는 사이 시간은 흘러 밤이 깊었어요.

점점 죄어 오는 덫 때문에 정강이가 아프기도 했고, 어두운 들판 한가운데 홀로 있다는 무서움 때문인지 꼭두각시 인형은 거의 기절할 지경이었어요. 그러다 갑자기 머리 위로 반딧불이 하나가 지나가는 걸 보았습니다. 피노키오는 반딧불이를 불러 세워 말했어요.

"오, 반딧불이야! 나를 이 고통에서 좀 벗어나게 해 주겠니⋯?"

"불쌍한 아이야! 어쩌다가 날카로운 덫에 걸리게 된 거니?"

반딧불이가 불쌍한 마음에 피노키오를 바라보며 말했지요.

"나는 이 머스캣 포도 두 송이를 따려고 밭에 들어왔어⋯."

"그런데 그 포도가 네 것이었니?"

"아니⋯."

"그럼 누가 네게 남의 것을 훔치라고 가르치기라도 한 거야?"

"배가 고파서."

"배고프다고 네 것이 아닌 물건을 가져가면 안 되지!"

"맞아, 맞아! 이제 절대 다신 안 그럴게."

피노키오가 울면서 소리쳤어요. 그때 아주 작게 들려오는 발걸음

소리에 대화가 중단되었습니다. 밤에 닭을 잡아먹던 족제비가 덫에 걸려들었는지 살펴보기 위해 살금살금 뒤꿈치를 들고 걸어오는 밭 주인이었어요. 밭 주인은 외투 밑에서 등잔불을 꺼냈다가 깜짝 놀랐습니다. 족제비 대신 한 아이가 덫에 걸려 있었기 때문이죠.

"야, 좀도둑! 내 닭을 뺏어가려는 게 네 녀석이냐?"

농부가 화가 나서 소리쳤어요.

"아니에요, 저 아니에요! 저는 포도 두 송이만 가져가려고 밭에 들어온 거예요."

피노키오가 훌쩍이며 소리쳤답니다.

"포도를 훔치는 사람은 닭도 훔칠 수 있지. 네가 이걸 절대 잊지 않도록 내가 제대로 알려 주마."

그리고는 자루를 열더니 꼭두각시 인형의 목덜미를 잡고 젖먹이 어린 양을 끌고 가듯 집까지 질질 끌고 갔어요. 집 앞마당에 도착한 그는 그대로 꼭두각시 인형을 바닥에 던져 버리고 목을 발로 꾹 누르며 말했어요.

"밤이 깊었으니 나는 자러 가야겠다. 내일 손봐 주지. 그동안 밤에 나를 지켜주던 개가 오늘 죽었으니 네가 그 개를 대신해야겠다. 네가 집 지키는 개가 되어야겠어!"

그렇게 말하면서 농부는 황동 스파이크가 박힌 큰 개목걸이를 목에 걸고 머리를 뺄 수 없도록 조였어요. 목걸이와 연결된 긴 쇠사슬을 벽에 고정해 버렸어요.

"오늘 밤에 비가 오면 저기 작은 집에 가 있어도 된다. 내 불쌍한 개

가 4년 동안 잠자리로 쓰던 짚더미
가 있지. 그러나 도둑이라도 들 수
있으니 귀를 쫑긋 세우고 짖는 것
을 잊지 말고."

　마지막으로 주의를 준 후 농부
는 집으로 들어가 문에 빗장을 걸
어 잠갔어요. 그리고 불쌍한 피노
키오는 추위와 배고픔, 두려움으로 살아 있다기보다 거의 죽은 것
처럼 앞마당에 웅크리고 있었습니다. 때때로 죄어 오는 목걸이 안
으로 두 손을 거칠게 집어넣으며 울었어요.

　"나한테 딱이야! 나한테 아주 딱이지! 나는 빈둥거리고 여기저
기 돌아다니는 것만 좋아했지… 나쁜 친구들 이야기만 들으려 했
고, 그래서 이따위 행운이 항상 나를 따라다니는 거야! 내가 다른
아이들처럼 착하게 굴었다면, 공부하고 일하고자 했다면, 불쌍한
아빠와 함께 집에 있었다면, 지금 여기 들판 한가운데서 농부의 집
이나 지키고 있지는 않았겠지. 아, 새롭게 다시 태어날 수만 있다
면…! 하지만 이젠 너무 늦었어, 참을 수밖에!"

　진심에서 우러나온 말들을 토해 낸 뒤 피노키오는 개집으로 들
어가 잠이 들었답니다.

22

피노키오가 도둑을 잡았어요.
그리고 충실하게 일한 데 대한 보상으로
자유를 얻게 되죠.

피노키오는 개집에서 두 시간 넘게 단잠을 자고 있었어요. 그러다 자정이 가까워질 무렵, 농장에서 들려오는 듯한 쑥덕쑥덕하는 작은 목소리에 잠에서 깼어요. 개집 구멍으로 코끝을 내밀어 보니 고양이처럼 생긴 검고 구불구불한 털을 지닌 네 마리의 동물들이 모여서 회의를 하는 것이 보였어요. 이들은 고양이가 아니라, 어린 닭과 알을 특히 좋아하는 육식성 동물, 족제비였어요. 이 족제비 중 한 마리가 무리에서 떨어져 나오더니 개집에 있는 구멍으로 가서 작은 목소리로 말했어요.

"안녕 멜람포."

"나는 멜람포가 아냐."

꼭두각시 인형이 대답했지요.

"그럼 누구니?"

"나는 피노키오야."

"거기서 뭐 하고 있어?"

"집을 지키고 있지."

"오, 그럼 멜람포는? 어디로 갔어? 그리고 이 개집에 있던 늙은 개는 어디 갔니?"

"오늘 아침에 죽었어."

"죽었다고? 저런, 불쌍해라! 진짜 착했는데… 하지만 너도 보아하니 친절한 개일 것 같구나."

"미안한데 나는 개가 아니야."

"그럼 넌 누군데?"

"나는 꼭두각시 인형이야."

"그런데 집 지키는 개처럼 그러고 있어?"

"불행히도 그래. 내 벌이야."

"그럼 좋아. 네게 멜람포에게 했던 것과 같은 거래를 제안하지.
그럼 너도 만족할 거야."

"어떤 거래?"

"예전처럼 우린 여기에 일주일에 한 번씩 밤에 올 거야. 그리고
암탉 여덟 마리를 가져갈 거야. 그 암탉 중 일곱 마리는 우리가 먹
을 거고 한 마리는 네게 줄게. 자는 척해서 농부를 깨우지 않는 조
건으로 말이야."

"멜람포가 그렇게 했었어?"

피노키오가 물었어요.

"그렇게 했었지. 우리랑 멜람포는 잘 지냈어. 그러니 편히 자라
고, 내일 아침에 털 뽑힌 암탉 한 마리를 개집 위에 올려두고 갈 테
니까. 내 말 잘 알아들었지?"

"잘 알아듣고말고!"

피노키오가 이렇게 대답하며 '곧 두고 보자.'라고 말하려는 듯 위
협적인 모습으로 고개를 끄덕였어요. 네 마리의 족제비는 일이 잘
해결됐다는 확신이 들자 서둘러 개집과 아주 가까운 암탉 우리로
달려갔고, 이빨과 발톱으로 입구를 막고 있는 작은 나무 문을 열고
차례로 안으로 들어갔어요. 그런데 마지막 족제비까지 닭장에 들어
가자마자, 문이 세차게 닫히는 소리가 들렸습니다.

문을 닫은 것은 바로 피노키오였어요. 그는 문을 닫은 것에 만족하지 않고 확실히 하기 위해 커다란 돌을 문 앞에 놓아 단단히 틀어막았어요. 그리고는 경비견처럼 멍멍멍 소리를 내 짖기 시작했어요. 그 짖는 소리에 농부가 침대에서 벌떡 일어나 소총을 들고 창밖을 내다보며 물었지요.

"무슨 일이야?"

"도둑이 들었어요!"

피노키오가 대답했어요.

"어디 있는데?"

"닭장 안에요!"

"지금 바로 내려갈게."

그리고 농부는 정말로 순식간에 내려와 암탉 우리로 달려왔습니다. 우리에 갇혀 있던 족제비 네 마리를 모조리 잡아 자루에 넣은 후 그는 정말 만족스러운 목소리로 말했지요.

"드디어 너희가 내 손에 잡혔군! 나는 너희를 벌줄 수도 있지만 그렇게 나쁜 사람은 아니지. 내일 너희를 이웃 마을 여관 주인에게 가져다줄 거야. 여관 주인이 너희 가죽을 벗기고 산토끼 고기를 곁들여 달콤하고 매콤하게 요리할 거야. 너희들은 이런 영광도 받을 자격이 없지만, 나처럼 관대한 사람들은 이런 사소한 것에는 신경을 쓰지 않지!"

그런 다음 피노키오에게 다가가 한참 동안 쓰다듬으며 물었어요.

"너는 이 네 도둑의 음모를 어떻게 알아낸 거니? 나의 충실한 멜람포는 아무것도 알아채지 못했는데!"

인형은 자신이 알고 있는 것을 모조리 말하려고 했어요. 멜람포와 족제비들 사이의 수치스러운 계약 말이에요. 그러나 개가 이미 죽었다는 것을 기억하면서, 바로 이렇게 혼자 중얼거렸어요.

"죽은 자를 비난하는 것이 무슨 소용이 있담? 죽은 자는 죽은 거고 가장 좋은 방법은 그냥 그렇게 내버려 두는 거지!…"

"족제비들이 마당에 도착했을 때 깨어 있었니? 아니면 자고 있었어?"

농부가 계속 추궁했어요.

"자고 있었는데 족제비들이 재잘거려서 깨어났고, 족제비 중 하나가 여기까지 오더니 제게 '짖지 않고 주인을 깨우지 않겠다고 약속하면 털 뽑힌 암탉을 주겠다'고 했어요. 이런 뻔뻔한 제안을 하다니! 저는 이 세상의 모든 결점을 지니고 있는 꼭두각시 인형이지만, 정직하지 못한 사람들과 한패가 되어 같이 꿍꿍이를 벌이지는 않는다는 것을 아셔야 해요!"

"착한 아이로구나!"

농부가 피노키오의 어깨를 두드리며 웃었어요.

"네 그런 마음이 너를 명예롭게 했구나. 나의 기쁜 마음을 보여주기 위해서라도 네가 집으로 돌아갈 수 있도록 풀어주지."

그리고 농부는 피노키오 목에 있던 개목걸이를 풀어주었답니다.

23

피노키오는 아름다운 파란머리 소녀의 죽음에 눈물을 흘리죠.
그리고 비둘기를 만납니다.
비둘기는 피노키오를 해변으로 바래다주고, 그곳에서 피노키오는
그의 아빠 제페토를 구하기 위해 물속으로 뛰어들죠.

목에 걸려 있던 딱딱하고 치욕스러운 목줄로부터 자유로워진 후, 피노키오는 들판을 가로질러 달려갔습니다. 요정의 집으로 가는 길에 도착할 때까지 단 한 순간도 멈추지 않고요.

큰길에 이르렀을 때, 피노키오는 아래 평원을 내려다보았죠. 맨눈으로도 불행을 가져다준 여우와 고양이를 만났던 숲이 너무나도 잘 보였어요. 나무들 사이로 목이 매였던 큰 떡갈나무의 꼭대기가 보였습니다. 그러나 이리 보고 저리 보아도 아름다운 파란머리 요정의 작은 집은 보이지 않았어요.

그때 피노키오에게 갑자기 슬픈 예감이 들었습니다. 다리에 남은 힘을 다해 몇 분 만에 조그만 하얀 집이 있던 초원에 도착했어요. 그러나 하얀 집은 더는 없었어요. 대신 작은 대리석 돌 위에 다음과 같은 가슴 아픈 말이 쓰여 있었어요.

남동생 피노키오에게 버림받아

그 고통으로 죽은 파란머리 소녀가

여기 잠들어 있다

이 가슴 아픈 글을 다 읽었을 때 꼭두각시 인형의 마음이 어땠을지는 여러분 상상에 맡길게요. 피노키오는 땅바닥에 엎드려 대리

석 묘비에 수없이 입을 맞추며 엉엉 울음을 터트렸어요. 밤새도록 울고 다음 날 아침이 밝아 오자 더는 눈물이 나지 않았지만 울고 또 울었어요. 피노키오의 울음소리와 곡소리가 귀청이 찢어질 듯 쩌렁쩌렁해서 주변 모든 언덕에 메아리치며 울렸어요. 피노키오는 울면서 말했어요.

"오 나의 요정님, 왜 죽은 건가요?… 도대체 왜 내가 당신을 대신해 죽지 않은 거죠? 당신은 그렇게 좋은 분이었고, 저는 나쁜 아이인데 말이에요… 그리고 제 아빠는 어디 계신 걸까요? 오, 나의 요정님! 어디서 아빠를 만날 수 있는지 말해 주세요. 저는 언제나 아빠와 함께 있고 싶어요. 다시는, 다시는! 다시는! 절대로 아빠와 헤어지지 않을 거예요… 오 나의 요정님, 정말로 죽은 게 아니라고 말해 주세요…! 나를 정말 사랑한다면… 저를 정말 당신의 남동생이라고 생각한다면, 다시 살아나세요… 예전처럼 다시 살아 돌아오세요!… 모두에게 버려지고 저 혼자 남아 외톨이가 된 게 안타깝지도 않으세요? 강도들이 와서 절 나뭇가지에 거꾸로 매달아 놓으면… 그럼 저는 영원히 죽고 말 거예요! 이 험난한 세상에서 제가 혼자 살아가길 바라시는 거예요? 이제 저는 요정님과 아빠를 잃어버렸는데, 누가 저한테 먹을 걸 주겠어요? 저는 이제 밤에 어디 가서 자죠? 누가 새 외투를 만들어 줄까요? 아! 차라리 저도 죽는 게 백 배

는 낫겠어요! 그래요. 저도 죽고 싶어요! 엉엉엉…."

이렇게 말하며 피노키오는 절망하여 머리카락을 쥐어뜯고 싶었지만, 머리카락이 나무여서 손가락을 집어넣고 쥐어뜯는 손맛을 즐길 수 없었답니다.

그러는 동안 큰 비둘기가 공중으로 지나갔고, 날개를 활짝 펴고 아주 높은 곳에서 피노키오에게 소리쳤어요.

"얘야, 거기 아래에서 무얼 하고 있니?"

"안 보여? 울고 있지!"

피노키오가 목소리가 들려오는 쪽으로 고개를 들고 외투 소매로 눈물을 닦으며 말했지요. 비둘기가 물었어요.

"너 혹시 네 친구 중에 피노키오라는 이름으로 불리는 꼭두각시 인형을 아니?"

"피노키오? 너 지금 피노키오라고 했어? 내가 피노키오야!"

피노키오는 벌떡 일어나서 말했어요. 이에 비둘기는 재빨리 몸을 낮추고 땅에 내려앉았어요. 칠면조보다 더 큰 비둘기였어요.

"그럼 너도 제페토를 아는구나?"

비둘기가 꼭두각시 인형에게 물었습니다.

"그럼 알고말고! 나의 가여운 아빠야! 너한테 혹시 나에 관해 얘기하셨니? 나를 아빠에게 데려다줄래? 살아 계신 거지? 제발 대답 좀 해 줘, 아직 살아 계시지?"

"3일 전에 바닷가에서 헤어졌어."

"뭘 하고 계셨는데?"

"바다를 건너기 위해 작은 배를 만들고 있었어. 그 가여운 분은 너를 찾기 위해 넉 달이 넘도록 전 세계를 돌아다녔지만 찾지 못했고, 그래서 이제 너를 찾으러 더 먼 나라의 새로운 세계로 떠날 생각을 한 거지."

"바닷가까지 얼마나 멀어?"

피노키오가 걱정스러운 마음에 숨 가쁘게 물었어요.

"천 킬로미터가 넘어."

"천 킬로미터? 아아! 나의 비둘기야, 나도 너처럼 날개가 있다면 얼마나 좋을까!"

"네가 원한다면 내가 데려다줄게."

"어떻게?"

"내 등에 업고서. 너 많이 무겁니?"

"무겁냐고? 전혀! 나는 나뭇잎처럼 가벼워!"

피노키오는 지체하지 않고 비둘기의 등에 올라탔어요. 기수처럼 한쪽 다리는 이쪽에, 다른 쪽 다리는 저쪽에 걸치고 기쁨에 겨워 소리쳤습니다.

"이랴! 이랴! 작은 말아, 어서 빨리 나를 데려다줘!"

비둘기는 하늘 높이 날아올랐고, 몇 분 만에 구름에 거의 닿을 정도로 높이 올라갔어요. 아주 높이 올라가자 꼭두각시 인형은 호기심에 고개를 숙여 아래를 내려다보았어요. 그러자 덜컥 겁을 집어먹은 동시에 현기증이 났고, 까딱하다간 떨어질 것 같아 깃털 달린 비둘기의 몸을 두 팔로 꼭 감쌌어요. 그들은 하루종일 날았어요. 초저녁이 되자, 비둘기가 말했지요.

"나 너무 목이 말라!"

"나는 너무 배고파!"

피노키오가 덧붙였어요.

"저기 비둘기 둥지에서 몇 분만 쉬자. 그리고 내일 새벽에 바닷가에 도착할 수 있도록 다시 떠나는 거야."

이들은 물이 가득 찬 넓은 그릇과 살갈퀴 나물만 가득한 바구니가 있는 휑한 비둘기 둥지로 들어갔습니다. 꼭두각시 인형은 평생단 한 번도 살갈퀴 나물 같은 걸 먹어 본 적 없었어요. 아마 듣기만해도 메스꺼워하며 다 토했을 테지만, 그날 저녁에는 한가득 먹었습니다. 다 먹고 나서는 비둘기에게 이렇게 말했죠.

"나는 살갈퀴가 이렇게 맛있는 줄 몰랐어!"

"잘 알아 둬, 얘야. 정말 배고픈데 다른 먹을 것이 없을 땐 살갈퀴도 맛있지! 배가 고프면 변덕도 취향도 없는 법이야."

비둘기가 말했어요. 이들은 그렇게 간단하게 먹은 후 다시 여행을 시작했어요! 그리고 다음 날 아침, 그들은 무사히 바닷가에 도착했어요.

비둘기는 피노키오를 내려놓고 고맙다는 인사를 받는 것도 귀찮아하며 곧바로 다시 날아가 사라졌습니다. 해변에서는 많은 사람이바다를 향해 소리를 지르며 손짓을 하고 있었지요.

"무슨 일이에요?"

피노키오가 한 할머니에게 물었어요.

"어떤 불쌍한 아빠가 작은 배를 타고 바다를 건너 잃어버린 아들을 찾겠다고 갔다는구나. 그런데 오늘 바다 날씨가 너무 안 좋아서작은 배가 물속으로 가라앉을 것 같아…."

"작은 배가 어디에 있나요?"

"저기, 저 아래, 내 손가락으로 가리키는 곳을 보렴."

할머니가 작은 배를 가리키며 말했어요. 멀리서 보니 호두껍데기에 작은 무언가가 타고 있는 것처럼 보였습니다. 피노키오는 그쪽을 뚫어지게 자세히 보더니, 소리를 꽥 지르며 이렇게 외쳤어요.

"우리 아빠예요! 우리 아빠라고요!"

그사이 거센 물살에 이리저리 흔들리던 작은 배는 거대한 파도 사이로 사라졌다가 다시 떠올랐다가를 반복했습니다. 피노키오는 높은 절벽 끝에 서서 아빠를 계속 불렀어요. 코를 닦는 손수건과 머리에 쓴 모자를 흔들어대며 아빠에게 신호를 보냈어요.

제페토는 이미 해변에서 멀리 떨어져 있었지만, 아들을 알아보는 것 같았답니다. 제페토도 모자를 벗고 피노키오에게 인사를 하며 곧 육지로 돌아가겠다고 몸짓했지만, 파도가 너무 거세서 노를 저을 수 없었고 해변 근처로 갈 수도 없었어요. 그러다 갑자기 무시무시한 파도가 밀려왔고 배가 눈앞에서 사라졌어요. 사람들은 배가 다시 떠오르기를 기다렸지만 그런 일은 일어나지 않았지요.

"가여운 사람…."

해변에 모여 있던 어부들이 이렇게 말하며 나지막이 중얼거리고 기도를 한 뒤 집으로 돌아가기 위해 몸을 돌렸습니다. 그런데 그때 절망 어린 비명이 들려오는 거예요. 뒤를 돌아보니 절벽 꼭대기에서 바다에 소리치며 바다에 몸을 던지는 어린 소년이 있었습니다.

"내 아빠를 구할 거예요!"

피노키오는 전부 나무로 만들어져서 쉽게 물에 떠 올랐고, 물고기처럼 헤엄쳤습니다. 그는 출렁이는 파도에 휩쓸려 물속으로 사라지더니 다시 다리 하나와 팔 하나를 내보이며 육지에서 아주 먼 곳까지 헤엄쳐 갔어요. 결국, 사람들의 시야에서 사라졌고, 더는 보이지 않았습니다. 그러자 해변에 모여있던 어부들은 "불쌍한 아이!"라고 말하더니 나지막이 기도하다 집으로 돌아갔어요.

24

피노키오는 늦게 전에 가여운 아빠를 도와줄 수 있을 거라는 희망을 품고 밤새도록 헤엄쳤습니다. 그런데 그날따라 날씨가 정말 끔찍했어요. 비가 내리고 우박이 쏟아지고, 천둥이 무섭게 치고 번개가 마치 대낮처럼 번쩍였으니까요. 날이 밝자 피노키오는 멀지 않은 곳에 길게 뻗은 육지를 발견했습니다. 바다 한가운데 있는 섬이었죠.

피노키오는 해변에 도착하기 위해 온 힘을 다했지만, 소용없었습니다. 파도가 끊임없이 밀려와서 그는 바람 앞의 지푸라기처럼 흔들렸어요. 한참을 애쓴 끝에, 운 좋게 커다란 파도가 빠르게 밀려와 피노키오를 모래사장에 내던졌습니다.

너무 세게 던져져 땅에 부딪히자 갈비뼈를 비롯한 온몸의 관절이 모두 부러졌지만, 피노키오는 곧바로 이렇게 소리치며 스스로 위로했어요.

"이번에도 정말 간신히 탈출했어!"

그러는 동안 날이 조금씩 개고 햇살이 비추며, 하늘이 오색 빛깔로 빛났어요. 바다는 잔잔하고 기름처럼 반짝였습니다. 꼭두각시 인형은 햇볕에 옷을 널어서 말렸어요. 그리고 혹시나 저 넓은 수평선 위에 작은 배를 탄 사람이 있지는 않을까 여기저기 둘러보았지요. 하지만 자세히 살펴보아도 눈앞에 보이는 것은 하늘과 바다. 그리고 저 멀리 파리만큼 작게 보이는 돛단배 몇 척뿐이었어요.

"이 섬의 이름이라도 알면 좋겠는데!"

피노키오가 이렇게 중얼거리며 걸어갔지요.

"이 섬에 좋은 사람들이 살고 있는지만 알면 좋을 텐데! 아이들을 나뭇가지에 매다는 나쁜 취미를 가진 사람들이 살고 있진 않겠지? 아무도 없는데 누구에게 물어볼까?"

그 거대한 무인도 한가운데서 혼자 외롭게 있다는 생각에 피노키오는 눈물이 날 것처럼 슬퍼졌습니다. 그때 갑자기 피노키오는 가까운 바다에서 커다란 물고기가 물 밖으로 머리를 전부 내놓고 자기 갈 길을 유유히 가는 것을 보았습니다. 그 물고기를 뭐라고 불러야 할지 몰라 꼭두각시 인형은 자신의 존재감을 알리기 위해 크게 소리를 질렀어요.

"저기요, 물고기님! 한 가지 여쭤봐도 될까요?"

"두 가지도 괜찮아."

물고기가 대답했지요. 그 물고기는 전 세계 바다 어디에서도 볼 수 없을 만큼, 아주 온순한 성격의 돌고래였습니다.

"이 섬에서 잡아먹힐 위험 없이 먹거리를 구할 수 있는 마을이 있을까요?"

"그건 내가 확실히 알지. 여기서 멀지 않은 곳에서 찾을 수 있을 거야."

돌고래가 답했어요.

"거기까지 어떻게 가면 되나요?"

"저기 왼쪽에 있는 저 오솔길을 따라 계속 직진하면 된단다. 길을 잘못 들 수 없을 정도지."

"하나만 더 여쭤볼게요. 밤낮으로 바다를 돌아다니는 당신은 혹시 우리 아빠가 탄 작은 배를 본 적이 없으신가요?"

"네 아빠가 누구니?"

"이 세상에서 가장 착한 아빠예요. 제가 세상에서 제일 나쁜 아들인 것처럼요."

"간밤에 강풍이 불어닥쳐서, 작은 배는 아마 물속으로 가라앉았을 거야."라고 돌고래가 말했어요.

"그럼 우리 아빠는요?"

"지금쯤이면 며칠 전부터 바다의 모든 걸 싹 다 잡아먹고 싹쓸이하는 무시무시한 고래상어에게 끔찍하게 잡아먹혔겠지."

"그 고래상어는 얼마나 큰가요?"

피노키오가 두려움에 떨며 물었어요.

"크기만 하겠어?"

돌고래가 답했어요.

"네가 상상할 수 있도록 얼마나 큰지 얘기해 주마. 5층짜리 집보다 크고, 입도 너무 넓어서 철도를 달리는 기차도 쉽게 들어갈 수도 있을 정도라고 할 수 있지!"

"엄마야!"

꼭두각시 인형은 겁에 질려 울었고, 서둘러 옷을 입고 돌고래를 돌아보며 말했습니다.

"안녕히 가세요, 물고기 님. 성가시게 해드려 죄송했고, 친절하게 대해주셔서 감사드립니다."

이렇게 말한 후 피노키오는 즉시 돌고래가 알려 준 길을 따라 빠른 속도로 걷기 시작했어요. 너무 빨리 걸어 거의 달리는 것 같았죠. 피노키오는 5층짜리 집채만큼 크고 입에 기차도 물 수 있는 끔찍한 고래상어가 뒤쫓아 올까 겁나 아주 작은 소리만 나도 즉시 뒤를 돌아보았지요.

30분 이상 걷다 보니 '부지런한 꿀벌 마을'이라 불리는 작은 동네에 도착했어요. 거리는 자기 일을 하느라고 이리저리 뛰어다니는 사람들로 북적거렸지요. 모두가 할 일이 있었고, 부지런히 움직이고 있었어요. 샅샅이 살펴봐도 게으른 사람이나 빈둥거리는 사람은 없었지요.

피노키오는 단호하게 말했습니다.

"이 마을은 내게 맞는 마을이 아냐. 나는 일하려고 태어난 게 아니야!"

그러는 와중에, 피노키오는 너무 배고파서 괴로웠어요. 아무것도 먹지 못한 지 벌써 하루가 꼬박 지났기 때문이었지요. 살갈퀴 한 접시도 먹지 못했습니다. 이런 상황에서 피노키오가 무엇을 할 수 있었을까요? 방법은 두 가지뿐이었습니다. 일자리를 구하거나, 아니면 동전 한 닢이나 빵 한 조각을 구걸하는 것뿐이었죠.

피노키오는 막상 구걸하려니 부끄러웠습니다. 아빠가 항상 노인들이나 아픈 사람들이나 구걸하는 것이라고 설교했기 때문이죠. 또 이 세상에서 도움과 동정을 받을 만한 진짜 불쌍한 사람들은, 병에 걸린 탓에 더는 자기 힘으로 빵을 살 수 없는 사람들뿐이라고도 했습니다. 그 외 모든 사람은 일할 의무가 있고, 일하지 않고서 배고픔을 느끼면 더 안 좋은 것이라고 배웠지요. 그때 한 남자가 땀범벅이 되어 숨을 힘겹게 내쉬며 혼자 석탄 수레 두 대를 힘겹게 끌고 지나갔어요. 피노키오는 그의 얼굴을 보고 마음씨 좋은 사람이라고 생각하고 다가가 눈을 내리깔고 작은 목소리로 말했습니다.

"제가 너무 배가 고픈데 동전 한 닢만 주시겠어요?"

석탄 장수가 대답했어요.

"동전 한 닢이 아니라 4닢이라도 주지, 이 손수레 두 대를 집까지 끄는 조건으로 말이야."

"맙소사!"

피노키오는 기분이 상해 말했습니다.

"당신의 시킨 일은… 나는 당나귀 노릇을 해 본 적도 없고, 수레를 끌어본 적도 없어요!"

석탄 장수가 말했죠.

"잘났구나! 얘야, 그럼 네가 정말 배고파 죽을 지경이라면, 네 자존심 두 조각을 잘 썰어 먹고 소화불량에 걸리지 않도록 조심해라."

몇 분 후, 이번에는 벽돌공이 석회 덩어리를 짊어지고 길을 지나갔어요.

"친절한 신사 아저씨, 배가 고파서 하품만 하는 불쌍한 소년에게 동전 한 닢만 주시겠어요?"

벽돌공이 대답했지요.

"당연하지, 대신 나와 함께 석회를 날라주면 말이다. 한 닢이 아니라 5닢을 주지."

피노키오가 답했습니다.

"하지만 석회는 무거운 걸요. 저는 힘든 일을 하고 싶지 않아요."

"힘들고 싶지 않다면, 그럼 얘야, 하품이나 하며 잘 지내렴."

30분이 채 되지 않는 시간 동안 스무 명의 사람들이 지나갔고 그들 모두에게 자선을 구걸했지만 모두 이렇게 말했어요.

"창피하지 않니? 길에서 빈둥거리지 말고, 가서 일하고 직접 빵을 벌 수 있는 법을 배우거라!"

마지막으로 마음씩 착한 아가씨가 물동이 두 개를 들고 지나갔습니다.

"마음씨 착한 아가씨, 당신의 물동이에 담긴 물을 한 모금만 마실 수 있게 해 주실래요?"

목이 타는 피노키오가 말했어요.

"마시렴, 얘야!"

아가씨가 물동이 두 개를 바닥에 내려놓으며 말했어요.

피노키오는 스펀지가 물을 흡수하듯 금세 물을 마신 후 이렇게 중얼거리며 입을 닦았어요.

"갈증은 가셨는데! 배고픔도 해결할 수 있으면 좋으련만!"

이 말을 듣자 마음씨 착한 아가씨가 바로 이렇게 덧붙였어요.

"이 물동이 중 하나를 집까지 가져가는 걸 도와주면 맛있는 빵을 줄게."

피노키오는 물동이를 보더니 좋다고도 싫다고도 하지 않았어요. 착한 아가씨가 다시 말했어요.

"그럼 빵과 함께 올리브유와 식초로 간을 맞춘 콜리플라워[11] 한 접시도 줄게."

피노키오는 다시 물동이를 힐끗 보고는 좋다 싫다 대답하지 않았어요.

"로솔리오로 가득한 맛있는 사탕도 줄게."

이 마지막 제안에 피노키오는 더 이상 참을 수 없었고, 마음을 단단히 먹고 말했습니다.

"어쩔 수 없지요! 집까지 물동이를 옮겨 드릴게요!"

물동이는 아주 무거웠지요. 피노키오는 물동이를 들 만큼 손에 힘이 없어서 머리에 이고 갔습니다. 집에 도착하자 마음씨 착한 여자는 피노키오를 작은 식탁 앞에 앉히고 빵과 양념한 콜리플라워, 사탕을 차려 주었습니다. 피노키오는 먹었다기보다는 뱃속에 쏟아부었어요. 피노키오의 위장은 다섯 달 동안 텅 비고 아무도 살지 않는 마을 같았거든요.

조금씩 배고픔의 고통이 가라앉자, 피노키오는 은인에게 고맙다고 인사하기 위해 고개를 들었습니다. 그러나 아가씨의 얼굴을 제대로 바라보기도 전에 놀라서 "아아!" 하고 긴 탄성을 질렀어요. 눈을 크게 뜨고 포크를 허공에 들고 입에는 빵과 콜리플라워를 가득 물고 마법에라도 걸린 듯 넋을 잃고 말았죠.

"왜 그렇게 놀라는 거니?"

착한 아가씨가 웃으며 말했어요. 피노키오가 더듬더듬 대답했어요.

"당신은… 당신은… 당신은… 닮았어요…! 생각났어요! 맞아요, 맞아. 목소리도 같고, 눈도 같고, 머리카락도 같고! 맞아요, 맞아! 당신도 파란 머리카락을 가졌네요, 그분처럼요! 오, 나의 요정님! 오, 나의 요정님… 당신이라고 말해 주세요! 당신 맞죠? 날 더 이상 울리지 마세요! 잘 아시잖아요! 제가 얼마나 울었는지, 얼마나 고통스러웠는지!"

이렇게 말하면서 피노키오는 바닥에 무릎을 꿇고 신비로운 아가씨 무릎을 껴안은 채 엉엉 울었답니다.

25

피노키오는 꼭두각시 인형으로 사는 것에 지쳤기 때문에 착한 아이가 되고 싶었어요.

마음씨 착한 아가씨는 처음엔 자신이 파란머리 요정이 아니라고 말했어요. 그러나 금세 피노키오가 모든 것을 알아챘지요. 더는 연기나 거짓말을 하고 싶지 않았던 요정은 결국 인정하고 피노키오에게 말했습니다.

"장난꾸러기 꼭두각시야! 어떻게 나라는 걸 알았니?"

"당신을 향한 저의 큰 사랑이 알게 했죠."

"기억나니, 얘야? 너는 내가 아이일 때 떠났는데 이제는 여인이 되었어. 너의 엄마 노릇을 할 수 있을 정도의 여인이 되었어."

"저는 그게 더 좋아요. 누나가 아니라 엄마라고 부를 수 있어서요. 저도 다른 아이들처럼 엄마를 갖고 싶었어요… 그런데 어떻게 그렇게 빨리 자랐어요?"

"비밀이야."

"가르쳐 주세요. 저도 빨리 자라고 싶어요. 안 보이세요? 제 키는 언제나 콩알처럼 작아요."

"너는 자랄 수 없단다."

요정이 대답했어요.

"왜요?"

"꼭두각시 인형은 절대 자라지 않으니까. 한 번 꼭두각시 인형으로 태어나면, 평생 꼭두각시 인형으로 살다가 꼭두각시 인형으로 죽는 거야."

"아! 계속 꼭두각시 인형 노릇만 하기는 지겨워요!"

피노키오가 자신의 머리를 때리며 소리 질렀어요.

"이제 나도 사람이 되면 좋을 텐데…!"

"네가 그럴 만한 자격을 갖추면 사람이 될 수 있단다."

"정말요? 어떻게 하면 사람이 될 수 있을까요?"

"너무 쉬워. 착한 아이가 되는 습관을 들이면 되지."

"아, 지금은 아닌가요?"

"전혀 아니지! 착한 아이들은 말을 잘 듣는데 너는…."

"저는 절대 말을 듣지 않죠."

"착한 아이들은 공부하고 일하는 것을 좋아하지만 너는…."

"저는 일 년 내내 빈둥거리고 여기저기 돌아다니지요…."

"착한 아이들은 항상 진실만을 말하는데…."

"저는 항상 거짓말만 해요."

"착한 아이들은 학교 가는 걸 좋아하는데…."

"학교는 제 온몸을 아프게 하는 곳이죠. 하지만 저는 이제부터 다른 삶을 살고 싶어요."

"약속하겠니?"

"약속해요. 착한 아이가 되고 싶고, 아빠의 기쁨이 되고 싶어요… 불쌍한 아빠는 지금쯤 어디에서 무엇을 하고 계실까요?"

"모르겠구나."

"아빠를 다시 만나 껴안아 드릴 수 있는 행운이 있을까요?"

"그럴 거야. 아니, 틀림없이 그렇게 될 거야."

이 대답에 피노키오는 너무 기뻐 거의 정신을 잃은 듯 요정의 손을 잡고 키스를 퍼붓기 시작했어요. 그런 다음 고개를 들어 요정을 애정 어린 얼굴로 바라보며 물었습니다.

"말해 주세요, 엄마. 그러니까 엄마가 죽었다는 건 사실이 아니에요?"

"아마도 아니었을 거야."

요정이 웃으며 대답했어요.

"'여기에 잠들어 있노라'라는 글을 읽었을 때 제가 얼마나 고통스럽고 목이 메었는지 모르실 거예요…."

"알아. 그래서 내가 널 용서한 거란다. 네가 진심으로 슬퍼했기 때문에 착한 마음을 품고 있다는 것을 알게 되었지. 착한 마음을 가진 아이들은 조금 말썽을 피우고 나쁜 습관을 갖고 있어도 항상 희망이 있는 법이거든. 그러니 결국엔 올바른 방향으로 돌아올 것이라는 희망이 있단다. 그래서 내가 널 찾으러 온 거란다. 내가 네 엄마가 되어 보살펴 줄게."

"아! 정말 멋져요!"

피노키오가 기뻐서 소리치며 펄쩍펄쩍 뛰었습니다.

"너는 항상 내 말을 잘 듣고, 내가 말하는 대로 행동해야 해."

"기꺼이, 기꺼이 그럴 거예요, 기꺼이!"

"내일부터 학교에 다니기 시작할 거야."

요정이 덧붙였어요.

피노키오의 쾌활함이 곧바로 조금 사그라들었습니다.

"그리고 네가 원하는 기술이나 일을 선택해야 해."

피노키오는 심각한 표정을 짓고 혼잣말을 하기 시작했어요.

"뭐라고 중얼대는 거니?"

요정이 조금 화난 목소리로 물었어요.

"뭐라고 했냐면요… 이제 와서 학교에 가는 건 좀 늦은 것 같아요."
라고 꼭두각시 인형이 중얼거렸습니다.

"아니에요, 신사분. 공부하고 배우는 것에는 늦음이 없다는 것을
명심하렴."

"하지만 저는 기술도 일도 배우고 싶지 않아요…."

"왜?"

"왜냐면… 힘드니까요."

요정이 말했어요.

"얘야, 그렇게 말하는 사람들은 대부분 감옥이나 병원에 갇히게
된단다. 사람은 부자든 가난한 자든 이 세상에서 무언가 자기 일을
하고, 노동할 의무가 있어. 게으름에 빠지는 사람은 화를 당할 거
야! 게으름은 몹시 나쁜 병이고, 어릴 때라도 당장 고쳐야 한단다.
그렇지 않으면 나중에 커서도 고칠 수가 없어."

요정의 이 말들은 피노키오의 마음에 와닿았습니다. 피노키오는
힘차게 고개를 들어 요정에게 말했어요.

"저는 공부할 거고요, 일도 할 거예요. 당신이 하라는 대로 모든
걸 다 할게요. 저는 꼭두각시 인형의 삶이 지겨워졌고, 이제 어떤
대가를 치르더라도 진짜 아이가 되고 싶어요. 제게 약속해 주시는
거죠? 정말로?"

"약속할게, 이제 모든 건 네 행동에 달렸단다."

26

다음날 피노키오는 시립학교에 갔습니다. 학교에 꼭두각시 인형이 들어오는 걸 본 장난꾸러기 아이들이 어땠을지 상상해 보세요! 아이들은 끝도 없이 웃어댔습니다. 한 아이가 장난을 시작하자 다른 아이들도 장난치기 시작했어요. 어떤 아이는 피노키오의 모자를 뺏었고 어떤 아이는 피노키오의 외투를 뒤에서 잡아당겼고 어떤 아이는 피노키오 코 아래에 커다란 콧수염을 그리려고 했습니다. 심지어 어떤 아이들은 피노키오의 손과 발에 끈을 묶어 춤추게 하려 했지요. 피노키오는 한동안은 침착하게 꾹 참았지만, 마침내 인내심이 바닥났지요. 피노키오는 가장 심하게 괴롭히고 놀려 대는 아이들을 향해 굳은 얼굴로 말했어요.

"너희들, 조심해! 나는 여기에 너희의 놀림감이 되려고 온 게 아니야. 나는 다른 사람들을 존중해. 그러니 나도 존중을 받고 싶어!"

"똑똑한 악마네! 책에서나 나오는 말을 하다니!"

장난꾸러기들은 정신없이 깔깔거리며 웃었습니다. 유독 더 못된 아이 하나가 꼭두각시 인형의 코끝을 잡으려고 손을 뻗었어요. 그러나 코를 잡지는 못했어요. 피노키오가 책상 아래로 다리를 뻗어 그의 정강이를 걷어찼기 때문이에요.

"아야, 발이 너무 딱딱해!"

아이는 피노키오가 멍들게 한 다리를 잡고 울었습니다.

"팔꿈치도…! 팔꿈치는 발보다 더 딱딱해!"

피노키오에게 심한 장난을 쳤다가 배를 얻어맞은 다른 아이가 말했어요.

그 일이 있고 나서 피노키오는 즉시 학교의 모든 아이의 존경과 동정을 얻게 되었습니다. 모두 피노키오를 좋아했고 사랑했어요. 그리고 선생님도 피노키오를 칭찬했어요. 피노키오가 집중도 잘하고, 공부를 열심히 하고 똑똑하고, 항상 학교에 가장 먼저 와있다가 수업이 끝나면 가장 늦게 일어났기 때문이죠. 피노키오의 유일한 단점은 너무 많은 친구와 어울린다는 것이었습니다. 친구 중에는 공부하기 싫어하고 자신의 평판을 중요하게 여기지 않는 걸로 악명 높은 아이들이 있었기 때문이죠. 선생님은 날마다 피노키오에게 주의하라고 했고, 착한 요정도 피노키오에게 여러 번 반복해서 얘기했습니다.

"조심해라, 피노키오! 머지않아 너의 그 친구들은 공부하고 싶은 마음을 달아나게 만들고 네게 큰 불행을 안겨 줄 수 있어."

"그럴 걱정은 없어요!"

꼭두각시 인형이 어깨를 으쓱하곤 이마 한가운데에 집게손가락을 대며 대답했죠. 마치 '이 머릿속에 그 정도 판단력은 있어요'라고 하는 것처럼요.

그러던 어느 화창한 날, 피노키오는 학교로 걸어가다가 평소와 다름없이 친구들을 만났습니다. 친구들이 피노키오에게 다가와 말했어요.

"너, 그 소식 들었어?"

"아니. 무슨 소식?"

"근처 바다에 산만큼이나 커다란 고래상어가 나타났대."

"진짜? 불쌍한 나의 아빠를 물에 빠트린 그 고래상어일까?"

"우린 그 고래상어를 보러 바닷가로 갈 거야. 너도 같이 갈래?"

"나는 안 돼. 학교에 가야 해!"

"학교가 뭐가 중요해? 학교는 내일 가면 되지. 수업을 한 번 더 듣든 말든, 너는 항상 당나귀처럼 멍청한 건 마찬가지인데."

"선생님께서 뭐라고 하실까?"

"선생님께서 뭐라고 하시든 내버려 둬. 매일 잔소리하면서 월급 받는 거니까."

"그럼 우리 엄마는?"

"엄마들은 아무것도 모르지."

말썽꾸러기들이 대답했다.

"내가 어떻게 할지 알아? 나도 내 나름대로 이유가 있어서 정말 그 고래상어를 보러 가고 싶지만… 학교가 끝나면 갈게."

그러자 아이 중 한 명이 피노키오에게 말했어요.

"불쌍한 녀석! 그렇게 큰 고래상어가 왜 거기서 너를 가만히 기다리고 있을 거라 생각해? 심심하면 바로 다른 곳으로 가 버릴 거고, 그러니 당장 가는 사람만 볼 수 있을 텐데."

"여기서 바닷가까지 얼마나 걸려?"

꼭두각시 인형이 물었어요.

"한 시간이면 다녀올 수 있지."

"그러면 가자! 누가 빨리 가는지 내기하자!"

피노키오가 소리쳤어요. 그렇게 출발 신호를 외치자, 책과 공책

을 품에 팔에 낀 아이들은 들판을 가로질러 달리기 시작했습니다. 피노키오는 무리의 가장 앞에 서 있었고, 발에 날개라도 달린 것 같았어요. 가끔 뒤를 돌아보며 멀리 떨어져 있는 친구들을 놀렸습니다. 먼지를 뒤집어쓰고 헐떡이며 혀를 내민 친구들을 보며 피노키오는 깔깔 웃었어요. 그 순간만큼은, 불쌍한 피노키오는 자신이 직면하게 될 무섭고 끔찍한 불행을 전혀 알지 못했지요!

27

피노키오와 친구들 사이에 큰 싸움이 벌어졌어요.
친구 한 명이 다쳐 피노키오는 경찰관에게 체포됩니다.

바닷가에 도착한 피노키오는 바다를 유심히 둘러봤습니다. 그러나 고래상어는 어디에도 보이지 않았죠. 바다는 커다란 유리 거울처럼 매끄럽고 잔잔했어요.

"도대체 고래상어는 어디 있는 거야?"

피노키오가 친구들을 향해 고개를 돌리며 물었습니다.

"아침 먹으러 갔나 보지."

친구 한 명이 웃으며 말했어요.

"아니면 낮잠 자려고 침대에 뛰어들고 있나?"

다른 친구가 평소보다 더 큰 목소리로 깔깔대며 이야기했어요. 피노키오는 이런 엉뚱한 대답과 깔깔대는 웃음소리를 들으며 친구들이 자신에게 거짓말을 했다는 걸 깨달았습니다. 기분이 상해 화난 목소리로 말했어요.

"이게 뭐야? 고래상어가 있다고 이야기를 꾸며 낸 이유가 뭐야?"

"당연히 이유가 있지!"

말썽꾸러기들이 합창하듯 입을 모았습니다.

"그게 뭔데?"

"네가 학교를 빼먹고 우리와 함께 오게 하려고 그랬지! 날마다 그렇게 꼬박꼬박 수업에 부지런히 들어가는 게 창피하지도 않냐? 그렇게 열심히 공부하는 게 부끄럽지도 않냐고!"

"내가 공부하는 게 너희와 무슨 상관인데?"

"우리랑 아주 상관이 있지. 네가 선생님이 우리를 나쁜 애들이라고 생각하게 만들잖아."

"뭐라고?"

"너처럼 공부하는 친구들은 항상 공부하고 싶지 않은 우리들을 없는 사람 취급하게 만들지. 우리도 없는 사람 취급받기 싫어! 우리도 자존심이 있다고!"

"그럼, 내가 어떻게 해야 너희들이 만족하겠니?"

"우리가 적으로 생각하는 세 가지가 학교, 수업, 선생님이야. 너도 이 세 가지를 싫어해야지."

"만약에 내가 계속 공부를 하고 싶다면?"

"우리는 절대 앞으로 네 얼굴을 보지 않을 거고, 기회가 오면 바로 복수할 거야!"

"솔직히 너희 좀 웃긴다."

피노키오가 고개를 저으며 말했어요.

"이봐, 피노키오!"

아이들 가운데 가장 큰 아이가 피노키오에게 얼굴을 가까이 들이밀고 외쳤어요.

"여기까지 와서 까불지 마. 건방지게 굴지 말라고! 네가 우리를 무서워하지 않는다면, 우리도 너 하나도 안 무서워! 너는 혼자고 우리는 일곱 명이라는 걸 잊지 마!"

피노키오가 크게 비웃으며 말했어요.

"일곱이면 뭐 해? 다 죽어 가는 양들 같은 일곱[12]인걸."

"얘들아, 들었어? 피노키오가 우릴 모욕했어! 우리를 죽어 가는 양들이라고 했다고!"

"피노키오! 잘못을 사과해. 안 그러면 큰일 날 줄 알아!"

"뻐꾹!"

꼭두각시 인형이 놀리듯이 검지로 코끝을 누르며 말했어요.

"피노키오! 이런 식으로 계속해 봐!"

"뻐꾹!"

"너, 당나귀처럼 얻어터질 거야!"

"뻐꾹!"

"코가 부러진 채로 집에 가게 될 거라고!"

"뻐꾹!"

"이제 너의 뻐꾸기를 내가 한 방 날려 주지!"

말썽꾸러기 중 가장 대담한 아이가 소리쳤어요.

"이거나 한 방 드시지! 나머지는 오늘 저녁으로 먹어라."

그러면서 아이가 피노키오의 머리를 주먹으로 내리쳤습니다. 그러나 흔히 말하듯, 주먹은 주먹을 부르는 법이죠. 꼭두각시 인형은 기다리고 있었다는 듯이 주먹으로 답했어요. 그리고 그 순간 다른 아이의 주먹이 날아왔고, 싸움은 점점 커지고 거칠어졌어요. 피노키오는 혼자였지만 영웅처럼 자신을 방어했습니다. 딱딱한 나무 발로 상대와 적당한 거리를 유지하며 싸웠어요. 피노키오의 발에 맞은 아이에게는 멍이 생겼습니다.

그러자 아이들은 꼭두각시 인형과 육탄전을 벌이지 못해 화가 났고, 뭔가 던지는 것이 좋다고 생각했지요. 그래서 교과서가 든 보따리를 풀어서 쓰기 책, 문법책, 『지안네티노』, 『미누졸로』, 『투아르의 이야기』[13], 『병아리의 회고록』[14] 그리고 다른 교과서들을 피노키오에게 마구 던지기 시작했습니다. 하지만 눈치가 빠르고 약삭빠른 피노키오는 맞는 시늉을 하다가 잽싸게 피해 머리 위로 날아가는 책들이 모두 바다에 떨어지게 했지요.

물고기들이 어땠을지 상상해 보세요! 물고기들은 그 책들이 먹이라고 생각하며 떼를 지어 수면으로 몰려들었지만, 책장이나 표지를 먹더니 바로 뱉어내면서 주둥이를 찡그리며 이렇게 말하는 것 같았어요.

"우리가 먹을 게 아니야. 우리는 훨씬 더 좋은 먹이를 먹는 데 익숙하지!"

그러는 동안 싸움은 점점 더 격렬해졌어요. 이때 물에서 나와 천천히 바닷가로 올라온 커다란 게가 감기 걸린 나팔 소리 같은 목소리로 외쳤어요.

"그만해, 이 못된 녀석들아! 애들끼리 그렇게 싸우면 좋게 끝나는 법이 없지! 항상 불행한 일이 찾아오기 마련이라고!"

불쌍한 게를 보세요! 허공에다 설교하는 거나 마찬가지였습니다. 아니, 오히려 말썽꾸러기 피노키오는 뒤를 돌아 게를 노려보며 난폭하게 말했어요.

"닥쳐라, 이 느려터진 게야! 가서 이끼 약 두 알이나 먹고 감기나 치료해. 가서 잠이나 자면서 땀이나 빼라고!"

그러는 동안 책을 다 던진 아이들은 꼭두각시 인형의 보따리를 힐끗 보더니 순식간에 빼앗아 버렸지요. 그 보따리 안에는 곽이 있고 모서리를 양피지로 감싼, 두꺼운 골판지로 제본한 책이 있었습니다. 바로 『산술에 관한 논문』이었습니다. 무게가 얼마나 무거웠을지 상상이 가나요? 말썽꾸러기 아이 중 하나가 그 책을 집어 들고 피노키오의 머리를 향해 온 힘을 다해 던졌지만, 인형을 때리는 대신 다른 아이 머리에 맞았습니다. 그 아이는 세탁된 빨래처럼 하얗게 순식간에 변했습니다. 그리고 이 말밖에 하지 못했어요.

"아, 엄마야! 살려 주세요… 나 죽어요!"

그리고 그 아이는 해변 위 모래에 쓰러졌어요. 죽은 아이가 누워 있는 것을 보자, 아이들은 겁에 질려 도망쳤고 몇 분 뒤에는 아무도 보이지 않았어요. 그러나 피노키오는 그곳에 남아 있었어요. 피노키오 역시 슬프고 놀라서 거의 죽거나 기절할 지경이었지만 그럼에도 달려가 바닷물에 손수건을 적셔 그 불쌍한 친구의 이마를 닦아 주었습니다. 절망하고 괴로워하며 울면서 피노키오는 친구의 이름을 부르며 말했어요.

"에우제니오!… 불쌍한 에우제니오!… 눈 좀 뜨고 나 좀 봐봐! 왜 대답이 없어? 내가 그런 거 아니야! 알지, 내가 그런 거 아닌 거! 믿어 줘, 내가 그런 거 아니야! 눈을 좀 떠 봐, 에우제니오… 네가 이렇게 눈을 감고 있으면 나도 죽을 거야… 세상에! 이제 어떻게 집에 돌아가지? 착한 엄마에게 어떻게 이런 내 모습을 보여 줄 수 있을까? 나는 이제 어떻게 될까… 나는 어디로 도망쳐야 할까? 어디로 숨어야 할까? 아, 학교에 갔더라면 얼마나 좋았을까, 지금보다 천 배는 더 좋았을 텐데! 내가 왜 나한테 도움이 안 되는 이 친구들의 말을 들었던 걸까? 선생님이 나한테 말씀하셨는데! 그리고 우리 엄마도 나한테 여러 번 말씀하셨는데… 나쁜 친구들을 조심하라고! 그런데 나는 고집불통에, 내 멋대로 굴고, 될 대로 되라고 굴고 내 방식대로 굴었지! 그리고는 그 대가를 치르곤 했지… 난 세상에 태어나서 단 한 번도 착한 일을 한 적이 없어. 맙소사! 나는 어떻게 될까, 나는 어떻게 될까, 나는 어떻게 될까?"

그리고 피노키오는 계속 울면서 소리 지르고 자기 머리를 때리며 불쌍한 에우제니오 이름을 불렀지요. 그런데 그때 갑자기 둔탁한 발소리가 다가왔습니다. 뒤돌아보니 두 명의 경찰관이 있었어요.

"땅에 엎드려서 뭘 하는 거냐?"

그들이 피노키오에게 물었답니다.

"저는 학교 친구를 도와주고 있어요!"

"친구가 아프니?"

"그런 것 같아요."

경찰관 한 명이 몸을 굽히고 에우제니오를 자세히 관찰하더니 말했어요.

"아픈 정도가 아니잖아! 이 아이는 이마에 상처를 입었어. 누가 다치게 한 거냐?"

"저 아니에요!"

피노키오가 거의 숨도 못 쉬며 더듬거리며 말했어요.

"네가 그런 게 아니라면, 누가 그랬다는 거야?"

"저는 아니에요!"

피노키오가 반복했습니다.

"그런데 얘는 뭐에 이렇게 다친 거지?"

"이 책으로요!"

꼭두각시 인형은 경찰관에게 보여 주기 위해 골판지와 양피지로 묶여 있는 『산술에 관한 논문』을 바닥에서 집어 들었지요.

"누구 책이냐?"

"제 거예요."

"이거면 됐어. 더 볼 것도 없네, 당장 일어나 우리와 가자!"

"하지만 저는….."

"우리와 가자!"

"저는 결백해요….."

"어서 가자니까!"

떠나기 전에 경찰관들은 배를 타고 해변을 지나가던 어부들을 불러 부탁을 했어요.

"머리에 상처를 입은 이 아이를 당신들에게 맡기겠소. 집으로 데려가서 돌봐주시오. 우리가 내일 그 아이를 보러 다시 오겠소."

그리고 경찰관들은 피노키오에게 가서 양쪽에 나란히 서더니 군인의 톤으로 명령했습니다.

"앞으로, 가! 빨리 걸어! 그렇지 않으면 혼쭐난다!"

꼭두각시는 두말없이 마을로 이어지는 길을 순순히 걷기 시작했어요. 이 불쌍한 악동은 자기가 어떤 세상에 있는지 알지 못했지요. 피노키오는 꿈을 꾸고 있는 것 같았어요. 아주 나쁜 악몽을! 피노키오는 제정신이 아니었죠. 눈앞이 흐릿했고, 다리도 떨렸으며 혀가 입천장에 붙어 한마디도 할 수가 없었어요.

그렇게 정신없고 감각이 무뎌

진 와중에도 날카로운 가시 하나가 피노키오의 심장을 후벼 팠어요. 그건 바로 착한 요정의 집 창문 아래를 경찰관들 사이에 끼인 채 지나가야 한다는 사실이었죠. 피노키오는 차라리 죽고 싶었습니다. 이들은 어느새 마을에 도착했어요. 마을에 들어가려고 하자 거친 바람이 피노키오의 모자를 벗겨 열 걸음쯤 앞에 떨어뜨렸습니다. 꼭두각시 인형이 경찰관들에게 말했어요.

"괜찮으시다면 제가 가서 모자를 주워도 될까요?"

"좋아. 대신 서둘러라."

꼭두각시 인형은 가서 모자를 집어 들었지만, 머리에 쓰지 않고 입에 물고는 바닷가를 향해 전속력으로 달리기 시작했어요. 총알처럼 날아갔습니다. 경찰들은 피노키오를 따라잡기 어려울 거라 생각하고 경주에서 일등을 차지한 큰 사냥개를 시켜 뒤쫓게 했어요. 피노키오는 계속 달렸지만, 사냥개가 더 빨랐습니다. 그러자 모든 사람이 이 경주가 어떻게 끝날지 궁금해하며 창밖을 내다보거나 길 한복판으로 몰려들었죠. 그러나 아무도 그 궁금증을 해소할 수 없었습니다. 사냥개와 피노키오가 거리에 먼지구름을 일으켜서 몇 분 뒤에는 아무것도 보이지 않았기 때문이죠.

28

필사적인 경주 중에 피노키오에게 위험천만한 순간이 닥쳤습니다. 사냥개에게 거의 따라잡힐 듯한 순간이었죠. 사냥개 알리도로가 달리고 또 달려 피노키오의 뒤에 거의 바짝 붙었어요. 꼭두각시 인형은 그 짐승이 한 뼘 뒤에서 힘겹게 헐떡이는 소리를 들었고, 심지어 그 뜨거운 입김까지 느낄 수 있었습니다.

다행히 이제 바닷가가 가까워졌고, 몇 걸음 앞에 바다가 보였어요. 해변에 도착하자마자 꼭두각시 인형은 마치 개구리가 뛰어오르듯 멋지게 물속으로 뛰어들었습니다. 반면, 알리도로는 멈추고 싶었지만 달리던 제 속도를 이기지 못해 물에 빠져 버렸습니다. 불행히도 수영할 줄 몰랐던 개는 물 위에 뜨려고 발을 허우적거렸지만 그럴수록 머리가 물속으로 더 가라앉았어요. 머리가 물 밖으로 다시 나왔을 때 불쌍한 개의 눈에는 겁이 가득했죠. 알리도로는 당황해서 멍멍 짖으며 소리쳤어요.

"나 물에 빠져 죽어! 물에 빠져 죽어!"

"빠져 죽어!"

이제 모든 위험에서 벗어나 안전하다고 생각한 피노키오가 멀리서 대답했어요.

"도와줘! 나의 피노키오! 나를 죽지 않게 구해 줘!"

가슴을 울리는 그 외침에 마음씨 좋은 꼭두각시 인형은 동정심이 생겨 개를 향해 말했어요.

"그럼 내가 너를 구해 주면, 다시는 나를 괴롭히지 않고 쫓아오지 않겠다고 약속하니?"

"약속해! 약속한다고! 제발 서둘러, 30초만 더 늦어도 나는 죽을 거야!"

피노키오는 잠시 망설이다가 아빠가 착한 행동을 하면 절대 손해 보는 일이 없다고 여러 번 말해 준 것을 떠올렸어요. 그래서 알리도로를 구하기 위해 헤엄쳐 갔어요. 그리고 양손으로 개의 꼬리를 잡고 모래사장으로 무사히 끌어올렸습니다.

가엾은 개는 제대로 일어서지도 못했어요. 발버둥 치다가 바닷물을 너무 많이 마셔서 배가 풍선처럼 부풀어 올랐기 때문이었죠. 한편, 피노키오는 개를 믿지 못해 다시 바다에 들어가는 게 낫겠다고 신중하게 생각하고 바다에 몸을 던졌어요. 피노키오는 해변에서 점점 멀어지며 자신이 구해 준 친구에게 소리쳤습니다.

"잘 가, 알리도로. 좋은 여행 하고 집에 안부 전해 줘!"

"잘 가, 피노키오! 내 목숨을 구해 줘서 정말 고마워. 너는 나를 구하는 큰일을 했으니 이 세상에서 보상받을 거야. 기회가 된다면 다시 만나서 얘기하자…."

개가 말했어요. 피노키오는 계속 헤엄을 쳐서 육지 가까이 다가왔어요. 마침내 안전한 곳에 도착한 것 같았어요. 피노키오는 해변을 바라보다 암초 위에서 긴 연기 기둥이 솟아오르는 동굴 같은 곳을 보았습니다. 피노키오는 혼잣말했어요.

"저 동굴에 불이 있나 봐. 잘됐다! 일단 몸을 좀 말리고 따뜻하게 한 다음에… 그리고 어떻게든 되겠지."

피노키오는 그렇게 결심하고 암초로 다가갔지만, 위로 올라가려고 하자 물속에서 무언가가 떠올라 뭍으로 올라오더니 피노키오를 공중으로 순식간에 들어 올렸어요. 피노키오는 바로 벗어나려고 했지만 이미 너무 늦었답니다. 깜짝 놀라는 사이에 그물에 갇혔기 때문이에요. 온갖 모양과 크기의 물고기가 떼 지어 꼬리를 흔들며 몸부림치고 있었어요.

그리고 그때 동굴에서 나오는 어부가 보였는데, 그는 너무 못생겨서 바다 괴물처럼 보였습니다. 머리에는 머리카락 대신 녹색 풀이 무성했죠. 온몸의 피부, 눈, 길게 아래까지 내려오는 수염까지 모두 녹색이었어요. 그는 마치 뒷다리로 서 있는 커다란 도마뱀 같았습니다. 그 어부는 그물을 당기면서 기뻐 소리쳤어요.

"축복이네! 오늘도 생선을 배 터지게 먹을 수 있겠군!"

'다행이야, 나는 물고기가 아니니!' 피노키오가 다시 용기를 조금 되찾고 마음속으로 생각했습니다. 물고기가 가득 담긴 그물은 어둡고 연기가 자욱한 동굴 안으로 옮겨졌어요. 동굴 한가운데에는 커다란 프라이팬에 기름이 달궈져 있어서 숨이 막히고 냄새가 진동했습니다.

"이제 어떤 생선을 잡았는지 좀 볼까!"

녹색 어부가 말했어요. 그리고 화덕에 장작을 퍼 넣을 때나 쓸 법한, 커다란 삽 같은 무지막지한 손을 그물에 밀어 넣고 숭어 한 줌을 꺼냈어요.

"이 노란 촉수 맛있겠네!"

녹색 어부는 숭어를 보고 만족해하며 냄새를 맡으며 말했어요. 냄새를 맡은 후에는 물이 없는 대야에 던졌습니다. 그는 같은 작업을 여러 번 되풀이했어요. 생선을 꺼낼 때마다 그는 군침이 돈다는 표정으로 흐뭇해했고 다음과 같이 말했습니다.

"이 대구 맛있겠군!"

"이 숭어들 아주 맛나겠어!"

"이 넙치도 맛있겠고!"

"여기 농어들도 아주 맛있겠군⋯."

"이 머리 달린 멸치들 아주 귀엽구먼!"

여러분들이 생각하듯, 대구, 숭어, 넙치, 농어 그리고 멸치는 모두 누런 그물과 함께 대야로 한꺼번에 던져졌어요. 마지막으로 남은 게 바로 피노키오였어요. 어부가 그를 꺼내자마자 놀라서 녹색 눈을 동그랗게 뜨고 겁에 질려 거의 울부짖었습니다.

"아니, 이게 무슨 생선이야? 이렇게 생긴 생선은 단 한 번도 먹어 본 적 없는데!"

그리고 다시 피노키오를 주의 깊게 살펴보고, 이쪽저쪽 돌려 본 후 이렇게 말했어요.

"알았다, 이건 바다 게가 틀림없어!"

그러자 피노키오는 자신을 게로 착각한 것에 화가나 기분이 상한 말투로 말했어요.

"게라니요? 게가 뭔지도 몰라요? 나를 게 취급하다니! 나는 꼭두각시라고요!"

"꼭두각시?"

어부가 말했습니다.

"솔직히 말하면 꼭두각시 생선은 생전 처음 보네! 좋아! 내가 너를 기꺼이 먹어 주지."

"나를 먹는다고요? 내가 생선이 아

니라는 걸 모르겠어요? 내가 당신처럼 말하고 생각한다는 걸 모르겠냐고요!"

그러자 어부가 말했어요.

"맞는 말이네. 나처럼 말하고 생각할 수 있는 행운을 지닌 너 같은 생선에게는 나도 그에 맞는 대우를 해 주고 싶구나!"

"무슨 대우요?"

"우정과 특별한 존중의 의미로, 내가 너를 어떻게 요리할지 직접 결정하게 해 주지. 프라이팬에 튀겨 먹는 게 좋니, 아니면 토마토소스를 곁들인 냄비에 끓여지는 게 더 좋니?"

피노키오가 대답했어요.

"솔직히 말하면, 저를 풀어 준다는 선택지는 없나요? 집에 돌아가고 싶어요."

"농담은! 내가 이렇게 희귀한 생선을 맛볼 기회를 놓칠 것 같으냐? 이 바다에서 꼭두각시 생선을 잡는 건 흔치 않은 일이야. 내가 알아서 하마. 다른 생선들과 함께 프라이팬에 튀겨지는 거면 너도 만족할 거야. 함께 튀겨지는 친구들이 네게 위로가 될 거다."

불쌍한 피노키오는 이 말에 울고불고 소리치며 애원하기 시작했어요. 그리고 울면서 이렇게 말했습니다.

"내가 학교에 갔더라면 얼마나 좋았을까…! 친구들이 하자는 대로 했다가 이제 그 대가를 치르게 되었어! 아아… 아아… 아아…!"

그리고 그는 장어처럼 꿈틀대며 녹색 어부의 손아귀에서 벗어나기 위해 안간힘을 썼어요. 그러자 어부는 갈대 줄기를 가져다가 살라미 소시지처럼 피노키오의 손과 발을 묶은 후 다른 생선들과 같이 대야에 내동댕이쳤습니다. 그리고 어부는 밀가루가 가득 담긴 나무 쟁반을 꺼내 모든 생선에 밀가루를 묻힌 후 프라이팬에 던져

튀기기 시작했어요.

끓는 기름에서 가장 먼저 춤을 춘 것은 불쌍한 대구였습니다. 그 다음에는 농어, 숭어, 넙치 그리고 멸치 순으로 기름 팬에 얹어졌고 마지막으로 피노키오 차례가 왔어요. 죽음에, 이 끔찍한 죽음에 가까워지자, 피노키오는 부들부들 떨기 시작했고 너무 무서워서 살려 달라는 말조차 할 수 없었죠.

불쌍한 이 아이는 눈빛으로 애원했죠! 그러나 녹색 어부는 그에게 관심을 전혀 주지 않고 쟁반에 피노키오를 대여섯 번 굴려 머리부터 발끝까지 밀가루를 잘 발라서 석고 조각 인형처럼 만들었어요. 그리고 나선 피노키오의 머리를 잡고….

29

피노키오는 요정의 집으로 돌아오고,
요정은 피노키오에게 다음날이 되면 더 이상 꼭두각시 인형이 아니라
진짜 아이가 될 것이라고 약속합니다.
이 기쁜 일을 축하하기 위한 커피와 우유가 가득한 아침 식사를 준비하죠.

어부가 피노키오를 막 프라이팬에 던지려고 할 때, 큰 개 한 마리가 코를 찌르는 먹음직한 튀김 냄새에 이끌려 동굴로 들어왔습니다.

"저리 가!"

어부는 한 손에 여전히 밀가루를 묻힌 꼭두각시 인형을 쥔 채 개를 위협하는 소리를 냈어요. 그러나 불쌍한 개는 너무 배가 고파 낑낑거리고 꼬리를 흔들며 이렇게 말하는 것 같았어요. '튀김 한 입 주면 얼른 갈게요!'.

"저리 가, 내 말 안 들려!"

어부가 한 번 더 말했지요. 그리고 다리를 뻗어 개를 차려고 했습니다. 그러나 너무 배가 고팠던 개는 순순히 물러날 기세가 아니었습니다. 어부에게 으르렁거리며 날카로운 송곳니를 드러냈지요. 그 순간 동굴에서 작고 희미한 소리가 들렸습니다.

"날 구해 줘, 알리도로! 날 구해 주지 않으면 튀겨질 거야!"

알리도로는 즉시 피노키오의 목소리를 알아차렸어요. 그리고

놀랍게도 그 작은 목소리가 어부가 들고 있는 밀가루 뭉치에서 들려온다는 걸 알아챘지요. 그래서 어떻게 했을까요? 개는 땅에서 번쩍 뛰어오르더니 밀가루 뭉치를 낚아채서 살짝 물고는 동굴을 빠져나와 눈 깜짝할 사이에 도망쳤어요! 어부는 맛있게 먹으려던 생선을 두 눈 시퍼렇게 뜨고 빼앗긴 것에 화가 나 개를 쫓으려 했지만, 몇 걸음 내딛다가 갑자기 기침이 나서 되돌아올 수밖에 없었습니다. 한편, 마을로 이어지는 길을 찾은 알리도로는 멈춰서서 친구 피노키오를 바닥에 조심스럽게 내려놓았어요.

"정말 고마워! 이 고마움을 어떻게 표현해야 할지!"

꼭두각시 인형이 말했어요.

"그럴 거 없어."

개가 대답했어요.

"네가 나를 구해 준 것에 대한 보답이야. 우리 모두 서로를 도우며 살아야 한다잖아."

"그런데 동굴에는 어쩌다 들어오게 된 거야?"

"나는 거의 죽은 것처럼 해변에 누워 있었어. 그런데 어디선가 바람이 불며 튀김 냄새가 났고, 그 냄새가 식욕을 자극해서 따라갔어. 만약 내가 1분이라도 늦었다면…."

"말도 마!"

아직도 두려움에 떨고 있던 피노키오가 울먹이며 크게 소리쳤어요.

"네가 1분이라도 더 늦게 왔다면 지금쯤 나는 완전히 튀겨지고 먹혀서 이미 그놈의 뱃속에서 소화까지 다 되었을 거야. 으악! 생각만 해도 소름이 돋아!"

알리도로는 웃으며 꼭두각시를 향해 오른발을 내밀었어요. 피노키오는 뜨거운 우정의 표시로 개의 발을 힘껏 잡았어요. 그리고 둘은 헤어졌습니다. 개는 다시 집으로 돌아갔고, 혼자 남은 피노키오는 근처에 있는 오두막집으로 갔어요. 그리고 문 앞에서 따사로운 햇볕을 쬐고 있는 할아버지에게 물었습니다.

"친절한 할아버지, 혹시 머리를 다친 불쌍한 아이를 아세요? 이름은 에우제니오예요."

"그 아이는 어부들이 어제 이 오두막으로 데려왔었는데, 지금은…."

"지금은 죽었어요?"

피노키오가 크게 슬퍼 끼어들어 말했다.

"아니, 지금은 회복해서 이미 집으로 돌아갔단다."

"정말, 정말요?"

피노키오는 기뻐서 껑충껑충 뛰며 소리쳤어요.

"상처가 심하지는 않았나요?"

"상처가 너무 심해서 죽을 수도 있었지. 골판지로 묶인 커다란 책을 대체 왜 친구 머리에 던진 건지…."

노인이 대답했어요.

"누가 던진 거래요?"

"학교 친구라던데, 이름이 피노키오였던가…."

"피노키오? 어떤 아이인데요?"

꼭두각시 인형은 아무것도 모르는 척 물었습니다.

"몹시 나쁜 아이라고 하던데, 여기저기 쏘다니고 문제만 일으키는…."

"뭐라구요? 모함이에요! 전부 모함이라고요!"

"너 피노키오를 아니?"

"본 적 있어요!"

꼭두각시 인형이 대답했어요.

"그 아이에 대해 어떻게 생각하니?"

할아버지가 물었습니다.

"제가 볼 때는 좋은 아이예요. 공부하려는 의지도 강하고 말도
잘 듣고, 아빠와 가족도 많이 사랑하고요…."

꼭두각시 인형은 안색 하나 바꾸지 않고 거짓말을 늘어놓았지
요. 그러다 무심코 코를 만져보니 코가 한 뼘이나 길어져 있었습니
다. 피노키오는 겁이 나 크게 소리치기 시작했어요.

"친절한 할아버지, 제가 방금 피노키오에 대해서 한 좋은 말은
모두 귀담아듣지 마세요. 저는 그 애를 아주 잘 알아요! 진짜 나쁜
아이라고 확신할 수 있어요. 피노키오는 말도 안 듣고, 게으르고,
학교에도 안 가고 친구들과 나쁜 짓이나 하러 돌아다니는 애예요!"

피노키오가 이 말을 하자마자
코가 줄어들더니 예전 크기로 돌
아왔습니다.

"그런데 너는 왜 이렇게 새하
얗니?"

할아버지가 피노키오의 온몸
을 살펴보며 물었어요.

"말씀드리면… 저는 저도 모르
게 하얗게 칠해진 벽에 제 몸을
문질렀어요."라고 꼭두각시 인형
이 답했어요. 생선처럼 밀가루 범

벅이 되어 프라이팬에 튀겨질 뻔한 것을 말하기는 부끄러웠기 때
문이에요.

"아, 그런데 윗옷이며 바지며 모자는 어떻게 한 거니?"

"도둑을 만나서 몽땅 뺏겼어요. 저기, 마음씨 좋은 할아버지, 제가 일단 집으로 갈 수 있도록 낡은 옷이라도 주실 수 있을까요?"

"얘야, 입을 것이라곤 콩을 담는 작은 자루뿐이구나. 이거라도 원하면 가져가거라. 여기있다."

피노키오는 두말없이 그 빈 자루를 가져다가 가위로 바닥에 작은 구멍을 내고 양쪽에도 두 개의 구멍을 내서 셔츠처럼 입었어요. 그렇게 콩자루를 가볍게 걸쳐 입고 피노키오는 다시 마을로 향했어요.

그러나 길을 걷다 보니 피노키오는 마음이 편치 않았습니다. 한 발짝 앞으로 갔다 다시 뒤로 한 발짝 갔다 하면서 혼잣말했죠.

"나의 착한 요정님 앞에 어떻게 나타나지? 날 보면 뭐라고 하실까…? 두 번이나 말썽을 피웠는데 날 용서하실까? 그럴 리가 없지… 아, 분명히 나를 용서하지 않으실 거야! 다 내 탓이야. 난 항상 잘못을 고치겠다고 약속해 놓고 절대 약속을 안 지키는 말썽꾸러기니까!"

피노키오가 마을에 도착했을 땐 이미 어두운 밤이 되어 있었습니다. 그리고 폭풍우가 거세게 몰아치고 있었죠. 그래서 문을 두드리면 요정님이 바로 문을 열어주실 것 같다고 생각하며 요정의 집으로 갔어요.

그러나 막상 도착하자 용기가 나지 않았답니다. 그래서 문을 두드리지 못하고 스무 걸음이나 멀찍이 달아났어요. 다시 문 앞으로 다가갔지만, 아무것도 할 수가 없었지요. 세 번째로 다가갔지만 역시나 용기가 나지 않았어요. 네 번째에야 덜덜 떨면서 문에 달린 쇠고리를 잡고 살짝 두드렸습니다. 기다리고 기다리자, 마침내 30분 후에 5층짜리 집의 꼭대기 층에 있던 창문이 열렸어요. 피노키오는 커다란 달팽이가 밖을 내다보며 말하는 것을 보았어요. 머리에 작은 양초를 얹고 있는 달팽이였습니다.

"이 시간에 누구야?"

"요정님 계신가요?"

꼭두각시 인형이 물었어요.

"요정님은 주무시는데 깨우지 말라고 하셨어. 그런데 넌 누구니?"

"나예요!"

"누구?"

"피노키오요!"

"피노키오가 누구야?"

"요정님과 함께 살던 꼭두각시 인형이요."

"아! 알겠다. 내가 내려가서 문을 열 테니 잠시 기다려."

달팽이가 말했어요.

"서둘러줘 제발. 저 추워 죽겠어요."

"얘야, 나는 달팽이야. 달팽이는 절대 서두르는 법이 없지."

한 시간이 지나고 두 시간이 지나도 문은 열리지 않았습니다. 추위와 두려움에 떨고 쏟아지는 비를 맞던 피노키오는 한 번 더 문을 두드리기로 마음먹었어요. 문을 다시 두드리자, 첫 번째로 열렸던 바로 아래층의 창문이 열리고 아까처럼 달팽이가 나타났어요.

피노키오가 크게 소리쳤어요.

"아름다운 달팽이 님, 저 2시간이나 기다렸어요! 이 무시무시한 밤에 2시간은 2년보다 더 긴 시간이에요. 제발 서둘러 주세요."

"얘야, 나는 달팽이야. 달팽이는 절대 서두르지 않아."

달팽이가 창문에서 아주 조용하고 침착하게 대답했어요. 그리고 창문이 다시 닫혔습니다.

얼마 지나지 않아 자정을 알리는 소리가 울렸어요. 시간은 계속 흘러 2시가 지났고 문은 여전히 닫혀 있었습니다. 인내심이 바닥난 피노키오는 화를 내며 문고리를 거칠게 잡고 온 집이 쩌렁쩌렁 울릴 정도로 세게 두드렸어요. 그러자 갑자기 쇠로 만든 문고리가 살아 있는 뱀으로 변해 피노키오의 손에서 빠져나가 길 한가운데로 기어가더니, 개울로 사라졌어요.

"어, 뭐야?"

피노키오는 잔뜩 화가 나서 더는 눈에 보이는 게 없었습니다.

"두드릴 문고리가 없어지다니, 발로 차서라도 계속 두드릴 거야!"

그리고 피노키오는 조금 뒤로 물러나서 문에 거침없이 발길질했습니다. 그 힘이 얼마나 세던지 그만 피노키오의 발이 문 한가운데에 박혔고, 아무리 빼려고 해도 소용없었지요. 못이라도 박힌 것처럼 꼼짝도 안 했어요. 불쌍한 피노키오를 상상해 보세요! 한쪽 발은

땅에, 다른쪽 발은 공중에 올려두고 있어야 했다니까요.

그렇게 아침이 되자, 드디어 문이 열렸어요. 착한 달팽이가 5층에서 대문까지 내려오는 데는 9시간밖에 걸리지 않았어요. 땀을 얼마나 뻘뻘 흘리고 왔는지 모를걸요.

"발을 문에 박고 뭐 하고 있어?"

달팽이가 웃으면서 꼭두각시 인형에게 물었어요.

"어쩌다 보니 그렇게 되었어요, 아름다운 달팽이님. 저를 이 고통에서 구해 주실 수 있나요? 좀 봐 주세요."

"애야, 목수가 필요할 것 같은데. 그런데 나는 목수가 아니야."

"저 대신 요정님께 부탁해 주세요."

"요정님은 주무시고 있어. 깨우지 말라고 하셨어."

"그럼 제가 이 문에 발이 박힌 채로 하루 종일 있길 바라세요?"

"길에 지나다니는 개미들이나 세며 놀려무나."

"그럼 먹을 거라도 좀 가져다주세요. 힘이 하나도 없어요."

"바로 가져다주지!"

달팽이가 말했어요.

그러나 달팽이는 3시간 반이 지나서야 은쟁반을 머리에 이고 돌아왔어요. 쟁반 위에는 빵 한 덩어리, 구운 닭고기, 잘 익은 살구 네 알이 있었어요.

"요정님이 보내 주신 아침 식사야."

달팽이가 말했습니다. 하나님의 은혜와 같은 식사를 본 피노키오는 그제야 마음이 놓였어요. 하지만 쟁반 위의 음식을 먹기 시작하자, 빵은 석고로 만들어졌고 닭고기는 골판지였으며 살구는 진짜처럼 색만 칠해져 있다는 사실을 알고 크게 실망했어요. 피노키오는 울고 싶었어요. 절망에 빠져 쟁반 안에 든 것을 모두 던져 버리고 싶었습니다. 그러나 상심이 너무 커서인지 아니면 너무 허기져서인지 그만 기절하고 말았어요. 정신을 차려 보니 소파에 누워 있었고, 바로 옆에 요정님이 서 있었습니다.

"이번에도 너를 용서해 주마, 하지만 한 번 더 말썽을 피우면 큰화를 당할 거야."

요정이 말했어요.

피노키오는 열심히 공부하고 항상 바른 행동을 하겠다고 약속하고 맹세했습니다. 그리고 그해 남은 기간에 그 약속을 잘 지켰어요. 글쎄, 방학 직전에 친 시험에서는 학교에서 가장 훌륭한 학생에게 주는 상을 받기도 했답니다! 피노키오의 태도가 전반적으로 매우 칭찬받을 만하고 만족스럽다고 판단한 요정이 기뻐하며 피노키오에게 말했어요.

"내일 드디어 네 소원이 이루어질 거야!"

"무슨 말씀이세요?"

"내일이면 넌 이제 더는 나무 인형이 아니라, 진짜 아이가 될 거야."

그토록 간절히 바라던 소식을 듣고 피노키오가 얼마나 기뻐했는지 직접 보지 못한 사람은 상상할 수 없을 거예요. 피노키오는 다음 날 요정의 집에서 열릴 근사한 아침 식사에 학교의 모든 친구를 초대하여 성대한 파티를 열고 축하하기로 했습니다. 요정은 카페라테 2백 잔과 양쪽에 버터를 바른 빵 4백 덩어리를 준비해 두었지요. 그 날은 분명 정말 아름답고 즐거운 날이 될 게 분명했지만….

안타깝게도 꼭두각시 인형의 삶에는 항상 모든 것을 망치는 '그러나'가 있었답니다.

30

피노키오는 아이가 되는 대신 친구 루치뇰로와 함께
'장난감 나라'로 몰래 떠났어요.

피노키오는 요정에게 지금 당장 마을을 돌아다니며 친구들을 초
대할 수 있게 해달라고 허락을 구했고, 요정은 피노키오에게 이렇
게 말했어요.

"내일 아침 식사에 친구들을 초대하되, 어두워지기 전에 집에 돌
아오는 걸 잊지 말렴, 알겠니?"

"한 시간 안에 꼭 돌아오겠다고 약속할게요."

꼭두각시 인형이 대답했습니다.

"조심해, 피노키오! 아이들은 약속은 잘하지만 꾸물거리고 늦을
때가 많단다."

"하지만 저는 다른 아이들과는 달라요. 한 번 한 말을 반드시 지
켜요!"

"두고 볼게. 말을 듣지 않으면 불운한 일이 생길 거야."

"왜요?"

"자기보다 더 많은 것을 아는 사람의 조언에 귀를 기울이지 않는
아이들은 항상 나쁜 일을 당하게 되기 때문이야."

"그건 제가 잘 알죠! 이제 다시는 그러지 않을 거예요!"

피노키오가 대답했습니다.

"네가 그 진실을 잘 알고 있는지 두고 볼게."

꼭두각시 인형은 군말 없이 엄마처럼 인자한 요정에게 인사를

하고 노래를 부르고 춤을 추며 집을 나섰습니다. 피노키오는 한 시간도 채 되지 않아 친구 모두를 초대했어요. 몇몇은 기쁜 마음으로 초대를 바로 받아들였고, 몇몇에게는 약간의 부탁과 사정을 해야 했지만, 카페라테에 적셔 먹을 샌드위치의 겉면에는 버터도 바를 것이라는 말을 듣고는 모두 "우리도 축하해 주러 갈게."라며 오기로 했습니다.

피노키오가 학교 친구 중에 유독 좋아하고 아끼는 친구가 있었는데 그 아이의 이름은 로메오였어요. 그러나 친구들은 모두 루치놀로라는 별명으로 불렀는데, 그건 밤에 불을 켜는 새로 산 양초 심지처럼 빼빼 마른 모습 때문이었죠..

루치놀로는 전교생 중 가장 게으르고 말썽을 많이 부리는 아이였지만, 피노키오는 그를 아주 좋아했습니다. 사실 아침에 집에서 출발하자마자 제일 먼저 루치놀로를 초대하기 위해 그의 집에 갔거든요. 근데 없었어요. 두 번째로 찾아갔을 때도 루치놀로는 없었어요. 대체 어디로 가야 그 아이를 만날 수 있을까요? 피노키오는 여기저기 찾아 헤매다가 마침내 어느 농부의 헛간 뒤에 숨어 있는 그를 발견했습니다.

"루치놀로, 거기서 뭐 해?"

피노키오가 가까이 가서 물었어요.

"떠나길 기다리고 있어."

"어디 가는데?"

"멀리, 멀리, 멀리!"

"너를 찾으러 너희 집에 세 번이나 갔었어!"

"나를 찾으러? 무슨 일로?"

"너, 성대한 파티에 대해 몰라? 나한테 벌어진 행운을 모르냐고!"

"행운?"

"내일이면 난 꼭두각시 생활을 끝내고 너처럼, 다른 아이들처럼 진짜 소년이 될 거야!"

"잘됐구나."

"그러니 내일 우리 집에서 함께 아침 먹자. 파티도 하고."

"하지만 난 오늘 저녁에 떠난다니까."

"몇 시에?"

"조금 이따가."

"어디로 가는데?"

"나는 세상에서 가장 아름다운 나라로 살러 가. 정말 낙원 같은 나라!"

"그 나라의 이름이 뭔데?"

"장난감 나라야! 피노키오, 너도 같이 가지 않을래?"

"나? 나는 절대 안 돼!"

"뭐가 안 된다는 거야, 피노키오! 내 말 믿어. 너 안 오면 후회할 거야! 우리 아이들을 위해 이보다 더 좋은 나라를 어디서 찾겠니? 거기엔 학교도 선생님도 책도 없어! 그 축복받은 나라에서는 공부를 절대 강요하지 않아. 목요일에는 학교에 안 가지. 그런데 일주일이 목요일 여섯 번과 일요일 한 번으로 되어 있는 곳이야. 그리고 가을 방학은 1월 1일에 시작해서 12월 말에 끝나. 이런 나라, 정말 내 마음에 쏙 들어! 모든 문명 사회라면 다 그래야 하는데 말이야!"

"그러면 장난감 나라에서는 하루를 어떻게 보내는데?"

"아침부터 저녁까지 장난감만 가지고 놀며 즐겁게 지내는 거지. 밤에는 자러 가고 다음 날 아침에는 또 장난감 갖고 놀기가 반복되는 거야. 어때?"

"음…."

피노키오가 '나도 그런 삶을 살고 싶어'라고 말할 것처럼 고개를 살짝 끄덕였어요.

"그럼 나랑 같이 가겠다는 거지? 갈 거야, 말 거야? 어서 결정을 내려!"

"아니, 아니, 안 돼! 나는 요정님께 이제부터 착한 아이가 되겠다고 약속했고, 그 약속을 지키고 싶어. 해 지는 걸 보니 이제 너와 헤어지고 얼른 가야겠다. 그럼 잘 가고, 여행 잘해!"

"어딜 그렇게 급히 달려가는 건데?"

"집에. 나의 착한 요정님이 해가 지기 전에 돌아오라고 하셨어."

"2분만 기다려 봐."

"너무 늦었어."

"딱 2분만."

"요정님이 나한테 소리를 지르시면 어쩌지?"

"소리 지르게 내버려 둬. 실컷 소리를 지르다가 진정할 거야."

말썽꾸러기 루치뇰로가 말했어요. 피노키오는 그에게 물었죠.

"장난감 나라에 어떻게 갈 거야? 혼자? 아니면 같이 가는 사람 있어?"

"혼자라니? 백 명도 넘는 아이들이 있을 거야."

"그럼 걸어가는 거니?"

"조금만 기다리면 나를 싣고 그 행운이 넘치는 나라에 데려다줄 마차가 여기로 올 거야."

"지금 마차가 온다면, 돈이 얼마나 들던 낼 텐데!"

"왜?"

"네가 다른 친구들과 함께 떠나는 모습을 보고 가려 그러지!"

"여기 조금만 더 있으면 보게 될 거야."

"아니, 아니야. 나는 이제 집에 갈래."

"2분만 더 기다려 봐."

"너무 오래 있었어. 요정님이 날 걱정하실 거야."

"불쌍한 요정님! 박쥐들이 널 잡아먹을까봐 걱정하시는 거야?"

"그런데… 그 나라에는 학교가 없다는 거, 정말 확실해?"

피노키오가 물었어요.

"학교의 그림자도 없지."

"선생님도 안 계셔?"

"단 한 명도 없어."

"그리고 공부도 안 해도 되고?"

"절대, 절대, 절대 안 해도 돼!"

"정말 멋진 나라다!"

피노키오는 구미가 당긴다고 생각하며 말했어요.

"정말 멋진 나라야! 한 번도 가본 적은 없지만, 상상이 가!"

"너는 왜 안 가려는 거야?"

"네가 나를 아무리 꾀어 봤자 소용없어! 이제 나는 착한 요정님께 착한 아이가 되겠다고 약속했고, 그 약속을 어기고 싶지 않아."

"그럼 잘 있어. 길에서 문법 수업 같이 들었던 친구들 만나면 안부 전해주고! 그리고 고등학교 학생들에게도."

"잘 가, 루치뇰로. 좋은 여행 하고 재미있게 보내! 가끔 친구들을 떠올려 줘."

그렇게 말하면서 꼭두각시는 두 걸음 내디뎠습니다. 그러나 바로 멈추고 루치뇰로에게 고개를 돌려 물었어요.

"그런데 그 나라는, 모든 주가 목요일 여섯 번과 일요일 한 번으로 이뤄져 있는 거 확실한 거야?"

"아주 확실하지."

"그러면 방학이 1월 1일에 시작해서 12월 말에 끝나는 것도 확실하고?"

"분명히 그렇지."

"정말 멋진 나라다!"

피노키오가 몹시 부러워하며 말했어요. 그리고는 마음을 단단히 먹고 서둘러 말문을 열었습니다.

"자, 진짜 작별 인사야. 잘 가!"

"잘 가."

"언제 출발해?"

"곧!"

"그럼 나도 기다릴 수 있을 것 같은데."

"요정님은?"

"이미 늦었어! 한 시간 빨리 가나 늦게 가나 다 똑같아."

"가엾은 피노키오! 요정님이 너한테 소리 지르시면 어쩌지?"

"할 수 없지 뭐! 소리 지르시게 놔둬야지. 한참 소리 지르고 나면 진정하시겠지."

그새 해는 이미 저물고 캄캄한 밤이 되었는데, 갑자기 멀리서 작은 불빛이 움직이는 것이 보였어요…. 그리고 모기소리처럼 작고 희미하게 방울 소리와 나팔 소리가 들려왔어요!

"저기 온다!"

루치뇰로가 자리에서 벌떡 일어나 외쳤습니다.

"누가?"

피노키오가 작은 목소리로 물었어요.

"나를 데리러 오는 마차. 그래서 너, 나랑 갈 거야 말 거야?"

"근데 정말로… 그 나라에서는 아이들이 공부를 안 해도 된다는 거지?"

꼭두각시 인형이 물었어요.

"절대, 절대, 절대!"

"정말 멋진 나라다! 멋진 나라야… 정말 멋진 나라…!"

31

마침내 마차가 도착했습니다. 마차의 바퀴가 헝겊과 넝마로 싸여 조금의 소음도 나지 않고 말이죠. 열두 쌍의 당나귀 행렬이 마차를 끌고 있었는데, 모두 덩치는 비슷했지만 털 색깔이 달랐어요. 어떤 당나귀는 덩치가 크고 어떤 당나귀는 회색, 또 다른 당나귀는 흰색, 그리고 후추와 소금을 섞은 것 같은 회색 그 외에도 노란색과 파란색의 커다란 줄무늬가 있는 당나귀가 있었어요.

그러나 정말 특이한 것은 그 열두 쌍, 그러니까 스물네 마리의 작은 당나귀들은 수레나 화물을 끄는 다른 짐승들처럼 발굽이 박혀 있는 것이 아니라, 사람이 신는 흰 소가죽부츠를 신고 있었다는 거예요. 그럼 마차의 마부는 어땠을까요?

키가 크기보다는 버터 덩어리처럼 옆으로 넓은 남자였지요. 로즈 애플처럼 작은 얼굴에, 항상 웃는 작은 입으로 집주인의 마음을 사려는 고양이의 울음처럼 애교부리는 목소리를 내는 덩치가 작은 남자였답니다.

모든 아이가 그를 보자마자 좋아하게 되었고, 서로 앞다퉈 마차에 올라타려 했습니다. 지도에도 나와 있는 '장난감 나라'라는 귀가 솔깃한 이름의 진짜 낙원을 향해, 덩치 작은 남자를 따라가기 위해 경쟁했어요.

사실 마차 안에는 이미 8살과 12살 사이 어린아이들이 소금물에 절인 멸치들처럼 서로 포개져 있었습니다. 아이들은 여기저기 아프고 짓눌리고 숨을 쉬기도 힘들었지만 아무도 소리 지르지 않았고 불평하지도 않았어요. 몇 시간 후면 책도, 학교도. 선생님도 없는 나라에 도착할 것이라는 생각에 아이들은 불편함도, 피곤함도, 배고픔도, 갈증도, 졸음도 느끼지 못할 만큼 기대에 가득 차 있었지요.

마차가 멈추자 덩치가 작은 남자는 루치뇰로를 향해 얼굴을 잔뜩 찡그리며 아주 아주 친절한 미소를 잔뜩 지으며 물었어요.

"잘생긴 아이야, 너도 그 행운의 나라에 가고 싶니?"

"당연히 가고 싶어요!"

"하지만 마차에 더 이상 자리가 없구나. 보다시피 모두 꽉 찼어!"

"괜찮아요! 안에 자리가 없으면 마차 기둥에 앉아서라도 갈게요!"라고 루치뇰로가 대답했어요. 그리고는 펄쩍 뛰어올라 마차 기둥에 올라탔습니다.

"그리고 너, 귀염둥이는 어떻게 할 거니? 우리와 함께 갈래, 아니면 남을 거니?"

"저는 남을 거예요."

피노키오가 대답했어요.

"저는 집으로 돌아가고 싶어요. 모든 착한 아이들이 그렇듯 열심히 공부하고 싶고 학교에서도 잘하고 싶어요."

"잘해 보렴!"

그러자 루치뇰로가 말했어요.

"내 말 좀 들어봐, 피노키오. 우리랑 같이 가면 즐거울 거야."

"안 돼, 안 돼, 절대 안 돼!"

"우리랑 같이 가면 즐거울 거야!"

수레 안에서 다른 네 명의 아이들이 소리쳤습니다.

"우리랑 같이 가면 즐거울 거야!"

이번에는 백 명의 아이들이 다 같이 외쳤어요.

피노키오가 말했어요.

"내가 너희와 가면 나의 착한 요정님이 뭐라고 하실까?"

그리고 피노키오는 슬슬 마음이 약해지며 흔들리기 시작했어요.

"머리가 아플 정도로 너무 우울한 생각이지만, 아침부터 저녁까지 우리 마음대로 떠들고 주인이 될 수 있는 나라에 간다고 생각해 봐!"

피노키오는 대답 없이 한숨만 쉬고 또 쉬고, 세 번째로 한숨을 쉬더니 마침내 이렇게 말했어요.

"자리 좀 만들어 줘, 나도 가고 싶어!"

"자리는 모두 찼어."

작은 남자가 대답했습니다.

"그러나 너를 환영한다는 뜻에서 내 마부석을 내어 주지."

"그럼 아저씨는요?"

"나는 걸어서 갈게."

"안 돼요! 그러지 마세요. 차라리 이 당나귀 등에 올라탈게요!"

피노키오가 소리쳤어요.

그렇게 말한 다음 피노키오는 바로 앞에 서 있는 당나귀 한 쌍 중 오른쪽 당나귀에게 다가가 타려 했지만, 당나귀가 몸을 휙 돌려서 주둥이로 배를 차서 공중으로 날려버렸어요. 그 자리에 있던 모든 아이가 얼마나 깔깔거리고 비웃어 댔을지 상상해 보세요.

그러나 덩치 작은 남자만은 웃지 않았어요. 그는 피노키오에게 반항한 당나귀에게 다정하게 다가가 입맞춤을 하는 척하면서 오른 쪽 귀의 반을 물어뜯었습니다.

어쨌든 피노키오는 화가 나서 바닥에서 벌떡 일어나 다시 가엾은 당나귀 등으로 펄쩍 뛰어올랐지요. 이번에는 피노키오가 너무 멋지게 뛰어올라 아이들은 모두 웃음을 멈추고는 '피노키오 만세!' 라고 외치며 끝없이 박수 쳤습니다. 그 순간, 갑자기 당나귀가 뒷발을 번쩍 들어 뛰어오르더니 큰 소리를 내며 불쌍한 피노키오를 자갈 더미 한가운데로 던져 버렸어요.

그러자 아이들은 다시 크게 웃음을 터뜨렸어요. 그러나 덩치 작은 남자는 여전히 웃지 않았고, 당나귀에게 사랑이 가득한 입맞춤을 하는 척하며 나머지 귀 절반까지 제대로 물어뜯었습니다. 그리고 꼭두각시 인형에게 말했어요.

"걱정하지 말고 다시 올라타렴. 저 당나귀가 이상한 생각을 했나 본데, 내가 귓속말로 몇 마디 해서 길들이고 말 잘 듣도록 해 두었단다."

피노키오가 다시 당나귀 등에 올라타자 마차가 움직이기 시작했어요. 그런데 당나귀가 달리고 마차가 자갈이 깔린 큰길을 달리는 동안 꼭두각시 인형에게 잘 알아듣기 어려운 조용한 목소리가 들리는 것 같았어요.

"가엾은 녀석! 너는 네 마음대로 하고 싶었겠지만, 곧 후회하게 될 거야!"

겁에 질린 피노키오는 이 말이 어디에서 들리는지 확인하려고 주변을 두리번거렸지만, 아무것도 보이지 않았어요. 당나귀는 질주하고 마차도 달리고 있었지요. 마차 안의 아이들은 잠들어 있었고 루치뇰로도 겨울잠 자는 쥐처럼 코를 골고 있었습니다. 마부석 위에 앉은 덩치가 작은 남자는 노래를 흥얼거리고 있었습니다.

"모든 사람이 밤에 잔다네.

그러나 나는 절대 잠들지 않는다네….”

백 미터 넘게 지나자 피노키오는 아까와 같은 희미한 목소리를 다시 들었습니다.

“명심해, 이 멍청아! 공부를 그만두고 책과 학교와 선생님을 뒤로하고 장난감을 가지고 놀고만 싶어 하는 아이들은 불행한 결말을 맞이할 수밖에 없어! 내가 그 증거야!… 그래서 너한테 얘기할 수 있는 거야! 오늘 내가 우는 것처럼 너도 울게 될 날이 올 거다. 그리고 그때는 이미 늦을 거야!”

낮은 목소리로 소곤대는 이 말에 그 어느 때보다 겁에 질린 꼭두각시 인형은 말 뒤로 뛰어내려 당나귀의 주둥이를 잡으러 갔어요. 그리고 당나귀가 울고 있다는 것을 깨달았을 때 피노키오의 표정이 상상이 되나요? 당나귀는 아이처럼 정말로 울고 있었습니다! 그래서 피노키오가 덩치가 작은 남자에게 소리쳤어요.

“저기요, 아저씨. 여기 얼마나 신기한 일이 있는지 아세요? 당나귀가 울고 있어요!”

“울게 내버려 두렴. 언젠가 결혼하면 웃겠지.”

“당나귀에게 말하는 법도 알려 주셨나요?”

“아니. 3년 동안 조련 받은 개들과 함께 지내면서 몇 마디 중얼거리는 것을 혼자 배웠나 보군.”

“불쌍한 당나귀!”

“가자, 가자고.”

작은 남자가 말했어요.

“고작 당나귀 울음소리에 시간 낭비하지 말고. 다시 올라타렴. 밤은 춥고, 갈 길이 멀다.”

피노키오는 군말 없이 그 말에 따랐습니다. 마차는 다시 길을 떠났고, 새벽이 밝아 오는 아침에 이들은 행복하게 '장난감 마을'에 도착했어요.

이곳은 세상 어떤 나라와도 달랐습니다. 전부 아이들뿐이었죠. 가장 나이가 많은 아이가 14살이었고, 가장 어린아이는 8살이었지요. 거리에는 정신이 하나도 없을 만큼 떠들썩하고 활기가 넘치고, 고함이 가득했고, 사방에는 아이들 천지였어요. 아이들은 누구는 호두를 누구는 딱지를, 누구는 공을 누구는 자전거를 누군가는 나무 말을 타고 놀았지요. 어떤 아이들은 술래잡기했고, 광대처럼 옷을 입고 불붙는 헝겊을 먹는 아이들도 있었습니다. 연극 놀이하는 아이, 노래 부르는 아이, 공중제비 도는 아이, 손을 땅에 대고 다리를 공중에 띄우는 아이, 물구나무서는 아이, 굴렁쇠 던지는 아이, 호일로 만든 투구를 쓴 장군 복장을 한 아이, 종이로 만든 기병대 옷을 입은 아이도 있었습니다. 아이들은 웃고, 소리를 지르고, 친구를 부르고, 휘파람을 불고, 암탉이 알을 낳는 모습을 흉내 내는 아이도 있었어요.

귀가 먹지 않으려면 솜을 넣어야 할 정도로 시끄럽고 소란스러운 광란의 아수라장이었습니다. 모든 광장에 아침부터 저녁까지 천막극장이 있었고, 아이들로 북적거렸죠. 모든 집의 벽에는 다음과 같이 숯으로 쓰여진 멋진 글을 읽을 수 있었어요. '장난깜 만세!' (장난감이 아니라) '우리는 더 이상 핵교를 원하지 않는다' (학교가 아니라) '우리는 신수를 내려놨다'(산수가 아니라) 등 이런 종류의 글들이었습니다.

피노키오는 루치놀로 그리고 덩치가 작은 남자와 같이 온 다른 아이들과 그 나라에 발을 들여놓자마자 거대한 아수라장에 휘말렸습니다. 여러분이 상상한 것처럼, 몇 분 만에 모두 친구가 되었습니다. 누가 더 아이들보다 더 행복하고 즐거울 수 있을까요?

끊임없이 놀고 오락을 즐기는 가운데 몇 시간, 며칠, 몇 주가 쏜 살같이 지나갔어요.

"아! 이 얼마나 멋진 삶인지!"

피노키오는 우연히 루치뇰로를 만날 때마다 이렇게 말했어요. 그러면 루치뇰로가 대답했어요.

"거봐, 내 말이 맞지? 너는 오지 않는다고 했었지! 그리고 요정님 한테 돌아가서 공부하는 데 시간을 허비할 생각이나 하다니! 지금 네가 지겨운 책과 학교에서 벗어나게 된 건 다 내 덕이야, 안 그래? 나처럼 큰 호의를 베풀어 줄 수 있는 진정한 친구는 없을 거야."

"맞아, 루치뇰로! 오늘 내가 이렇게 진정 행복한 아이라면 그건 다 네 덕분이야. 그리고 선생님이 네가 얘기할 때 뭐라고 했는지 아니? 나한테 이렇게 말했어. '루치뇰로는 나쁜 친구고, 네게 나쁜 짓을 하 자고 꼬드길 수 있으니 그 악당과는 어울리지 말아라!'라고 했어."

루치뇰로가 머리를 절레절레 흔들며 대답했어요.

"불쌍한 선생님! 나도 선생님이 늘 나를 귀찮게 하고 잔소리를 즐겼던 걸 너무 잘 알고 있지. 그래도 나는 기꺼이 선생님을 용서하 겠어!"

"너 참 마음이 넓다."

피노키오는 친구를 다정하게 끌어안고 두 눈 사이에 입맞춤하며 말했어요. 그렇게, 책은 전혀 읽지 않고 학교는 다니지도 않은 채 온종일 장난감을 갖고 놀고 오락거리만 즐긴 지 벌써 5개월이 지났 어요. 그러던 어느 날 아침에 일어났을 때 피노키오에게 매우 불쾌 한 놀라운 일이 일어났고 서서히 불행에 빠지기 시작했답니다.

32

피노키오는 진짜 당나귀 귀를 갖게 되죠.
그리고 진짜 당나귀처럼 울기 시작했어요.

깜짝 놀랄 만한 일이 무엇이었을까요? 나의 어린이 독자 여러분들에게 말해 볼게요. 피노키오는 잠에서 깨면서 자연스럽게 머리를 긁적이다 깜짝 놀랐습니다. 이 꼭두각시 인형에게 무슨 일이 생겼는지 맞춰 볼래요? 그날 아침, 피노키오는 놀랍게도 귀가 한 뼘 이상 자랐다는 것을 알아차렸습니다.

꼭두각시 인형은 아주 어릴 때부터 귀가 너무 작아서 맨눈으로는 잘 보이지도 않았어요! 밤새 자신의 귀가 자라나서 긴 갈대로 만든 빗자루 같은 두귀를 직접 만졌을 때 피노키오가 어땠을지 상상이나 되세요? 피노키오는 바로 자신을 모습을 보러 거울을 찾았어요. 그러나 거울을 찾지 못해 세면대 대야에 물을 가득 받아 들여  다보았습니다. 그리고 절대 보고 싶지 않은 모습을 보고 말았지요. 거대한 당나귀 귀가 달린 자신의 모습을 본 거예요.

불쌍한 피노키오가 느꼈을 고통, 창피함 그리고 절망을 상상해 보세요!

피노키오는 울고 비명을 지르고 벽에 머리를 박기 시작했지만 절망할수록 귀는 점점 더 커졌고, 급기야 귀 끝에서 털이 자라기 시작했습니다. 그 시끄러운 고함에 위층에 사는 작고 귀여운 마멋 한 마리가 피노키오의 방으로 왔어요. 그리고 큰 고통에 빠진 꼭두각시 인형을 보고 조심스럽게 물었습니다.

"사랑하는 나의 이웃사촌, 무슨 일이니?"

"나는 병에 걸렸어. 나의 마멋아, 나 진짜 큰 병에 걸렸어… 내가 진짜 무서워하는 병에 걸렸어! 너 혹시 맥박을 짚을 줄 아니?"

"아주 조금."

"그러면 열이 나는지 좀 잘 봐 줘."

마멋은 오른쪽 앞다리를 들어 피노키오의 맥박을 짚고는 한숨을 쉬며 말했어요.

"친구야, 나쁜 소식을 전하게 되어 유감이야…"

"무슨 말이야?"

"너, 정말 심각한 열병에 걸렸어."

"무슨 열병?"

"당나귀 열병."

"그 열병이 대체 뭐길래!"

꼭두각시 인형은 이렇게 말했지만 사실 아주 잘 알고 있었지요.

"몰라? 그러면 내가 설명해 줄게."

마멋이 말했어요.

"그러니까 두세 시간 뒤면 너는 더 이상 꼭두각시 인형도 아니고 진짜 아이도 아닐 거라는 거야…"

"그럼 내가 뭐가 되는데?"

"두세 시간 후면 수레를 끌고 양배추와 채소를 시장에 나르는 짐 승들 같은 진짜 당나귀가 될 거야."

"아! 불쌍한 나 좀 봐! 불쌍한 내 인생!"

피노키오는 울면서 두 귀를 손으로 잡고 마치 다른 사람의 귀인 양 잡아당기고 쥐어뜯으며 화를 냈어요. 마멋이 피노키오를 위로했습니다.

"친구야, 이제 어떻게 하겠니? 이게 네 운명이야. 이미 지혜의 법령에 쓰여 있어. 책, 학교, 선생님을 지겨워하고 장난감, 놀이, 오락만으로 시간을 보내는 게으른 모든 아이는 언젠간 작은 당나귀로 변하게 된다고."

"근데 정말로 그렇게 될까?"

피노키오가 흐느끼며 물었지요.

"불행히도 그래! 그리고 이제 울어도 소용없어. 미리 생각했었어야지!"

"근데 내 잘못이 아니야. 잘못은, 내 말 믿어줘, 마멋아. 전부 루치뇰로 탓이야"

"루치뇰로가 누군데?"

"내 학교 친구. 나는 집으로 돌아가고 싶었어. 나는 말을 잘 듣고 싶었고, 공부를 계속해서 내 명예도 지키고 싶었어… 그런데 루치뇰로가 내게 말했지. '왜 지겹게 공부하는 거니? 도대체 왜 학교에 가고 싶어하는 거야? 그러지 말고, 나랑 장난감 나라로 가자. 거기서 우리는 더는 공부하지 않을 거고, 아침부터 밤까지 재미있게 놀고 항상 즐거울 거야.'라고 말이야!"

"왜 그 나쁜 가짜 친구의 말을 들은 거야?"

"왜냐면, 왜냐면… 나의 마멋아, 나는 판단력도 없고 마음도 없는, 꼭두각시 인형이기 때문이야. 아! 만약 내게 아주 작은 마음이라도 있었다면, 엄마처럼 나를 사랑하고 나를 위해 많은 것을 해 주신 착한 요정님을 버리지 않았을 거야! 그러면 지금쯤 나는 더는 꼭두각시가 아니라 착한 진짜 아이가 되어 있을 텐데! 루치뇰로를 만나면 가만두지 않겠어! 한바탕 욕을 퍼부어 줄 테야!"

그렇게 외치며 피노키오는 밖으로 나가려고 했어요. 그런데 문 앞에 서자, 당나귀 귀가 되었다는 것이 생각났습니다. 아이들에게 자기 모습을 보여 주기 창피했던 피노키오는 과연 어떻게 했을까요? 커다란 면모자를 집어서 머리에 쓰고 코끝까지 내렸습니다.

그리고는 나가서 루치뇰로를 찾기 시작했어요. 그는 거리, 광장, 소극장 등 모든 곳에서 루치뇰로를 찾았지만, 볼 수 없었습니다. 그래서 길에서 만난 모든 아이에게 루치뇰로를 본 적 있냐고 물었지만 아무도 그를 보지 못했다고 했습니다. 그래서 피노키오는 루치뇰로의 집까지 갔고, 대문에 서서 문을 두드렸어요.

"누구세요?"

안에 있던 루치뇰로가 물었습니다.

"나야!"

꼭두각시 인형이 답했어요.

"조금만 기다리면, 내가 문 열어줄게."

30분 후에 문이 열렸고, 피노키오는 방으로 들어갔습니다. 그곳에서, 머리가 큰 면 모자를 쓰고 코까지 내린 친구 루치뇰로를 보았을 때 피노키오가 어땠을지 상상해 보세요. 그 모자를 보자 피노키오는 마음이 조금 놓였고, 바로 속으로 이렇게 생각했습니다.

'이 친구도 나와 같은 병에 걸린 건가? 이 친구도 당나귀 열병에 걸린 거야?'

하지만 아무 일도 없었다는 듯 미소를 지

으며 루치뇰로에게 물었습니다.

"잘 지냈니? 내 친구 루치뇰로?"

"아주 잘 지냈지. 파마산치즈 덩어리에 들어간 생쥐처럼."

"너 정말 진심으로 말하는 거야?"

"내가 왜 거짓말을 하겠니?"

"미안해, 친구야. 그런데 왜 귀를 다 덮는 면 모자를 쓰고 있는 거야?"

"무릎을 다쳐서 의사가 이렇게 하라고 했어. 그런데 피노키오야, 너는 왜 면 모자를 그렇게 코까지 내려 쓰고 있는 거야?"

"이쪽 발이 까져서 의사가 이렇게 하라고 했어."

"오! 불쌍한 피노키오!"

"오! 불쌍한 루치뇰로!"

이 말이 끝나고 아주 긴 침묵이 이어졌고, 그동안 두 친구는 놀리는 듯한 눈빛으로 서로 쳐다보고만 있었지요. 마침내 꼭두각시 인형이 유쾌하고 밝은 목소리로 친구에게 말했어요.

"내 궁금증 좀 풀어 줄래, 나의 사랑하는 친구 루치뇰로야? 너 혹시 귓병으로 고생한 적이 있니?"

"절대 없어…! 너는?"

"나도 절대! 그런데 오늘 이상하게 오늘 아침부터 귀가 아프네."

"나도 마찬가지야."

"너도 그래? 어느 쪽 귀가 아픈데?"

"양쪽 다, 너는?"

"나도 둘 다. 우리 혹시, 같은 병일까?"

"그런 것 같아서 무서워."

"부탁 하나만 들어줄래? 루치뇰로?"

"당연하지! 뭐든지."

"귀 좀 보여 줄 수 있어?"

"왜 안 되겠어? 하지만 먼저 네 귀를 보고 싶어, 친구야."

"안 돼, 네가 먼저 보여 줘."

"안 돼, 피노키오! 네가 먼저 보여 줘! 그리고 나도 보여 줄게!"

"좋아."

꼭두각시 인형이 말했습니다.

"우린 좋은 친구니까, 약속 하나 하자!"

"어떤 약속인지 들어 보고."

"우리 둘 다 동시에 모자를 벗는 거야. 어때?"

"좋아!"

"그럼, 준비!"

피노키오가 큰 목소리로 숫자를 세기 시작했어요.

"하나! 둘! 셋!"

셋! 이라는 말에 두 아이는 모자를 벗어 공중으로 던졌습니다. 그리고 믿을 수 없는 장면이 펼쳐졌어요. 피노키오와 루치뇰로는 같은 불행에 시달리고 있는 서로를 보자 슬퍼하는 대신 커다래진 두 귀를 쫑긋거리기 시작했고, 수없이 귀를 움직이다 결국엔 웃음을 터트렸습니다. 웃고 또 웃었지요. 이들은 웃고 웃었고 몸을 지탱하기 어려울 정도로 웃어댔어요. 한참 웃는데 루치뇰로가 갑자기 조용해지더니 비틀거리다가 얼굴색이 변하며 친구에게 말했습니다.

"도와줘! 도와줘, 피노키오!"

"너 왜 그래?"

"아이고! 나 더는 두 다리로 서 있을 수가 없어."

"나도 더는 못 서 있겠어."

피노키오가 비틀거리며 울고 소리쳤어요. 그렇게 말하는 동안 둘은 구부정하게 네 발, 즉 손과 발로 바닥을 짚으며 방을 뛰어다니기 시작했어요. 뛰어다니는 사이 팔은 발이 되었고 얼굴은 길어지더니 주둥이로 변했고, 등은 검은색이 희끗희끗 섞인 밝은 회색 털로 뒤덮였어요.

이 두 짐승에게 가장 추악하고 굴욕적인 순간이 언제였는지 예상되시나요? 바로 뒤에서 꼬리가 돋았다는 것을 느꼈을 때지요. 그제야 창피하고 속상한 그들은 자신들의 신세를 한탄하며 울음을 터트렸어요.

하지만 그렇게 되지는 않았습니다! 이들은 울고 통곡하는 소리 대신에 당나귀 소리를 냈고, 큰 소리로 울면서 둘이 '으헝 으헝'하며 합창을 했습니다. 그때 문을 두드리는 소리가 들렸고, 밖에서 목소리가 들렸어요.

"문 열어! 너희를 이 나라로 데려온 마차에 타고 있던 덩치 작은 사람이다. 당장 문을 열지 않으면 큰일 날 줄 알아!"

33

진짜 당나귀가 된 피노키오는 팔려 가고,
서커스 극단의 단장이 피노키오를 사서 춤과 굴렁쇠를 가르치죠.
그러나 어느 날 저녁 피노키오가 절름발이가 됩니다.
그러자 단장은 가죽으로 북을 만들려는 사람에게 피노키오를 팔아버립니다.

문이 열리지 않자 작은 남자는 매우 세게 걷어차고 방으로 벌컥 들어왔어요. 그리고는 피노키오와 루치놀로에게 평소처럼 웃으며 말했습니다.

"잘했다, 얘들아. 아주 잘도 울더구나! 그래서 내가 너희들의 목소리를 금세 알아들어 여기로 바로 온 거란다."

이 말에 두 마리의 당나귀는 고개를 숙이고 귀를 축 늘어트린 채 꼬리를 다리 사이에 말아 넣고 풀이 죽어 있었지요. 덩치 작은 사람은 처음에는 당나귀를 쓰다듬고 어루만지다가 솔을 꺼내서 잘 손질하기 시작했어요. 그래서 당나귀들은 마치 거울처럼 반짝반짝 빛났답니다. 그러나 그는 고삐를 채워 시장에 데려가 당나귀들을 팔아 돈을 챙길 속셈이었죠. 오래 기다릴 필요도 없이 금세 사려는 사람이 나타났어요.

루치놀로는 그 전날 당나귀를 잃은 한 농부에게 팔려 갔습니다. 피노키오는 광대 공연과 줄타기를 하는 서커스 단장에게 팔렸고요. 단장은 피노키오를 훈련 시킨 다음 다른 동물들과 함께 뛰고 춤추게 했지요.

나의 어린이 독자 여러분, 덩치 작은 남자가 어떤 일을 하는 사람인지 이제 알겠지요? 우유와 꿀처럼 달콤한 얼굴을 한, 사실은 못된 이 괴물은 수레를 타고 전 세계를 돌아다녔어요. 그리고 길을 가다가 책과 학교를 지겨워하는 게으른 아이들을 달콤한 약속과 선물로 꼬셔 마차에 태운 뒤 '장난감 나라'로 데려가 마음대로 놀고 시끌벅적 떠들며 즐거운 시간을 보낼 수 있게 했지요. 그러다가 항상 놀기만 하고 공부하지 않는 그 불쌍한 아이들이 당나귀가 되면 장터와 시장에 데려가 판 거예요. 그렇게 몇 년 만에 그는 큰돈을 벌고 백만장자가 되었답니다.

루치뇰로가 어떻게 되었는지는 모르겠군요. 그러나 피노키오가 첫날부터 아주 혹독하고 힘든 생활을 했다는 것은 분명하죠.

새 주인은 피노키오를 마구간으로 데려가 여물통을 짚으로 가득 채워주었어요. 그러나 한입 맛을 본 피노키오는 다시 뱉어 버렸죠. 그러자 주인이 투덜거리며 여물통에 이번에는 건초를 넣어 주었지만, 피노키오는 건초도 싫어했어요.

"이야, 건초도 싫다는 거냐?"

주인이 화가 나 소리쳤습니다.

"이 귀여운 당나귀, 내가 그 버르장머리를 제대로 고쳐 주마!"

그리고는 고쳐 준다는 명목으로 피노키오 다리에 세게 채찍질을 했어요. 너무 아픈 피노키오는 울고불고 '히힝!' 하며 당나귀 소리로 말했지요.

"히힝, 히힝, 짚은 소화할 수가 없어요!"

"그럼 건초를 먹어!"

당나귀의 소리를 아주 잘 알아듣는 주인이 대답했어요.

"히힝, 히힝, 건초를 먹으며 아파요!"

"그렇다면 너 같은 당나귀 따위에게 닭가슴살이나 수탉 갤런틴[15]이라도 먹여야 한다는 거냐?"

주인은 점점 더 화가 났고 또 다시 채찍질했지요. 두 번째 채찍질에 피노키오는 눈치를 채고 바로 물러나서 군말 없이 있었어요. 잠시 후, 마구간 문이 잠기자 피노키오는 혼자 남겨졌어요. 몇 시간 동안 먹은 게 없어 배가 고파진 피노키오는 하품하기 시작했습니다. 입을 화덕처럼 크게 벌리고 하품을 했지요. 그러다 여물통에서 다른 먹을 것을 찾지 못한 피노키오는 체념하고 건초를 조금씩 씹어보았어요. 눈을 꼭 감고 꼭꼭 씹은 후 꿀꺽 삼켰어요. 그리고 혼잣말로 중얼거렸습니다.

"건초 맛도 나쁘지는 않지만, 계속 공부를 했다면 얼마나 좋았을까…! 지금쯤 이런 건초 대신 갓구운 빵 한 덩어리와 살라미 햄 한 조각을 먹을 수 있었을 텐데… 어쩔 수 없지!"

다음 날 아침, 그는 일어나자마자 건초를 더 먹기 위해서 여물통에서 건초를 찾았지만, 밤새 모두 먹어 버렸기 때문에 남은 것이 하나도 없었어요.

그래서 피노키오는 잘게 잘린 부스러기 짚을 입에 넣고 씹기 시작했습니다. 짚을 씹으며 밀라노식 리조토나 나폴리식 마카로니와는 완전 다른 맛이지만 만족해야 한다고 스스로 설득했지요.

"참아야지!"

피노키오는 씹으면서 반복해서 말했습니다.

"적어도 말 안 듣고 공부하기 싫어하는 모든 나쁜 아이들에게 교훈이 되길 바라야지. 참자! 참아!"

"참긴 뭘 참아!"

그 순간 주인이 마구간에 들어오며 소리쳤습니다.

"내 귀여운 당나귀, 내가 너한테 먹을 거나 마실 거나 주려고 돈까지 들여 산 줄 알아? 네게 일을 시켜 큰돈을 벌기 위해 너를 산 거야. 그러니, 자, 착하지! 나와 함께 서커스단에 가자. 그럼 네게 굴

렁쇠 넘는 법, 머리로 종이 안감 두른 통을 부수는 법, 뒷다리로 서
서 왈츠와 폴카 춤을 추는 법을 알려줄 테니!"

불쌍한 피노키오는 애정인지 강압인지 모를 환경에서 이 모든
재주를 익혀야 했습니다. 세 달 동안 털이 쭈뼛 설 정도로 수없이
채찍을 맞으며 배웠어요. 마침내 피노키오의 주인이 정말로 놀라운
공연을 보여 줄 날이 되었습니다. 길거리에 알록달록한 포스터가
붙었어요.

GRANDE SPETTACOLO

DI

GALA

Per questa sera

AVRANNO LUOGO I SOLITI SALTI

ED ESERCIZI SORPRENDENTI

ESEGUITI DA TUTTI GLI ARTISTI

c da tutti i cavalli d'ambo i sessi della Compagnia

e più

Sarà presentato per la prima volta

il famoso

CIUCHINO PINOCCHIO

detto

LA STELLA DELLA DANZA

Il teatro sarà illuminato a giorno

거대한 갈라쇼

오늘 저녁

열심히 갈고 닦은 뜀뛰기를 선보입니다

서커스단 모든 단원들의 놀라운 곡예

그리고 서커스단 말들이 선보이는 공연까지

또 오늘 처음 선보이는

그 유명한,

일명

댄스 스타

당나귀 피노키오

극장 안은 대낮처럼 환할 것입니다

그날 저녁, 공연이 시작되기 한 시간 전부터 극장이 꽉 찼습니다. 돈을 더 준다고 해도 자리하나 구할 수 없었어요. 서커스단의 계단식 관람석에는 그 유명한 당나귀 피노키오를 보고 싶어 안달 난 다양한 나이의 아이들로 가득했지요. 1부가 끝나자 검은색 정장 재킷에 흰색 승마용 바지를 입고 무릎까지 올라오는 가죽 부츠를 신은 단장이 등장했어요. 단장은 엄청나게 많은 관객 앞에서 자기소개를 하고 허리 숙여 인사한 다음 그 상황에 잘 어울리지도 않는 엄숙한 연설을 했습니다.

"존경하는 신사 숙녀 여러분! 미천한 저는 이 유명한 대도시를 가다가 훌륭하신 관객 여러분께 이미 유럽 모든 궁전의 황제 폐하 앞에서 춤을 선보이는 영광을 누린 이 유명한 당나귀를 소개하고자 합니다. 여러분께 감사의 말씀을 전하고 싶고, 활발한 참여로 저희 공연을 응원해 주시고 너그럽게 봐주시길 바랍니다!"

관객들은 이 연설을 듣고 크게 웃으며 박수를 보내며 환영했어요. 그런데 서커스장 한가운데 당나귀 피노키오가 등장하자 그 소리는 두 배가 되더니 우레와 같은 박수갈채가 쏟아졌습니다. 피노키오는 행사를 위해 장식을 했어요. 피노키오는 장식이 달린, 버클이 있는 반짝거리는 가죽으로 만든 굴레를 차고 있었고 귀에는 두 송이의 흰 동백꽃을 꽂고 있었지요. 갈기는 여러 갈래로 나누어 따서 비단 리본으로 묶여 있었으며 허리에는 금색, 은색으로 된 큰 띠를 두르고 있었고, 꼬리는 보라색과 하늘색 벨벳 리본으로 땋았습니다. 한마디로 정말 사랑에 빠질 수밖에 없는 당나귀의 모습을 하고 있었지요! 단장은 그를 청중에게 소개하면서 이렇게 말했어요.

  "존경하는 관객 여러분! 열대지방에서 이 산 저 산을 자유롭게 다니며 풀을 뜯어 먹고 살던 이 포유동물을 제압하고 길들이기 위해 제가 얼마나 큰 어려움을 겪었는지 굳이 숨기지 않겠습니다. 여러분, 이 녀석의 눈에 얼마나 많은 야생의 기운이 뿜어져 나오는지 보십시오. 네 발 달린 가축 짐승들을 길들이는데 썼던 모든 방법이 실패하자 저는 애정 어린 채찍을 써야만 했습니다. 그러나 저의 이런 애정은 이 녀석이 저를 좋아하게 만들지 못하고, 점점 나쁜 주인으로 인식하게 했지요. 그래서 저는 의학자 프란츠 요제프 갈[16]의 연구 성과를 따르기로 했습니다. 저는 이 당나귀의 두개골에서 작은 연골을 발견했는데, 파리에 있는 의대 교수진이 말하길 이게 머리털을 나게 하고 춤도 추게 한다고 합니다. 저는 당나귀에게 굴렁쇠도 넘고 종이로 안감을 두른 통을 머리로 부수는 법뿐 아니라 춤까지 훈련시키고 싶었습니다. 여러분 당나귀를 감상하고 평가해 주십시오! 공연 시작에 앞서, 내일 저녁 공연에 초대하는 것을 허락해 주십시오. 하지만 폭우가 쏟아질 경우는 공연이 모레 오전 정확히

11시에 시작될 것입니다."

그리고 여기서 단장은 다시 깊은 존경의 인사를 한 다음 피노키오를 향해 말했어요

"정신 차려, 피노키오! 재주를 시작하기 전에 존경하는 신사 숙녀, 꼬마 청중님들께 인사를 드려라!"

피노키오는 순종하여 즉시 두 무릎을 앞으로 구부렸습니다. 단장이 채찍을 휘두르며 이렇게 소리칠 때까지 무릎을 꿇고 있었죠.

"일어나!"

그러자 당나귀는 네 다리로 서서 서커스장 주변을 느린 걸음으로 걸었어요. 잠시 후 단장이 말했어요.

"빨리 걸어!"

그러자 피노키오는 명령에 따라 빨리 걸었어요.

"뛰어!"

피노키오는 뛰기 시작했어요.

"전속력으로!"

피노키오는 전속력으로 달리기 시작했지요. 그렇게 피노키오가 경주마처럼 달리고 있을 때, 단장이 팔을 하늘로 치켜들고 권총을 한 발 쐈어요. 그 총성을 듣고 당나귀는 그 총에 맞아 다친 척하며 서커스장에 쓰러졌고, 정말 죽어 가는 시늉을 했어요. 박수와 함성이 터져 나오는 가운데 바닥에서 몸을 일으켜 세운 당나귀는 자연스럽게 고개를 들어 위쪽을 바라보았는데…. 고개를 올려 보니 칸막이 관람석에 커다란 황금 목걸이를 목에 건 어떤 아름다운 여인이 앉아 있는 게 보였어요. 그 큰 목걸이에는 꼭두각시 인형이 그려져 있었습니다.

'저건 나잖아! 저 여인은 요정님이야!' 피노키오는 그녀를 단번에

알아보고 속으로 생각했고, 너무 기쁜 나머지 이렇게 외치려고 했습니다.

"아! 나의 요정님. 아, 나의 요정님!"

하지만 피노키오의 목구멍에서는 이런 간절한 말 대신 '히힝' 하는 우렁차고 긴 당나귀 울음소리가 나올 뿐이었어요. 그 소리에 극장에 있던 모든 관중이, 특히 아이들이 크게 웃음을 터트렸지요.

그러자 단장은 관객들 앞에서 소리를 지르는 건 좋지 않다는 걸 가르쳐 주려고 슬쩍 피노키오에게 다가가 코에 채찍질했어요. 불쌍한 당나귀는 혀를 내밀어 코를 핥았습니다. 그러면 아픈 코가 조금 나아질까 싶어 5분이나 그러고 있었지요.

그 후 고개를 들자 요정은 온데간데없이 사라지고 그 자리가 텅비어 있었습니다. 이 풍경에 피노키오는 얼마나 실망했을까요! 꼭 죽을 것만 같았습니다. 눈에 눈물이 가득 차오르더니 펑펑 울기 시작했어요. 그러나 아무도 눈치채지 못했지요. 다른 사람들은 물론이고 단장도요. 오히려 단장은 채찍을 휘두르며 소리쳤어요.

"착하지, 피노키오! 이제 이 신사분들께 네가 얼마나 우아하게 굴렁쇠 점프를 하는지 보여 줄 차례야."

피노키오는 두세 번 시도했지만, 굴렁쇠 앞에서 점프하지 못하고 그냥 통과했어요. 마침내 펄쩍 뛰어 굴렁쇠 한 개를 넘었지만, 불행히도 뒷다리가 고리에 걸려 그만 건너편 바닥으로 풀썩 넘어졌어요. 다시 일어났을 때 피노키오는 절뚝거렸고 간신히 마구간으로 돌아갈 수 있었지요.

"피노키오 나와라! 당나귀가 보고 싶다! 당나귀 나와!"

아이들이 이 슬픈 광경에 안타까워하며 크게 소리쳤어요. 그러나 그날 저녁 당나귀는 다시 모습을 드러내지 못했습니다. 그다음

날 아침 수의사가 피노키오를 진찰하고, 이제 남은 평생을 절름발이로 살게 될 것이라고 진단했어요. 그러자 단장이 마구간지기에게 말했어요.

"절름발이 당나귀가 나한테 뭘 하겠어? 먹을 거나 축내겠지. 당장 광장으로 데려가 다시 팔아라!"

마구간지기는 피노키오를 광장으로 데리고 가 판매할 사람을 찾았지요.

"이 절름발이 당나귀는 얼마인가요?"

"20리라요."

"20리라를 주죠. 일을 시키려는 게 아니라 그저 가죽이 필요해서 사는 것뿐입니다. 당나귀 가죽이 아주 질긴데, 그걸로 우리 마을 악단에서 쓸 북을 만들 거예요."

이제 북이 될 운명이라는 소식을 듣고 불쌍한 피노키오의 심정이 어땠을지는 여러분들의 상상에 맡길게요! 당나귀를 사겠다는 사람은 20리라를 내자마자 피노키오를 바닷가 절벽으로 데려갔어요. 그리고 목에 돌을 걸고 손에 들고 있던 밧줄로 한쪽 다리를 묶은 뒤 갑자기 그를 바닷속으로 던져 버렸습니다.

피노키오는 돌이 목에 걸린 채, 곧바로 물속으로 가라앉았지요. 그리고 당나귀를 산 사람은 손에 계속 밧줄을 단단히 잡고 바위에 앉아서 당나귀가 물에 빠져 죽으면 가죽을 벗기려고 기다리고 있었습니다.

34

바다에 던져진 피노키오는 물고기에게 뜯어먹히고
예전처럼 꼭두각시로 돌아갑니다.
그러나 목숨을 걸고 헤엄을 치다 끔찍한 고래상어에게 잡아먹히죠.

당나귀가 물에 빠진 지 50분쯤 지나자 당나귀를 산 사람이 혼잣
말을 했어요.

"지금쯤이면 분명히 불쌍한 절름발이 당나귀가 물에 빠져 죽었
겠지. 그럼 이제 슬슬 끌어올려 볼까? 이제 당나귀 가죽으로 훌륭
한 북을 만들어야지."

그리고 그는 한쪽 발을 묶었던 밧줄을 당기기 시작했죠. 당기고,
당기고, 더 당기고 마침내 무언가가 물 위로 나타나는 것이 보였어
요… 과연 뭐였을까요? 죽은 당나귀가 아니라, 살아 있는 꼭두각시
인형이 뱀장어처럼 꼬리를 흔들고 있었지요. 그 꼭두각시 인형을
본 가엾은 남자는 자신이 꿈을 꾸는 거라 생각했습니다. 입을 다물
지 못하고 눈을 휘둥그레 뜨고 멍하고 서 있었죠. 남자는 정신이
좀 들자 울먹이며 더듬더듬 말
했어요.

"내가 바다에 던진 당나귀는 어
디로 갔지?"

"그 당나귀가 바로 저예요!"

꼭두각시 인형이 웃으면서 답
했어요.

"너라고?"

"네, 저예요."

"이 나쁜 녀석! 날 놀리는 거냐?"

"놀리다뇨? 절대 아니에요. 나의 주인님. 저는 진지하게 말씀드리는 거랍니다."

"그런데 조금 전까지만 해도 당나귀였던 네가 어떻게 물속에서 나무 꼭두각시 인형이 되었지?"

"바닷물 때문일 거예요. 바다는 그런 장난을 잘 치거든요."

"조심해, 꼭두각시. 조심하라고…! 나한테 장난칠 생각은 하지 마! 내가 못 참으면 큰일 날 테니!"

"주인님, 제 진짜 이야기를 듣고 싶으세요? 이 다리를 풀어 주면 얘기해 드릴게요."

마음씨 착한 그 남자는 피노키오의 이야기를 듣고 싶었고 즉시 밧줄을 풀어 주었습니다. 피노키오는 하늘을 나는 새처럼 자유로워졌고, 자신의 이야기를 시작했어요.

"저는 원래 지금과 같이 나무로 된 꼭두각시 인형이었어요. 하지만 이 세상의 모든 아이처럼 진짜 아이가 될 기회도 있었어요. 공부하기 싫어하고, 나쁜 친구들의 말을 듣고, 집에서 도망치지만 않았다면 말이에요. 그런데 어느 날 눈을 떠 보니 제 귀가 이렇게 커지고… 꼬리가 자라더니 당나귀로 변한 거예요! 얼마나 창피했는지 몰라요! 성 안토니오의 축복으로 주인님께는 절대 이런 일이 일어나지 않길 빌어요! 하여튼, 당나귀가 되어 시장으로 끌려가서 서커스단 단장에게 팔렸어요. 단장은 저에게 멋진 춤과 굴렁쇠 점프를 가르쳤지만, 어느 날 저녁 공연 중에 저는 심하게 넘어져 양쪽 다리가 절름발이가 되었어요. 절름발이 당나귀를 어떻게 해야 할지 몰랐던 단장은 저를 팔려고 내보냈고 때마침 주인님이 저를 산 거예요…."

"안타깝구나! 하지만 나는 너를 사려고 20리라나 냈어. 이제 누가 내 아까운 20리라를 돌려주지?"

"왜 저를 사신 거죠? 제 가죽으로 북을 만드실 거였잖아요! 북을요!"

"안타깝게도 그렇지! 이제 가죽을 어디서 구하지?"

"실망하지 마세요, 주인님. 이 세상엔 당나귀가 많으니까요!"

"말해 봐. 이 말썽꾸러기야. 네 이야기는 여기서 끝나는 거냐?"

"아니요."

피노키오가 대답했어요.

"아직 좀 남아 있어요. 주인님이 저를 사시고 저를 죽이러 여기로 데려오셨죠. 하지만 자비로운 인류애가 생겨서 직접 못하시고 제 목에 돌을 묶어 바다에 던지는 걸 선택하셨어요. 따뜻한 주인님의 마음씨에 진심으로 존경을 표해요. 이 감사한 마음은 영원히 간직할게요. 그런데 주인님, 우리 요정님이 아니라면 이런 일이 없을 줄 알았는데…."

"요정이 누구냐?"

"제 엄마요. 모든 마음씨 착한 엄마들과 똑같아요. 자식을 지극히 사랑해 한순간도 눈을 떼지 않고, 심지어 아이들이 엄마의 품에서 도망치고 나쁜 행동을 해 버려져 마땅해도, 어떤 불행이 닥쳐도 아이들을 사랑으로 감싸는 엄마들처럼요. 그래서 제가 물에 빠져 죽을 위험에 처하자 엄청나게 많은 물고기 떼가 작은 당나귀가 죽은 줄 알고 먹으러 오기 시작했어요! 한 입 한 입 야금야금 먹었어요! 저는 아이들보다 물고기들이 더 먹성이 좋다는 걸 전에는 몰랐어요! 어떤 물고기는 귀를, 어떤 물고기는 주둥이를, 어떤 물고기는 목과 갈기를, 어떤 물고기는 다리의 가죽을, 어떤 물고기는 등의 털을 먹고… 그리고 어떤 물고기들은 너무 친절하게 꼬리까지 뜯어 먹었죠."

겁에 질린 당나귀를 산 사람은 이렇게 맹세했어요.

"이제부터 다시는 생선을 먹지 말아야겠어. 숭어나 대구 튀김을 갈랐는데 당나귀 꼬리가 나오면 너무 끔찍할 테니까!"

"저도 같은 생각이에요."

꼭두각시 인형이 웃으며 말했어요.

"게다가 머리부터 발끝까지 저를 덮고 있던 당나귀 가죽을 다 먹던 물고기들은 뼈까지 달려들었는데, 다시 말하면 나무로 달려들었죠…. 보시다시피 저는 아주 단단한 나무로 만들어졌으니까요. 그런데 이 식욕 좋은 물고기들이 제 몸을 한번 깨물어 보더니 이빨로 먹을 수 있는 음식이 아니라는 걸 깨닫고, 소화가 안 되는 이 나무토막이 거북한지 고맙다는 말도 없이 이리저리 다 흩어졌어요. 그리고 당신 덕분에 밧줄로 당겨졌고, 죽은 당나귀 대신 나무로 만든 꼭두각시 인형이 있었던 거죠."

"웃기네! 나는 너를 사려고 20리라나 썼고, 내 돈을 돌려받아야겠다! 내가 어쩔 줄 아느냐? 당장 시장으로 널 데려가서 무게를 달아 벽난로에 불을 지피는 땔감용 나무로 팔아 버리겠다!"

당나귀를 산 사람이 화가 나서 소리쳤습니다.

"저를 다시 파세요. 저는 그래도 좋아요."

피노키오가 말했어요. 그러나 그 말과 동시에 피노키오는 바닷물 속으로 첨벙 뛰어들었습니다. 그리고 즐겁게 헤엄을 치면서 불쌍한 사람에게 외쳤지요.

"잘 가요, 주인님! 북을 만들 가죽이 필요하면 저를 기억해 주세요."

그리고 그는 웃으면서 유유히 헤엄쳤고, 잠시 후 돌아보며 더 크게 외쳤어요.

"안녕히 계세요, 주인님! 벽난로에 불을 붙일 땔감이 필요하시면 저를 기억해 주세요."

그리고 피노키오는 눈 깜짝할 새 너무 멀어졌고 더는 보이지 않을 정도로 멀리 가 버렸어요. 한참 지나, 바닷물 위에 뜬 점처럼 보였죠. 피노키오는 가끔 돌고래들이 기분 좋을 때 하는 것처럼 다리를 들어 올리고 재주넘기를 했어요. 그는 헤엄을 치면서 바다 한가운데에서 하얀 대리석으로 만들어진 것 같은 바위를 보았어요. 바위 위에는 예쁜 새끼염소 한 마리가 사랑스럽게 매매 울면서 가까이 오라고 신호를 보냈지요.

그런데 아주 신기한 것은 염소의 털이 다른 염소들처럼 흰색, 검은색 또는 둘이 섞인 색이 아니라 파란색이었다는 거예요. 어린 소녀의 머리카락을 연상시키는 눈부신 파란색이었죠.

불쌍한 피노키오의 심장이 얼마나 빨리 뛰기 시작했는지는 여러분들의 상상에 맡길게요! 피노키오는 두 배로 힘을 쏟아 빠른 속도로 하얀 바위를 향해 헤엄치기 시작했어요. 반쯤 갔을 때 끔찍한 바다 괴물의 머리가 물에서 나와 그를 향해 다가오는데, 심연처럼 입을 벌리고 송곳니가 세 줄로 그려져 모습조차 너무 무서웠어요. 이 바다 괴물이 누군지 아시겠나요?

바로 앞선 이야기에도 나왔던 거대한 고래상어였죠. 닥치는 대로 먹어서 '물고기와 어부들의 아틸라[17]'라는 별명으로 불리는 녀석이었어요.

괴물을 본 불쌍한 피노키오의 공포를 떠올려보세요. 피노키오는 방향을 바꿔 도망치려고 했지만, 고래상어의 거대한 입은 번개 같은 속도로 피노키오에게 달려들었어요.

"서둘러, 피노키오, 제발!"

아름다운 새끼 염소가 울부짖으며 소리쳤습니다.

그리고 피노키오는 팔, 가슴, 다리, 발로 필사적으로 헤엄쳤지요.

"빨리 피노키오, 괴물이 다가오고 있어!"

피노키오는 죽을힘을 다해 물장구를 쳤어요.

"조심해 피노키오! 괴물이 따라잡고 있어! 저기 있어, 저기! 서둘러 제발, 안 그러면 잡혀!…"

피노키오는 그 어느 때보다 빠르게 헤엄쳐서 총알처럼 앞으로 나아가 바위 근처에 다다랐어요. 이미 바다 쪽으로 몸을 내밀고 있던 새끼 염소가 피노키오를 물 밖으로 나오게 하려고 작은 발을 내밀고 있었어요. 하지만….

하지만 너무 늦어 버렸어요! 괴물은 빠르게 뒤따라와 단숨에 불쌍한 피노키오를 달걀 마셔버리듯 한 번에 삼켰어요. 아주 포악하고 게걸스럽게요. 피노키오는 너무 세게 부딪쳐 고래상어의 배 속에서 15분 동안이나 쓰러져 기절해 있었답니다. 정신을 차리자 피노키오는 어디에 있는지도 알 수가 없었어요. 주변은 온통 캄캄한 어둠뿐이었죠. 너무 어두워서 마치 검정 잉크로 가득 찬 병 속에 들어온 것 같았어요.

피노키오는 귀를 기울였지만, 아무런 소리도 들리지 않았어요. 가끔 얼굴에 거센 돌풍이 느껴졌지요. 처음에는 그 바람이 어디서 불어오는 건지 알 수 없었습니다. 그러나 한참 시간이 흐르자 고래상어의 폐에서 나온다는 것을 깨달았죠. 고래상어는 아주 심한 천식을 앓고 있어서 숨을 쉴 때마다 북풍이 부는 듯 거센 바람이 불었어요. 피노키오는 처음에는 용기를 내보려고 했지만, 바다 괴물의 몸속에 갇혀 있다는 것을 확인하고는 울면서 소리쳤어요.

"도와주세요! 도와주세요! 아, 불쌍한 나! 와서 나를 구해 줄 사람

어디 없나요?"

"누가 누구를 구해 주고 싶겠니, 이 불쌍한 녀석아?"

어둠 속에서 조율이 안 된 기타 소리 같은 목소리가 들렸어요.

"누가 말하는 거예요?"

피노키오가 겁에 질려 얼어붙으며 말았죠.

"바로 나야! 나는 너랑 같이 고래상어에게 삼켜진 불쌍한 참치야. 너는 무슨 물고기야?"

"나는 물고기가 아니야. 나는 꼭두각시 인형이야."

"물고기가 아니라면 왜 괴물이 널 삼키도록 가만히 둔 거야?"

"내가 삼키게 둔 게 아니라, 고래상어가 날 삼켜 버린 거야! 이제 이 어둠 속에서 우린 어떻게 해야 하지?"

"포기하고 고래상어가 우리 둘 다 소화할 때까지 기다리는 수밖에 없지!"

"하지만 나는 소화되고 싶지 않아!"

피노키오가 이렇게 말하고 울기 시작했어요. 참치가 말했어요.

"나도 소화되기 싫어! 그러나 나는 나름 철학자야. 이왕 참치로 태어났으니 기름에서 죽는 것보다 물속에서 죽는 게 더 존엄하다고 생각하며 나를 위로하는 중이야!"

"말도 안 돼!"

피노키오가 소리쳤어요.

"내 생각은 그래. 정치가 참치들의 말처럼 남의 생각도 존중해 줘야 해!"

"어쨌든… 나는 여기서 나가고 싶어. 탈출하고 싶다고….."

"탈출할 수 있으면 탈출해…!"

"우리를 삼킨 고래상어가 아주 크니?"

꼭두각시 인형이 물었어요.

"꼬리를 빼고도 몸길이가 1킬로미터 이상은 된다고 생각하면 돼."

어둠 속에서 이런 대화를 나누는 동안 피노키오에게 저 멀리서 희미한 불빛이 보이는 것 같았어요.

"저 멀리 보이는 희미한 불빛은 뭘까?"

피노키오가 말했습니다.

"우리처럼 소화될 순간을 기다리는, 고래상어에게 먹힌 불쌍한 친구일 거야!"

"나 한번 만나러 가볼래. 고래상어 뱃속에서 탈출하는 방법을 알고 있는, 경험 많고 나이 든 물고기일지 모르잖아!"

"잘 가렴. 꼭두각시 인형아."

"잘 가, 참치야."

"잘 가. 행운을 빌어, 꼭두각시."

"우리 다시 만날 수 있을까?"

"글쎄, 누가 알겠니? 그런 생각은 하지 않는 게 좋아."

35

어느새 단짝 친구가 된 참치와 작별 인사를 나눈 피노키오는 어둠을 헤치고 저 멀리서 희미하게 보이는 작은 불빛을 향해 한 걸음 한 걸음 나아갔어요. 걷다가 미끌거리는 기름 웅덩이에 첨벙첨벙 발이 빠지는 것을 느꼈지요. 거기서 생선튀김 냄새가 너무 심하게 나서 생선만 먹는 사순절 같았어요. 피노키오가 더 깊이 들어갈수록 빛이 더 밝고 선명해졌고, 한 걸음 한 걸음 내딛다 보니 마침내 빛에 도달했어요. 그곳에서 피노키오는 무엇을 봤을까요? 녹색 크리스털 병에 불이 켜진 촛불을 꽂은 식탁 세트와 그 위에 앉아 있는, 눈이나 생크림으로 만든 것처럼 온통 하얀 작은 노인을 본 거예요. 그 노인은 살아 있는 생선 몇 마리를 우물우물 씹고 있었는데, 물고기들이 얼마나 쌩쌩한지 입안에서 씹히다가 밖으로 튀어 나가기도 했지요. 그 광경을 본 가엾은 피노키오는 뜻밖의 큰 기쁨에 휩싸여 거의 미쳐 버릴 뻔했습니다.

피노키오는 웃고 싶기도 했고, 울고 싶기도 했어요. 산더미처럼 쌓인 이야기도 하고 싶었지요. 그러나 횡설수설하고 울부짖으며 말을 더듬었어요. 그러다 마침내 기쁨의 비명을 지르고 몸을 던져 팔을 활짝 벌려서 제페토의 목을 감싸 안고는 소리치기 시작했어요.

"아! 나의 아빠! 드디어 아빠를 만났어요! 이제 다시는 아빠를 떠나지 않을 거예요. 다시는!"

"이게 꿈이야 생시야! 네가 정말 나의 사랑하는 피노키오냐?"

노인은 눈을 비비며 말했어요.

"네, 네, 저예요. 저 맞아요! 저를 이미 용서하신 거죠, 맞죠? 오! 아빠! 아빠는 이렇게 좋은 분이신데…! 저는… 아! 제가 얼마나 많은 불행을 겪고 얼마나 힘든 일을 겪었는지 모르실 거예요! 불쌍한 아빠가 외투를 팔아 학교에 가져갈 철자법 책을 사 주신 날, 저는 인형극을 보러 도망쳤고 인형을 조종하는 사람이 양고기구이를 하려고 저를 불에 던지려고 했어요, 그런데 그 사람이 제 이야기를 듣고 아빠에게 드리라고 금화 5개를 주었어요. 그래서 나는 그걸 들고 아빠에게 돌아가려고 했는데, 여우와 고양이를 만나 그 돈을 불릴 방법을 듣고는 동행하기로 했어요. 그러다 붉은 가재 여관에 갔고, 여우와 고양이는 늑대처럼 먹어대고는 사라져 버렸죠. 저는 캄캄한 밤에 혼자 떠나서 살인자들을 만났어요. 그들이 저를 쫓아와서 도망갔는데, 얼마나 힘들었는지 아세요? 그러다 그들은 결국 저를 큰 떡갈나무에 매달았는데, 파란머리의 아름다운 소녀가 작은 마차를 제게 보내 구해 주었어요. 그리고 저를 위해 의사도 데려왔는데, 그들은 저를 검사한 후 이렇게 말했어요. '죽지 않았다면, 이는 그가 아직 살아 있다는 확실한 징후입니다.'라고요. 그리고 제가 거짓말을 했더니, 코가 자라기 시작하더니 침실 문을 지나갈 수 없을 정도로 길어졌어요. 그래서 여우와 고양이와 함께 가서 금화 4개를 묻었어요. 하나는 여관에서 써 버렸거든요. 그러자 앵무새가 깔깔 웃어 댔고 저는 금화 2000닢은커녕 아무것도 찾지 못했어요. 판사는 제가 강도를 당했다는 얘기를 듣자마자 즉시 저를 감옥에 넣었어요. 강도들에게 좋은 일만 한 거죠. 어찌저찌 감옥에서 풀려나 길을 가다가 밭에서 먹기 좋은 포도 한 송이를 따려다 덫에 걸렸어요. 농부는 닭장을 지키라며 제게 개 목걸이를 걸었어요. 하지만 결국 제 결백을 알아보고 놓아주었어요. 그리고 꼬리에서 연기가 나는 뱀도 봤는데 그 뱀은 웃다가 가슴의 핏줄이 터져 죽었어요. 그렇게 저는 아름다운 소녀의 집으로 돌아왔는데, 소녀는 그만 죽고 없었어요. 제가 울고 있는 것을 본 비둘기가 제게 아빠가 저를 찾으려고 배를 만들고 있다는 걸 알려 줬어요. 그래서 저는 비둘기에게 말했어요, '오! 나도 너처럼 날개가 있다면 좋을 텐데!'라고요. 그러니까 비둘기가 '아빠한테 가고 싶니?'라고 하더군요. 그래서 제가 '그러고 싶지만 누가 날 데려다줄까?'라고 했고 비둘기가 '내가 데려다줄게.'라고 했어요. 그렇게 비둘기 등에 올라타 밤새도록 날아갔어요. 그리고 아침에 바다를 바라보던 어부들이 '작은 배를 탄 불쌍한 사람이 있는데 곧 물에 빠져 죽을 것 같다.'고 했어요. 저는 멀리서도 아빠를 알아봤어요. 제 심장이 아빠라고 말해 주었죠. 그래서 아빠에게 해변으로 다시 돌아가라고 신호를 보냈던 거예요…."

제페토가 말했습니다.

"나도 너를 알아봤고, 기꺼이 해변으로 돌아가고 싶었단다. 하지만 어떻게 갈 수 있었겠니? 바다는 거칠었고 커다란 파도가 내 작은 배를 부쉈단다. 그러자 근처에 있던 끔찍한 고래상어 한 마리가 나타나 나를 보자마자 달려와 혀를 쭉 내밀고 나를 붙잡더니 볼로냐의 토르텔리니[18]처럼 삼켜 버렸단다."

"여기 얼마나 오래 갇혀 계셨어요?"

피노키오가 물었어요.

"그날 이후 2년이 지났을 거다, 피노키오. 내게는 2백 년처럼 느껴졌지!"

"어떻게 먹고사신 거예요? 그리고 양초는 어디서 찾으셨어요?

양초에 불붙일 성냥은 누가 준 거고요?"

"이제 모든 것을 얘기해 주마. 내 작은 배를 전복시킨 그 폭풍우는 어떤 커다란 상선도 침몰시켰단다. 선원들은 모두 구해졌지만, 상선은 바닥에 가라앉았지. 그런데 그날 유독 식욕이 넘쳤던 고래상어는 나를 삼킨 후 그 상선까지 삼켰어."

"어떻게요? 한입에 다 삼켜 버렸다고요?"

"한입에 다 삼켜 버렸지. 그리고 돛대가 생선 뼈처럼 이빨에 걸려서 그것만 다시 뱉어내더구나. 다행히 그 상선에는 통조림에 보존된 고기뿐만 아니라 비스킷, 구운 빵, 와인, 말린 포도, 치즈, 커피, 설탕, 양초 그리고 왁스 성냥 상자가 있었어. 이 모든 신의 은혜로 나는 2년 동안 살 수 있었지. 그런데 오늘이 마지막이었단다. 이제 창고에 아무것도 없어. 네가 보는 이 양초가 내게 남은 마지막이야…"

"그리고 이제는 어떻게 해요?"

"이제는, 사랑하는 아들아, 우리 둘 다 어둠 속에서 지내야 한단다."

그러자 피노키오가 말했어요.

"시간이 없어요. 우리 빨리 탈출해요!"

"탈출? 어떻게?"

"상어 입에서 탈출해서 바다로 헤엄치는 거예요."

"말은 쉽다만, 피노키오야, 나는 수영을 할 줄 모른단다."

"무슨 걱정이에요? 아빠는 제 어깨에 올라타시면 돼요. 제가 수영을 잘하니, 제가 아빠를 해변까지 안전하게 데려다줄게요."

"꿈도 꾸지 말아라, 내 아들아!"

제페토가 고개를 흔들고 슬픈 미소를 지으며 대답했어요.

"너처럼 겨우 1미터도 안 되는 꼭두각시 인형이 나를 어깨에 태우고 수영을 한다는 게 말이나 되니?"

"두고 보세요! 어쨌든 우리가 죽을 운명이라고 하늘이 계시해도 최소한 함께 죽을 수 있다는 것만으로도 큰 위로가 되네요."

그리고 더는 다른 말 없이 피노키오는 촛불을 손에 들고 앞으로 나아가며 아빠에게 말했습니다.

"저를 따라오세요. 겁먹지 마시고요."

그리고 그들은 한참을 걸었습니다. 그렇게 고래상어의 위장과 몸 전체를 통과했어요. 괴물의 넓은 목구멍이 시작되는 곳에 도착했을 때 이들은 걸음을 멈추었어요. 그들은 목구멍 주변을 잘 살펴보고 탈출할 수 있는 적절한 때를 기다리는 것이 좋다고 생각했어요.

고래상어는 너무 늙고 천식과 심장병으로 고통스러워서 입을 벌리고 잠을 자야 했어요. 그래서 피노키오가 그의 목구멍이 시작되는 부분에 서서 고개를 들자 거대한 입 밖으로 아름다운 별과 달이 빛나는 하늘을 볼 수 있었지요.

"지금이에요. 고래상어는 통나무처럼 자고 있어요. 바다는 잔잔하고 하늘은 대낮처럼 밝아요. 그럼 아빠, 저를 따라오세요! 조금만 있으면 우리는 안전해질 거예요."

피노키오가 아빠를 향해 고개를 돌려 속삭였어요. 그렇게 말하면서 그들은 바다 괴물의 목구멍으로 올라갔고 그 거대한 입에 도착하자 혀에 발끝으로 살금살금 걸어갔어요. 혀가 너무 넓고 길어서 마치 정원에 난 오솔길처럼 보였지요. 이제 저 멀리 바다에 뛰어내릴 일만 남았습니다. 뛰어내리기 직전에 고래상어가 재채기했어요. 재채기가 얼마나 컸는지 큰 충격을 받아 피노키오와 제페토는 다시 괴물의 위장 속으로 처박히고 말았어요.

떨어질 때의 충격으로 인해 촛불도 꺼졌어요. 이제 아버지와 아들은 어둠 속에 남겨졌습니다.

"이제 어떻게 하죠?"

피노키오가 심각한 표정을 지으며 물었어요.

"아들아, 이제 우리는 희망이 없구나."

"왜 희망이 없어요? 아빠, 손 좀 주세요. 미끄러지지 않게 조심하세요!"

"어디로 가는 거니?"

"다시 탈출을 해 봐요. 무서워하지 마시고 저와 함께 가요."

이렇게 말하면서 피노키오는 아빠의 손을 잡고 계속 발끝으로 걸어서 괴물의 목구멍 위로 함께 올라간 다음 혀 전체를 가로질러 세 줄로 난 이빨을 넘어갔습니다. 뛰어내리기 직전에 꼭두각시 인형은 아빠에게 말했어요.

"제 어깨에 매달려서 꼭 붙잡으세요. 나머지는 제가 알아서 할게요."

제페토가 아들의 어깨에 자리 잡고 앉자마자 착한 피노키오는 물속으로 뛰어들어 헤엄치기 시작했어요. 바다는 기름을 뿌린 듯 고요하고 반들거렸지요. 달은 더할 나위 없이 빛나고 있었고 고래상어는 대포 소리에도 깨지 못할 만큼 여전히 깊은 잠에 빠져 있었어요.

36

마침내 피노키오는 인형이 아닌 진짜 소년이 됩니다.

피노키오는 해변에 도착하기 위해 빠르게 헤엄치고 있었어요. 그런데 다리를 반쯤 물속에 담그고 자신의 어깨 위에 매달린 아빠가 마치 열병에 걸린 사람처럼 심하게 떨고 있는 게 느껴졌습니다. 추워서 떠는 걸까요, 두려움에 떠는 걸까요? 누가 알겠어요? 아마 춥기도, 무섭기도 했을 겁니다. 하지만 피노키오는 그 떨림이 두려움 때문이라고 생각하며 아빠를 위로했어요.

"힘내세요, 아빠! 몇 분 안에 우리는 해변에 도착할 거예요. 그럼 안전해질 거예요."

"하지만 우리를 구할 축복의 해변은 대체 어디에 있는 거니?"

늙은 제페토는 점점 더 불안해하며 재단사가 바늘구멍에 실을 꿸 때처럼 눈을 가늘게 뜨고 물었어요.

"사방을 둘러봐도 하늘과 바다만 보이는구나!"

"하지만 제 눈에는 해변도 보여요."

꼭두각시 인형이 답했어요.

"저는 고양이랑 비슷해요. 낮보다 밤에 더 잘 보여요."

불쌍한 피노키오는 기분이 좋은 척했지만, 사실은 희망을 잃기 시작했어요. 힘이 빠지고 호흡이 가빠지기 시작했습니다. 한마디로 그는 더는 헤엄칠 수 없었고, 해변은 계속 저 멀리에 있었습니다. 아무리 움직여도 가까워지지 않았어요. 피노키오는 숨을 헐떡거리며 제페토를 향해 고개를 돌리며 힘없는 목소리로 말했어요.

"아빠, 도와주세요… 저 죽을 것 같아요!"

그리고 아버지와 아들은 이제 물에 빠져 죽는 수밖에 없다고 생각했지요. 그때 조율이 안 된 기타 같은 목소리가 들렸습니다.

"누가 죽는다는 거지?"

"나와 불쌍한 아빠!"

"어, 나 이 목소리 아는데! 너 피노키오구나!"

"맞아, 넌 누구니?"

"나는 고래상어 뱃속에 너랑 같이 갇혀 있던 참치야."

"어떻게 탈출했어?"

"널 따라 했어. 네가 알려준 길대로, 너를 따라 나도 탈출했어."

"참치야, 딱 맞춰 나타나 주었구나! 새끼 참치들을 대하듯 우리에게도 사랑을 베풀어주길 부탁할게. 네가 안 도와주면 우리는 죽어!"

"기꺼이 진심을 다해 도와줄게. 둘 다 내 꼬리를 잘 붙잡고 있어. 내가 너희를 데려다줄게. 4분 안에 해안에 도착할 수 있을 거야."

제페토와 피노키오는 바로 그 제안을 수락했어요. 그런데 꼬리를 붙잡고 있는 것 대신 참치의 등에 앉는 것이 더 편할 것 같았지요.

"우리가 너무 무겁진 않니?"

피노키오가 물었습니다.

"무겁다니? 전혀, 그냥 조개껍데기 두 개 정도 얹은 것 같아."

두 살배기 송아지처럼 보일 정도로 크고 튼튼한 참치가 대답했어요. 이들이 해안에 도착했을 때 피노키오는 먼저 뛰어내려 아빠가 땅에 내리는 걸 도와드렸어요. 그리고 참치에게 감격한 목소리로 이렇게 말했습니다.

"친구야, 네가 나의 아빠를 구했구나! 뭐라고 감사 인사를 해야

할지 모르겠어! 영원한 감사한다는 의미로 입맞춤이라도 해 줄게!"

참치는 주둥이를 물 밖으로 빼냈고 피노키오는 무릎을 끓고 그의 입에 매우 다정한 입맞춤을 했습니다. 이 마음에서 우러난 애정 표현에 익숙하지 않았던 불쌍한 참치는 너무 감동해서, 어린아이처럼 우는 모습을 보이기 부끄러워 물속으로 고개를 숙이고 사라졌어요. 그 사이 시간은 낮이 되었답니다. 그러자 피노키오는 제대로 일어설 힘도 없는 제페토에게 팔을 내밀며 말했어요.

"사랑하는 아빠, 제 팔에 기대세요. 개미처럼 천천히 걷다가 피곤하면 도중에 쉬면서 가요."

"그런데 어디로 가는 거니?"

제페토가 물었어요.

"우리에게 빵 한 입과 침대 역할을 할 짚을 조금 줄 집이나 오두막을 찾아서요."

그들은 아직 백 보도 채 가지 못해 길가에 앉아 구걸하는 추한 두 거지를 보았습니다. 그들은 고양이와 여우였지요. 하지만 더는 예전 모습을 찾아볼 수 없었어요. 상상해 보세요. 고양이는 눈먼 척을 하다가 결국 진짜로 눈이 멀게 되었고, 여우는 늙고 털이 드문드문 빠지고 꼬리마저 없어졌어요. 가장 비참한 가난에 빠진 이 슬픈 도둑은 어느 날 자신의 아름다운 꼬리마저 파리채를 만드는 장사꾼에게 팔아야만 했다는군요. 여우가 울먹이며 외쳤어요.

"피노키오, 이 두 불쌍한 병자들을 위해 자비를 베풀어 줘!"

"병자들을 위해!"

고양이가 반복했어요.

"잘 가라, 이 사기꾼들아!"

꼭두각시 인형이 대답했어요.

"너네는 나를 한 번 속였지만 이제 다시는 속지 않아."

"믿어 줘, 피노키오. 이제 우리는 진짜 가난하고 불쌍해!"

"진짜로!"

고양이가 반복해 말했어요.

"너희가 가난하다면 그럴 만해서 그런 거야. '훔친 돈은 결코 열매를 맺지 못한다'는 속담을 기억해. 잘 가라, 이 사기꾼들아!"

"우리를 불쌍히 여겨 줘…!"

"우리를!"

"잘 가라, 이 사기꾼들아! '악마의 밀가루는 모두 밀기울로 간다'[19]라는 속담을 기억하라고."

"우리를 버리지 마!"

"…지마!"

고양이가 한 번 더 여우를 따라 외쳤어요.

"안녕, 사기꾼들아! '이웃의 외투를 훔치는 사람은 셔츠도 없이 죽는다'라는 속담도 꼭 기억하길."

피노키오와 제페토는 조용히 길을 떠났고, 백 걸음쯤 더 가니 들판 한가운데에 짚으로 만든 아름다운 오두막이 보였지요. 지붕은 기와와 벽돌로 덮여 있었어요. 피노키오가 말했어요.

"저 오두막에는 분명 누군가가 살고 있을 거예요. 가서 문을 두드려 봐요."

그리고 이들은 가서 문을 두드렸습니다.

"누구세요?" 안에서 어떤 목소리가 들렸어요.

"우리는 빵도 없고, 집도 없는 가난한 아버지와 아들이에요."라고 꼭두각시 인형이 말했어요.

"열쇠를 돌리면 문이 열릴 거예요."

아까 그 목소리가 답했어요. 피노키오가 열쇠를 돌리자 문이 열렸지요. 안으로 들어가 자마자 두리번거렸지만 아무도 없었어요.

"오두막의 주인분은 어디에 계신가요?"

피노키오는 놀라 말했어요.

"여기, 저 여기 있어요!"

아버지와 아들은 바로 천장을 향해 고개를 돌렸고 서까래 위의 말하는 귀뚜라미를 보게 되었습니다.

"오, 나의 사랑하는 귀뚜라미구나."

피노키오가 정중하게 인사했어요.

"이제 나를 '사랑하는 귀뚜라미'라고 부르네? 전에 날 집에서 쫓아내려고 망치 손잡이 던졌던 거 기억나니?"

"네 말이 맞아, 귀뚜라미! 나를 쫓아내도 돼…. 나에게 망치 손잡이를 던져도 돼…. 하지만 우리 불쌍한 아빠는 가엾게 여기고 도와줘…!"

"네 아빠뿐 아니라 아들도 가엾게 여기지. 그러나 나는 네가 한 나쁜 행동을 일깨워 주고 싶었어. 우리가 예의로 보답받으려면 모든 사람에게 예의를 갖추어야 한다는 것을 알려주고 싶었지. 그리고 자기 자신에게도 똑같이 예의를 갖춰야 한다는 걸 말이야!"

"네 말이 맞아, 귀뚜라미야. 네 말이 다 맞아. 네가 준 교훈을 꼭 명심할게. 그런데 이 아름다운 오두막은 어떻게 얻었는지 말해 줄래?"

"이 오두막은 어제 예쁜 염소 한 마리가 준 거야. 그 염소의 털은 아름다운 파란색이었지."

"염소는 어디로 갔을까?"

피노키오가 호기심에 가득 찬 목소리로 물었어요.

"모르겠어."

"언제 돌아올까?"

"다신 돌아오지 않을 거야. 어제 아주 슬퍼하고 괴로워하며 떠났어. 이렇게 말하는 것 같았어. '불쌍한 피노키오, 다시는 볼 수 없을 거야. 지금쯤이면 고래상어가 피노키오를 삼켜 버렸을 거야!'"

"정말 그랬단 말이야? 그분이야! 그분이라고! 내가 사랑하는 요정님이 틀림없어!" 피노키오는 흐느끼며 격렬하게 울기 시작했어요.

피노키오는 실컷 울고 나서 눈물을 닦았습니다. 그리고는 좋은 짚 침대를 준비한 다음, 그 위에 나이 든 제페토를 눕혔어요. 그리고 귀뚜라미에게 물었답니다.

"귀뚜라미야, 불쌍한 아빠를 위해 우유 한 잔을 구하고 싶은데, 어디서 구할 수 있겠니?"

"여기서 밭 세 개를 지나가면 소를 기르는 농부 잔죠가 있어. 그에게 가면 원하는 우유를 구할 수 있을 거야."

피노키오는 농부 잔죠의 집으로 달려갔지만, 그는 피노키오에게 엄한 태도로 말했어요.

"우유를 얼마나 원하지?"

"한 잔 가득 주세요."

"우유 한 잔은 동전 한 푼이야. 동전부터 내놓으렴."

"저는 한 푼도 없는걸요."

피노키오가 풀이 죽어 슬픈 표정으로 대답했어요.

"안됐구나, 꼭두각시야."

밭 주인이 말했어요.

"네게 한 푼도 없다면 나도 우유 한 방울도 줄 수 없단다."

"어쩔 수 없죠!"

피노키오는 이렇게 말하고 돌아가려고 했지요.

"잠깐만 기다려라."

잔죠가 말했어요.

"너와 나 사이에 돈 말고 다른 걸로 합의할 수 있어. 펌프질을 할 수 있겠니?"

"펌프가 뭔가요?"

"채소에 물을 주기 위해 물통에서 물을 길어 올릴 때 사용하는 나무 장치야."

"해 볼게요."

"그러면 물을 백 바가지 끌어다 주면 우유 한 잔을 주겠다."

"좋아요."

잔죠는 꼭두각시 인형을 데리고 채소밭으로 가서 펌프 돌리는 방법을 가르쳐 주었지요. 피노키오는 곧바로 일을 시작했지만 백 통의 물을 다 채우기도 전에 머리부터 발끝까지 땀으로 흠뻑 젖었어요. 이렇게 기진맥진한 적은 난생처음이었어요.

"지금까지 펌프 돌리는 힘든 일은 당나귀에게 시켰는데, 오늘 그 불쌍한 동물이 죽을 것 같구나."라고 농부가 말했습니다.

"당나귀요? 제게도 보여 주실 수 있어요?"

피노키오가 물었어요.

"물론."

피노키오는 마구간으로 들어가자마자 배고픔과 과로로 지쳐서 짚 위에 누워 있는 작고 아름다운 당나귀를 보았습니다. 피노키오는 그 당나귀를 가만히 바라보면서 속으로 말했어요.

"내가 아는 그 당나귀야! 낯익은 모습이잖아!"

그리고 허리를 굽혀 당나귀 말로 질문했어요.

"너는 누구니?"

이 질문에 당나귀는 죽어 가는 눈을 뜨고 같은 당나귀 말로 더듬 더듬 대답했지요. "나는 루… 치… 뇰… 로….."라고 했습니다. 그리고 그는 눈을 감고 숨을 거두었어요.

"아! 불쌍한 루치뇰로!"

피노키오가 작은 소리로 말했어요. 그리고 그는 한 줌의 짚을 들고 얼굴에 흐르는 눈물을 닦았어요.

"당나귀가 죽어 슬프기라도 한 거냐?"

농부가 말했어요.

"돈 주고 산 나도 가만히 있는데?"

"사실 이 당나귀는… 제 친구였어요!…"

"네 친구?"

"네, 학교 친구요!"

"어떻게?"

잔죠가 웃으며 소리쳤어요.

"뭐?! 당나귀가 학교 친구였다고? 네가 학교에서 얼마나 훌륭한 수업을 받았는지 알겠구나!"

그 말에 모멸감을 느낀 꼭두각시 인형은 대답하지 않고 따뜻한 우유 한 잔을 들고 오두막으로 돌아갔습니다. 그날부터 피노키오는 우유 한 잔을 벌기 위해 매일 아침 동이 트기 전에 일어나서 펌프를 돌렸어요. 그렇게 5개월이 넘는 시간이 흘렀지요. 병든 아버지의 건강 상태도 매우 좋아졌어요. 이것뿐이 아니었죠. 피노키오는 남는 시간에 광주리와 빵 바구니 만드는 법도 배웠으며, 그걸 팔아 번 돈으로 매우 현명하게 생활비를 마련했어요. 게다가 피노키오는 날씨 좋은 날 아빠가 신선한 공기를 마실 수 있도록, 산책갈 때 쓸 작고 예쁜 수레도 직접 만들었답니다.

저녁 기도 시간에는 책을 읽고 글 쓰는 연습을 했어요. 피노키오는 이웃 마을에서 표지부터 차례까지 찢어진 두꺼운 책을 값싸게 샀고, 그 책으로 공부했어요. 글을 쓸 때는 펜 크기의 나뭇가지를 썼고, 잉크나 펜촉이 없어 블랙베리와 체리 소스가 담긴 작은 병에 펜을 넣었다 뺐다 했답니다.

피노키오는 열심히 일하며 착한 마음씨를 품고 병든 아빠를 잘 보살폈을 뿐만 아니라 새 옷을 장만할 40페니를 따로 모았지요. 어느 날 아침 피노키오는 아빠에게 말했어요.

"근처 시장에 가서 윗도리와 모자, 신발 한 켤레를 사려고요. 집에 돌아오면 아빠가 웃으시며 너무 잘 차려입은 저를 근사한 신사로 착각하실 거예요."

그리고 집을 나서면서 그는 행복하고 기쁘게 뛰기 시작했습니다. 그러다 갑자기 자신의 이름을 부르는 소리가 들려 뒤를 돌아보니, 아름다운 달팽이가 울타리에서 나오는 것이 보였어요.

"나를 알아보지 못하겠니?"

달팽이가 말했지요.

"생각나는 것 같기도 하고, 아닌 것 같기도 하고…."

"파란머리 요정님의 하녀였던 달팽이 기억 안 나? 내가 불을 주러 내려왔을 때 네가 발을 문에 박고 서 있던 것! 기억 안 나?"

"아, 나 이제 다 기억나!"

피노키오가 외쳤어요.

"작고 예쁜 달팽이야, 당장 말해 줘. 나의 착한 요정님은 어디로 가셨니? 무얼 하고 계시니? 나를 용서하셨니? 항상 나를 기억하시니? 항상 나를 사랑하시니? 여기서 아주 멀리 떨어져 계시니? 내가 가서 요정님을 뵐 수 있을까?"

숨도 쉬지 않고 쏟아내는 질문에 달팽이는 평소처럼 천천히 답했어요.

"나의 피노키오! 불쌍한 요정님은 병원 침대에 누워 계셔!"

"병원에?"

"슬프게도 그래. 너무 많은 불행에 시달리신 요정님은 중병에 걸리셔서 더는 빵 한 조각도 살 수 없게 되셨어."

"정말? 아, 너무 가슴이 아파! 불쌍한 요정님! 백만장자라면 당장 무엇이라도 가져다드리고 싶지만… 40리라밖에 없어. 내 새 옷을 사려고 했지만… 여기 있어, 달팽아. 어서 가서 착한 요정님께 이 돈을 가져다줘."

"그럼 새 옷은?"

"새 옷이 무슨 상관이야? 지금 입고 있는 이 누더기를 팔아서라도 요정님을 돕고 싶어! 달팽아, 어서 가. 그리고 이틀 후에 다시 돌아와. 내가 돈을 더 줄 수 있을 것 같아. 지금까지는 아빠를 보살피기 위해 일했지만, 이제부터는 마음씨 좋은 엄마를 보살피기 위해서 다섯 시간 더 일할 거야. 잘 가, 달팽아. 이틀 후에 널 기다릴게!"

달팽이는 평소 습관을 어기고 8월의 무더위 속에서도 도마뱀처럼 뛰기 시작했어요. 피노키오가 집으로 돌아오자 아빠가 물었습니다.

"새 옷은?"

"저한테 잘 맞는 걸 찾을 수 없었어요. 어쩔 수 없죠! 다음에 사려고요."

그날 밤 피노키오는 10시까지 일하는 대신 자정이 될 때까지 일했고, 바구니를 여덟 개 만드는 대신 빠르게 열여섯 개를 만들었죠. 그런 다음 잠자리에 들고 꿈나라로 떠났어요. 그리고 피노키오는 꿈속에서 아름답고 웃고 있는 요정님을 만났어요. 요정님이 그에게 입맞춤한 후 이렇게 말했어요.

"착하구나, 피노키오! 너의 착한 마음에 감사하며 지금까지 네가 한 모든 장난을 용서한다. 부모님의 불행과 나약함을 정성껏 돕는 아이들은 언제나 칭찬과 사랑을 받을 자격이 있단다. 말을 잘 듣고 모범적인 행동을 하지 않더라도 말이야. 앞으로 분별력 있게, 행복하게 살렴!"

여기서 꿈은 끝났고 피노키오는 눈을 크게 뜨고 깨어났습니다. 잠에서 깨어났을 때, 자신이 더는 나무 인형이 아니라 여느 소년과 다를 바 없는 진짜 소년이 되었다는 사실을 깨달았을 때 얼마나 놀랐을지 상상해 보세요. 피노키오는 주위를 둘러보았어요. 평범한 짚으로 된 오두막이 아니라 소박하지만 우아하게 꾸며진 아름다운 작은 방이 보였어요. 침대에서 일어나자마자 피노키오는 멋진 새 옷과 새 모자, 가죽 부츠 한 켤레가 있는 것을 보았습니다.

옷을 입자마자 피노키오는 자연스럽게 주머니에 손을 뻗어 작은 상아로 만든 동전 지갑을 꺼냈죠. 그 안에는 '파란머리를 한 요정이 사랑하는 피노키오에게 40리라를 돌려주며 그의 착한 마음에 진심으로 고마워하다'라는 문구가 쓰여 있었어요. 피노키오가 지갑을 열자 구리 동전 40닢 대신 반짝반짝 새것처럼 빛나는 금화 40개가 들어 있었어요.

그리고 피노키오는 거울을 보러 갔고 자신이 다른 사람인 것처럼 보였습니다. 더는 피노키오는 보통의 나무 인형 모습이 아니었어요. 밤나무 머리카락, 파란 눈, 장미의 부활절처럼 밝고 축제일처럼 활기찬, 잘생기고 똑똑한 소년의 모습이었어요. 놀라운 일이 계속되자 피노키오는 자신이 정말 깨어 있는지, 아니면 지금 백일몽을 꾸고 있는지 알 수가 없었어요.

"그런데 우리 아빠는 어디 계시지?"

갑자기 피노키오가 소리쳤어요. 옆방으로 가보니 예전처럼 건강하고 활기차고 기분이 좋은 제페토 할아버지가 있었어요. 제페토는 벌써 나무 조각하는 일을 다시 시작해 단풍, 꽃, 다양한 동물의 머리로 가득 찬 아름다운 액자를 만들고 있었습니다.

"알려주세요, 아빠. 이 모든 갑작스러운 변화를 어떻게 설명할 수 있을까요?"

피노키오가 아빠 목에 뛰어올라 뽀뽀를 퍼부으며 물었어요.

"우리 집의 놀라운 변화는 모두 네 덕분이다."라고 제페토가 말했어요.

"제 덕분이라고요?"

"나쁜 아이가 착한 아이가 되면 가족들이 다시 웃게 된다는 미덕 때문이지."

"그럼 오래된 나무 피노키오는 어디에 숨어 있어요?"

"저기 있어."라고 제페토가 말했어요. 의자에 얹진 채 머리를 한 쪽으로 돌리고 팔을 아래로 내리고 다리를 가운데로 꼬고 앉은 큰 꼭두각시 인형이 있었지요. 똑바로 서 있는 게 기적처럼 보일 정도였지요. 피노키오는 고개를 돌려 인형을 바라보았고, 잠시 바라본 후 크게 기뻐하며 속으로 크게 만족하며 말했어요.

'꼭두각시였을 때 내 모습이 얼마나 우스꽝스러웠는지, 그리고 이제 훌륭한 아이가 되어서 정말 기뻐!'

1 폴렌디나(Polendina)는 옥수수 가루로 만든 죽과 같은 이탈리아 음식이다.

2 아를레키노는 이탈리아 고전 연극 '콤메디아 델라르테'의 한 역할이다. 교활하면서도 유쾌한 성격을 가진 베르가모(Bergamo) 출신의 하인이다. 극단에서 가장 기량이 높은 배우가 이 역할을 맡는다. 할리퀸의 원형으로 꼽힌다.

3 풀치넬라는 이탈리아 고전 연극 '콤메디아 델라르테'의 한 역할이다. 매부리코에 곱추이며 목소리가 활기찬 나폴리 출신이다.

4 로사우라 부인(Signora Rosaura)은 이탈리아 고전 연극 '콤메디아 델라르테'의 한 역할이다. 미모가 뛰어나고 계산적이며 화려한 드레스를 입는다.

5 이탈리아어로 만자푸오코 (Mangiafuoco)는 '먹다(mangia)' '불(fuoco)'이 합쳐져 '불을 먹는 자'라는 뜻을 가진다.

6 이탈리아 원어 'Barbagianni'는 '헛간 올빼미'를 의미하는데, '무능하고 멍청한 사람'을 표현할때도 사용한다. 피노키오는 첫 번째 의미로 이해했을 것이고, 여우와 고양이 그리고 작가 콜로디는 두번째 의미를 의도하였을 것이다.

7 체사레는 영어 '시저'의 로마식 발음이다. 고대 로마의 율리시스 카이사르의 이름이다.

8 알케르메스(Alchermes)는 이탈리아 북부에서 증류주에 설탕, 계피, 바닐라 등을 넣어 만드는 리큐르의 일종이다.

9 여기서 말하는 올빼미는 12장에 나온 '올빼미 나라'와 마찬가지로 바보라는 의미로 쓰였다.

10 '시각 하운드(Sighthound)' 라고도 불리는 맹인 안내견.

11 콜리플라워(cauliflower)는 꽃양배추라고도 불리며, 브로콜리와 비슷하게 생긴 하얀색 밀집된 꽃에 녹색잎이 붙어 있는 모양의 채소다.

12 여기서 작가 콜로디가 쓴 원어는 "Sette come i peccati mortali"이다. 이탈리아어로 'peccato'는 양이라는 뜻도 있지만, 기독교에서 말하는 '죄'라는 의미로도 사용된다. 또한 'mortale'는 '죽음의, 치사의'라는 의미도 되지만 '치명적인, 너무 큰, 극심한'이라는 의미를 지닌다. 즉 콜로디의 이 문장은 기독교에서 분류하는 일곱 가지의 죄, '칠죄종(septem peccata mortalia)'을 연상시킨다.

13 투아르(Pietro Thouar)는 피렌체 출신의 작가이자 정치가로, 학교 교재로 사용하는 동화를 집필한 작가로 유명하다. 모범적이고 착한 아이들이 결국 좋은 결말을 맞이하는 이야기들이 주를 이룬다.

14 이다 바치니(Ida Baccini)라는 피렌체 출신의 어린이 동화 작가가 집필한 동화책이다. 바치니가 1875년 출판한 『병아리의 회고록(Le memorie di un pulcino)』은 당시에 아직 여성 작가가 성공하기 어려운 시기였기에, 작가의 성별을 짐작하기 어렵게 하려고 이니셜만 적어 출판하였다.

15 닭이나 송아지 고기의 뼈를 발라내고 다진 양념을 넣어 삶는 서양 요리.

16 신경해부학자이자 생리학자인 프란츠 요제프 갈(Franz Josef Gall)을 이야기한다. 뇌와 정신 사이의 연관이 있다고 주장하여 당시에는 비과학적이라는 비난을 받기도 했다.

17 라틴어로는 아틸라(Attila), 독일어로는 에첼(Etzel)이라고 불리는 훈족의 왕. 유럽 모든 국가를 공포에 떨게 했던 인물이다.

18 만두처럼 속에 고기나 채소 등을 넣은 파스타 종류.

19 안좋은 의도로 시작된 일은 결국 끝이 좋지 못한다는 의미의 이탈리아의 속담이다.

조르조 아감벤 Giorgio Agamben

이탈리아의 철학자이자 미학자, 비평가.

파리 국제철학원, 이탈리아 베로나 대학, 베네치아 건축대학교 교수를 역임했다. 1995년 푸코의 생명철학과 슈미트의 예외상태를 토대로 로마 시대의 '호모 사케르' 개념을 정치에 적용해 쓴 『호모 사케르』를 발표하면서 이 시대의 가장 중요한 사상가 반열에 올랐다. 벤야민과 하이데거로부터 깊은 영향을 받았고, 비트겐슈타인, 블랑쇼, 데리다, 들뢰즈 같은 현대 사상가들과 플라톤, 스피노자 같은 고대와 중세의 철학자들, 유대·기독교 경전의 이론가와 학자들을 아우르는 사유 탐험을 지속해 왔다. 1995년부터 장장 20년에 걸쳐 집필한 9부작 호모 사케르 프로젝트를 2015년에 완성했다. 이 외에도 『내용 없는 인간』, 『유아기와 역사』, 『행간』, 『도래하는 공동체』를 비롯해 수많은 명저를 남겼다.

박문정

이탈리아 작가와 문학을 중심으로 근현대 유럽 사회의 문화와 정치를 연구한다. 한국외대 이탈리아어과를 졸업 후 동 대학원에서 석사 학위를, 안토니오 타부키와 지식인의 역할에 관한 논문으로 피렌체대학교·소르본 4대학·본대학 등 3개 대학 공동 박사 학위를 받았다. 현재 한국외대 외국문학연구소 인문학술사회연구교수로 재임하고 있다. 아감벤의 팬데믹에 관한 사유를 담은 에세이 모음집 『얼굴 없는 인간』과 『저항할 권리』를 번역했다.

피노키오로 철학하기

1판 1쇄 인쇄 | 2023년 11월 15일
1판 1쇄 발행 | 2023년 11월 30일

지은이 조르조 아감벤
옮긴이 박문정

펴낸이 송영만
책임편집 송형근
디자인 신정난 조희연

펴낸곳 효형출판
출판등록 1994년 9월 16일 제406-2003-031호
주소 10881 경기도 파주시 회동길 125-11(파주출판도시)
이메일 editor@hyohyung.co.kr
홈페이지 www.hyohyung.co.kr
인스타그램 @hyohyungbook

ⓒGiorgio Agamben, 2021
ISBN 978-89-5872-217-5 93160

값 26,000원